ALTE ABENTEUERLICHE REISEBERICHTE

Hermann Vambery als Derwisch verkleidet

Hermann Vambery

MOHAMMED IN ASIEN

verbotene Reise
nach Buchara
und Samarkand
1863-1864

*Herausgegeben
von
Peter Simons*

Mit 36 Abbildungen und 2 Karten

Edition Erdmann in K. Thienemanns Verlag

Die Illustrationen auf den inneren Umschlagseiten zeigen eine Karawane beim Überqueren des Murghab-Flusses in Nordwest-Afghanistan und eine zeitgenössische Karte Turkestans.

CIP-Kurztitelaufnahme der Deutschen Bibliothek

Vambery, Hermann:
Mohammed in Asien : verbotene Reise nach Buchara
u. Samarkand 1863 – 1864 / Hermann Vambery. Hrsg.
von Peter Simons. – Stuttgart : Edition Erdmann in
K. Thienemanns Verl., 1983.
(Alte abenteuerliche Reiseberichte)
ISBN 3-522-60510-1

Umschlag und Einband: Hilda und Manfred Salemke
Satz: studiodruck Brändle, 7440 NT-Raidwangen
Druck und Aufbindung: Welsermühl, Wels/Oberösterreich

Inhalt

Einleitung des Herausgebers

»Gleich einem Meteor am dunklen Himmel durchflog im Sommer des Jahres 1864 die Kunde von dem heldenmütigen, im Dienste der Wissenschaft unternommenen Zuge eines Ungarn durch diese Gebiete die gesamte Kulturwelt; mit unauslöschlichen Zügen hat Hermann Vambery* durch seine, unter unsäglichen Gefahren und Leiden vollführte Reise nach Bochara und Samarkand seinen Namen eingetragen in das goldene Buch der Forscher. Seine Reise war ein geographisches Ereignis. Wie im Fieber habe ich – gewiß nicht der Einzige – vor Jahren Vamberys Reisewerk verschlungen.«**

In der Tat, Vamberys Reisewerk, das 1865 in deutscher Übersetzung unter dem schlichten Haupttitel »Reise in Mittelasien« erschien, wurde ein Welt-Bestseller der Reiseliteratur und in zahlreiche Sprachen Europas und Asiens übertragen.

Im Gegensatz zu Vambery konnte v. Proskowetz ein Vierteljahrhundert danach vom damaligen St. Petersburg aus, ohne Gefahr für Leib und Leben, mit der Eisenbahn in das ferne, von Sandwüsten abgeschirmte Zentralasien reisen. Die Truppen des Zaren hatten erst wenige Jahre zuvor die Eroberung des wilden Turkestan (das westliche Zentralasien) abgeschlossen und General Annenkow, den die Turkmenen der Lokomotiven wegen Samowar Pascha nannten, hatte mit der Vollendung der Transkaspischen Eisenbahn, die 1888 bis nach Samarkand reichte, dieses Gebiet zum bleibenden Bestandteil des russischen Riesenreiches gemacht.

---

* Der Name der jüdischen Familie, welcher Vambery entstammte, lautete ursprünglich Bamberger, da die Familie in Bamberg zu Hause war. Vambery ist demnach die magyarisierte Form dieses deutschen Namen.
** Aus: Max v. Proskowetz: Vom Newastrand nach Samarkand. Durch Rußland, auf neuen Geleisen nach Innerasien. Wien und Olmütz 1889.

Vamberys Kritiker, und solche hatte der karrierebewußte Sohn armer jüdischer Eltern häufig zur Genüge, vermerkten es ihm übel, daß er angeblich seit Jahrhunderten der erste gewesen sei, der Berichte aus diesen unzugänglichen Hochburgen des türkisch-asiatischen Islam nach Europa gebracht habe. Doch die deutsche Völkerkunde-Zeitschrift Globus (1865, Bd. 7) vermerkt hierzu, daß Vambery wohl in dem guten Glauben gewesen sei, dieser erste zu sein. Die Schuld treffe vielmehr Sir Roderick Murchison, der diese Behauptung in der angesehenen Londoner Geographischen Gesellschaft verbreitet habe, von wo aus sie unwidersprochen ihren Weg in die Presse gefunden habe.

Was den jungen Gelehrten, der sich weitgehend als Autodidakt und unter harten Bedingungen zu einem der bedeutendsten Orientalisten des neunzehnten Jahrhunderts entwickelte, bewog, auf so gefahrvolle Weise in das verschlossene und damals unwirtliche Zentralasien zu reisen, erfahren wir im Vorwort zu seinem Reisewerk. Es ist in dieser gekürzten Neuausgabe des Reisewerks in Auszügen wiedergegeben.

Hermann Vambery war zweites Kind und einziger Sohn eines frommen Talmud-Gelehrten, wurde Hermann, auch Chaim genannt und hieß im engen Familienkreis oft einfach Haschele. Der Geburtsort Hermanns ist die Kleinstadt St. Georgen (heute Jur pri Bratislave); er selbst gab stets Duna Szerdahely (heute Dunjaska Streda, in der Tschechoslowakei) an. Dorthin verzog die Familie, als er drei Jahre alt war.

Geboren ist er wohl 1832, doch kommt auch 1831 als mögliches Geburtsjahr in Frage. Wie dem auch sei, als er am 6. Mai 1889 auf Schloß Windsor persönlicher Gast der Königin Viktoria war, trug er nach kurzem Zögern das Jahr 1832 ins königliche Gästebuch ein.

Da der ohnehin nicht vermögende Vater früh verstarb, erlebte Hermann eine entbehrungsreiche Kindheit und Jugendzeit. Schon als Kind litt er unter einem Hüftgelenkleiden am linken Bein. Dieses Handicap betrachtete er stets als eine Herausforderung, es dennoch anderen gleichzutun. Er war von kleiner, etwas untersetzter Statur, klagte nicht selten über seine schwache Gesundheit, war aber dabei nicht einen einzigen Tag krank.

Schon frühzeitig wird seine außergewöhnliche Begabung für Sprachen sichtbar. Mit acht Jahren spricht und schreibt er Ungarisch und Deutsch, übersetzt bereits Texte des Alten Testaments aus dem Hebräischen und lernt große Teile der Fünf Bücher Moses auswendig. Die Mutter schickt den jüdischen Knaben auf eine weiterführende christliche Schule, was damals sehr ungewöhnlich ist. In dieser Schule erlebt er eine überaus strenge Disziplin; katholische Religionslehre war Pflicht für alle Schüler! Im Unterricht durfte nur Latein gesprochen werden, damals noch die Sprache der Gebildeten Ungarns und in etlichen öffentlichen Bereichen noch alleinige Amtssprache. So erklärt sich auch die latinisierte Form seines Vornamens (Arminius), die wir nicht selten auf den Titelseiten seiner Werke anstelle von Hermann antreffen.

In den unteren jüdischen Gesellschaftskreisen ist der Knabe bald als Privatlehrer begehrt; die geringen Mittel der Mutter zwingen ihn, neben den Ansprüchen der Schule auch an das Geldverdienen zu denken. Die Schule besucht er bis zum achtzehnten Lebensjahr. Dann reist er nach Pest und bemüht sich im Café Orczy um eine Stelle als Privatlehrer. Die potentiellen Lehrer saßen hier auf einer Bank und mußten abwarten, bis sich ein »Käufer« fand. Vambery empfand diese Art Arbeitsmarkt als demütigend und verglich das später mit den Sklavenmärkten Zentralasiens.

Außerhalb der Stadt, in idyllischer ländlicher Umgebung, findet er schließlich bei einem Herrn Rosenberg feste Anstellung als Hauslehrer. Hier bleibt ihm viel Zeit für seine Sprachstudien, die er mit einer geradezu beängstigenden Planmäßigkeit aufs Äußerste steigert. Umfaßt sein Tagesprogramm neu zu lernender Vokabeln anfangs nur zehn Worte, so steigert er dieses allmählich auf hundert pro Tag. Kein Augenblick darf verlorengehen! Die Ränder seiner Grammatikbücher versieht er mit Mahnungen zu beständiger Arbeit, mit arabischen Lettern geschrieben, damit niemand außer ihm es lesen kann. An die Zimmerwand heftet er Zettel mit kompromißlosen Formeln wie »Halte durch!«, »Schäme Dich vor Dir selbst!«, »Arbeite!«.

Als er wegen Zuneigung zur Tochter des Hauses seine Stellung verliert, kehrt er nach Szerdahely zur Mutter zurück. Sie ermahnt ihn, doch etwas »Vernünftiges« zu lernen. Doch er ist fest überzeugt, daß seine Sprachenkenntnisse, besonders die der orientalischen Idiome, ihn vielleicht eines Tages berühmt machen werden.

Bald treffen wir ihn in der Metropole Wien wieder, wo er den berühmten österreichischen Orientalisten Baron Josef von Hammer-Purgstall aufsucht, der lange Jahre in Konstantinopel gelebt hatte. Hammer-Purgstall, überzeugt, daß den Ungarn eine besondere Begabung für orientalische Sprachen mit in die Wiege gegeben ist, erkennt rasch die außergewöhnliche Begabung des jungen Mannes und ermutigt ihn, seine Studien konsequent fortzusetzen.

So hungert sich Vambery weiter durch; Trost findet er in seinen täglichen Studien, die er auf zehn bis zwölf Stunden ausdehnt. Neben Französisch und Italienisch studiert er jetzt auch Russisch und andere slawische Sprachen. Eine Anstellung bei einer wohlhabenden Familie in Kecskemet ermöglicht es ihm, sich teure Fachbücher zu kaufen. Acht Stunden Unterricht und sechs Stunden Studium sind sein Tagespensum. In zunehmendem Maße lernt er jetzt Türkisch und Arabisch.

Nach einem Jahr kehrt er nach Pest zurück und findet eine Anstellung in einem Ort am Rande der Puszta; hier richten sich seine Gedanken zunehmend auf die geheimnisvollen Steppen Zentralasiens. Er gilt als exzentrisch, viele halten ihn für einen Verrückten, der einfach zuviel gelernt hat.

Seine letzte Stelle als Privatlehrer verbringt er im

Bezirk Veszprem. Hier reift die Asiensehnsucht zum unverrückbaren Entschluß heran. Er will erforschen, wo die Urheimat seines Volkes liegt und mit welchen Sprachen das Ungarische, dieser Fremdling im abendländischen Kulturkreis, verwandt ist.

Im Frühjahr 1857 ist es dann soweit. Baron Eotvos, seinem zukünftigen Schutzpatron, ist es gelungen, ihm einen Paß zu besorgen. Zusätzlich mit etwas Geld versorgt, tritt er seine Reise per Donaudampfer an. Schon während der Fahrt erregt der Fünfundzwanzigjährige Aufmerksamkeit durch seine Gewandtheit in vielen Sprachen. Hier hat er auch die ersten Begegnungen mit Türken, die ihn tief beeindrucken. Er erreicht Konstantinopel voller Erwartungen und ohne Geld!

Von einer erstaunlichen Fähigkeit geleitet, Kontakte zu knüpfen und Freundschaften zu schließen, findet er Unterkunft bei einem Landsmann. Seine Mahlzeiten verdient er sich als Geschichtenerzähler in türkischen Kaffeehäusern, wo das Publikum fasziniert ist von seiner Einfühlungsgabe in die türkische Sprache.

Bald gelingt ihm der Zutritt zu den vornehmen Kreisen der Gesellschaft von Konstantinopel; er wird Privatlehrer der Kinder hoher türkischer Würdenträger. Dabei macht er die Bekanntschaft des jungen Prinzen Abdul Hamid, dem er später in geheimer Mission der englischen Krone wiederbegegnen wird.

Für die Vorbereitung auf seine gefährliche Reise nach Zentralasien ist die Begegnung mit dem fanatischen Mullah Ahmed Efendi entscheidend. Durch ihn dringt er immer tiefer in die Gedankenwelt der Muslime ein; schließlich wird er Student einer berühmten Koranschule (Medresse), wo er durch gründliche Koranexegese hohes Ansehen gewinnt. Seine äußere Verwandlung zum Türken und Moslem, namens Reschid Efendi, ist perfekt. Mit 27 Jahren ist der ungarische Jude der beste Schüler, die Mullahs bezeichnen ihn als Mukhtadi, einen, der die Wahrheit erreicht hat.

Er hat nun Zugang zu allen Bibliotheken Konstantinopels, auch zu den wertvollen Privatsammlungen mit kostbaren alten Handschriften. Hier findet er zahlreiche Hinweise auf die Geschichte des ungarischen Volkes. In ihm wird allmählich die Überzeugung übermächtig, daß die Magyaren ihrem Ursprung nach ein turko-tatarisches Volk sind.

1858 erscheint aus der Feder von Hermann Vambery das erste deutschsprachige Buch in Konstantinopel, ein Deutsch-Türkisches Taschenwörterbuch. Vier Jahre später gibt er in Pest sein zweites Buch heraus, eine umfassende Wörtersammlung der Sprache der östlichen Goldenen Horde, einer alt-usbekischen Sprachform, unter dem Titel »Tschagataiisch-Türkisches Wörterbuch«. Auf diese Pionierarbeit der Orientalistik werden sich später ganze Generationen von Fachgelehrten der Turkologie stützen.

In den Medressen trifft er wiederholt Mekkapilger aus Zentralasien, oft wild aussehende »verwahrloste« Derwischgestalten, die bei nicht wenigen seiner türkischen Freunde Mißfallen erregen. Doch ihn stört das nicht, sein pseudo-orientalischer Charakter bezieht sich nur auf Äußeres, dient einzig und allein seinen Zielsetzungen. »In meinem Innersten war ich durch und durch von dem Geist des Westens erfüllt«, betont er wiederholt.

Wegen seiner Verdienste bei der Übersetzung türkischer Texte wird er 1860 ziemlich unerwartet korrespondierendes Mitglied der Akademie der Wissenschaften in Budapest. 1861 reist er dorthin und erhält durch Vermittlung des Präsidenten der Akademie den Auftrag, nach Zentralasien zu reisen, um den Zusammenhang zwischen dem Ungarischen und den dort gesprochenen Sprachen zu erforschen.

In Konstantinopel stößt er bei seinen türkischen Freunden wegen der geplanten Reise auf Unverständnis. Man warnt eindringlich vor den Gefahren einer solchen Reise. Doch ihn kann nichts von seinen Plänen abbringen. Eine fieberhafte Ruhelosigkeit, das Verlangen, seine Mitmenschen zu übertreffen und der Drang nach dem

Abenteuerlichen und Unbekannten sind übermächtig.

Eine Seereise bringt ihn nach Trapezunt an der türkischen Schwarzmeerküste. Über Erzerum reist er mit einer Karawane durch das armenische Bergland nach Täbris. Das öde persische Hochland bildet einen schroffen Gegensatz zu seinen Vorstellungen, die er aus dem Studium der persischen Literatur gewonnen hat. Die Enttäuschung ist groß. Und er erlebt den Gegensatz zwischen den sunnitischen Moslems und den Schiiten Persiens. Segi Sunni, Sunni-Hund, ruft man ihm und den anderen Sunniten nach.

Doch eines fasziniert ihn vom ersten Augenblick an – die Bazare. Er erfaßt sehr rasch, daß sie nicht nur zentrale Märkte sind, sondern auch Orte des öffentlichen Lebens schlechthin. Hier erfährt man, was in der Stadt und im Staat vor sich geht. Unschätzbare Informationen für seine weitere Karriere erhält er in diesen Bazaren, besonders später in Zentralasien.

Am 13. Juli 1862 hält seine Karawane Einzug in Teheran. Der Empfang in der türkischen Botschaft ist äußerst herzlich, und Vambery findet volle Unterstützung seiner Pläne. Man stellt ihn dem Schah vor. Mirza Khan, der Außenminister, händigt ihm einen Schutzbrief für Reisen im Lande aus. An eine Reise nach Zentralasien ist vorläufig nicht zu denken. Dost Mohammed Khan, der Herrscher von Afghanistan, liegt mit seinem Schwiegersohn, Sultan Ahmed Khan von Herat, im Krieg. So wird die große Reise auf das Frühjahr 1863 verschoben.

Am 2. September 1862 bricht er zu einer Reise nach Isfahan und Schiras auf. Diese Tausend-Meilen-Reise bildet eine ausgezeichnete Vorbereitung auf das Zentralasien-Abenteuer. Er weiß nun, daß er Sturm und Regen, Hitze und Kälte widerstehen kann. Seine Eindrücke legt er nieder in einem 1867 erschienenen Buch »Meine Wanderungen und Erlebnisse in Persien«.

Als er Ende März 1863 zu seiner gefahrvollen Reise aufbricht, sind nur zwei Mitglieder des Botschaftspersonals über sein Reiseziel informiert, alle anderen glauben,

daß er nach Meschad reist. Nach seiner glücklichen
Rückkehr im Januar 1864 bleibt er noch drei Monate in
Teheran.

Sein Ruhm eilt ihm voraus, da alle europäischen
Diplomaten ihre Regierungen und auch Tageszeitungen
über diese außergewöhnliche Reise informieren. In seine
Heimat zurückgekehrt, erlebt er vier enttäuschende Wochen in Budapest und reist schließlich per Eisenbahn
nach London, in der Hoffnung, dort seine Reise am
besten vermarkten zu können. In London herrscht
damals hohe Entdeckerzeit, Namen wie Burton, Speke,
Palgrave, Grant und Livingstone sind in aller Munde.

Vambery geht bei seinen Sondierungen systematisch
vor. Zuerst sucht er Sir Henry Rawlinson auf, zur damaligen Zeit die größte Autorität für Zentralasienfragen. Als
nächstes spricht er bei Sir Roderick Murchison vor, dem
Präsidenten der Royal Geographical Society.

In den Räumen dieser berühmten Gesellschaft hält er
am 27. Juni 1864 vor einem ausgewählten Publikum seinen ersten Vortrag, für Vambery ein voller Erfolg. Bald
verbinden ihn freundschaftliche Beziehungen mit Richard Burton, den er für den bedeutendsten Reisenden
des 19. Jahrhunderts hielt. Bei einer Begegnung mit
Livingstone äußert dieser gegenüber Vambery: »Schade,
daß Sie nicht Afrika zu ihrem Betätigungsfeld gemacht
haben.«

Vamberys Traum von einem Lehrstuhl der orientalischen Sprachen in Pest war für ihn, den Autodidakten
ohne formale akademische Ausbildung, zunächst in keiner Weise realisierbar. Doch durch geschickt zustande
gebrachte Audienz beim Kaiser Franz Josef erhält er
schließlich den ersehnten Posten. 1867 wird er offiziell
zum Professor ernannt. Studenten finden sich nur allmählich ein; unter den ersten ist einer namens Ignaz
Goldziher, der später ein berühmter Orientalist werden
sollte.

Lange Zeit stößt er in den akademischen Kreisen seiner Heimat auf Mißtrauen und Ablehnung. Man glaubt

16

dem hinkenden Juden »obskurer« Herkunft nicht. Der Rektor der Universität, der später Bischof der Diözese wird, sagt ihm das ziemlich unverhohlen ins Gesicht. Wie schon als Schüler erlebt der Jude die gleiche schroffe Ablehnung von seiten offizieller Vertreter der katholischen Kirche. Für Vambery ist die katholische Kirche gleichbedeutend mit einer Brutstätte der Intoleranz.

Beim Vergleich des Christentums mit dem Islam drängen sich ihm bemerkenswert übereinstimmende Beurteilungskriterien auf: die Religion gewährt den Menschen nur wenig Sicherheit gegen moralischen Verfall. »Unsere moderne Kultur hat sich nicht durch, sondern trotz des Christentums entwickelt.« Sich selbst betrachtet er als einen Freidenker, dem nur zu bewußt ist, daß die Probleme der Gottheit und Schöpfung für unseren menschlichen Verstand ohnehin nicht begreiflich sind. Eines lehnt er, der jüdische Weltbürger, mit aller Entschiedenheit ab, und das ist jede Art von Fanatismus.

In den folgenden Jahrzehnten schreibt er neben Büchern zahlreiche Artikel und Aufsätze in Zeitungen und Zeitschriften Europas, Amerikas und Asiens (Times, London; Münchner Allgemeine Zeitung; Neue Freie Presse, Wien, und viele andere).

1868 heiratet er Cornelia Aranyi, Tochter von Prof. Aranyi, Leiter der Abteilung für Pathologie an der Universität Pest und überzeugter Antisemit. Prof. Aranyi hielt es für das beste, das Judentum durch Einheirat allmählich zum Verschwinden zu bringen. Er selbst hatte die Tochter des berühmten jüdischen Violinisten Joseph Joachim geheiratet.

Anfang der siebziger Jahre hat Vambery den Aufstieg in die gutbürgerliche Gesellschaft geschafft. Er bezieht eine vornehme Etagenwohnung am Franz-Josef-Kai mit Blick auf die Donau. Koch, Dienst- und Kindermädchen (am 29. 2. 1872 wurde der einzige Sohn geboren) vervollständigen das Bild; doch er klagt oft über seine Armut, wohl ein Trauma der entbehrungsreichen Kindheit und Jugendzeit.

Sein Arbeitspensum ist unverändert hoch; er unterhält ein umfangreiches Korrespondentennetz, schreibt und empfängt Schreiben in Persisch, Arabisch, Türkisch und anderen Sprachen. Eifrig liest er auch die russische Presse. Für die Regierung in London ist er lange Zeit ein unentbehrlicher Ratgeber, der nacheinander Königin Viktoria, König Edward VII. und König Georg V. berät. Von manchen wird er als Geheimagent mit undurchsichtigen Machenschaften verdächtigt. Doch eines ist unbestritten, er verfügt stets über ausgezeichnete Informationen.

Den Vormarsch der Russen in Zentralasien sagt er exakt voraus. 1868 werden Buchara und Samarkand von den Russen besetzt. Auch beim russischen Übergriff auf Chiwa behält er recht. 1873 rückt General Kaufmann mit fünf Militärkolonnen gegen Chiwa vor und unterwirft es dem Willen des Zaren. Vambery, der Zeit seines Lebens vor dem Expansionsdrang der Russen warnte und davon überzeugt ist, daß Rußland seine Hand nach Indien ausstrecken wird, kann seine Bewunderung für den durch riesige Sandwüsten vorgetragenen Chiwa-Feldzug nicht verbergen und stellt ihn noch über den Alpenübergang Hannibals.

Doch die Russen drangen trotz aller gegenteiligen Voraussagen Vamberys nicht weiter nach Süden vor. Dennoch bedauerte es General Kaufmann, mittlerweile Generalgouverneur von Russisch-Turkestan, daß er nicht nach Afghanistan einmarschieren durfte!

1872 erscheint Vamberys zweibändige »Geschichte Bocharas«. Die Kritiken darüber gestalten sich zu einer Beinahe-Katastrophe für ihn. Einer der heftigsten Kritiker war der amerikanische Diplomat Eugene Schuyler, der im Anhang zu seinem Turkestan-Werk (1876) eine lange und streckenweise vernichtende Kritik schrieb. Der Hauptanklagepunkt richtete sich gegen die Existenz der Fettschwanzschafe. Schuyler steigerte sich in seiner Kritik bis hin zu der Behauptung, Vambery sei wohl überhaupt nicht in Zentralasien gewesen und habe seine

18

Angaben aus Herodot entnommen. Doch später klärte sich das alles auf. Besonders das zweibändige Werk von O'Donovan »The Merv Oasis« (1882) lieferte eindeutige Beweise für die Authentizität der Angaben Vamberys. Heute ist allgemein bekannt, daß Zentralasien ein Heimatgebiet der Fettschwanzschafe ist. Später erfolgte auch eine Aussöhnung mit Schuyler.

1882 erscheint sein Werk »Der Ursprung der Magyaren«, von dem innerhalb von drei Tagen 700 Exemplare verkauft werden. Eine ausführliche Kritik erschien u.a. von Paul Hunfalvy (1884), einer der großen Autoritäten der finno-ugrischen Sprachwissenschaft und einer der heftigsten Kritiker Vamberys auf dem Feld der vergleichenden Sprachwissenschaft. Heute ist allgemein anerkannt, daß die ungarische Sprache der Gruppe der Finno-Ugrischen Sprachen (zu der auch das Finnische gehört) am nächsten steht und nicht zur Turko-Tatarischen Sprachgruppe gehört, wie Vambery immer wieder behauptet hatte. Doch Vamberys großes Verdienst, der europäischen Wissenschaft die östlichen Turksprachen erschlossen zu haben, wird dadurch in keiner Weise geschmälert.

Das Zeitalter der Aufklärung hatte die Frage nach den Urphänomenen gestellt. Gab es so etwas wie ein Urvolk, eine Ursprache, eine Urheimat? Vambery war seit früher Jugend von der Idee besessen, in Zentralasien nach der Urheimat seines Volkes zu suchen. Über Jahrzehnte hinweg konnte ihn nichts von der Idee abbringen, daß die Magyaren ihrem Ursprung nach ein turko-tatarisches Reitervolk seien. Und tatsächlich enthält das Werk zahlreiche Wortschatzstudien, die deutlich zeigen, daß das Ungarische viele Lehnworte aus den Turksprachen übernommen hat. Letzte Zweifel über den Ursprung der Magyaren bleiben auch ihm nicht erspart, denn er sieht die »... nie zu bannende Zweifelhaftigkeit, in welche die Urgeschichte aller Völker gehüllt ist«.

Tatsächlich waren die Ungarn als einziger der finno-ugrischen Volksstämme in den ersten nachchristlichen

Jahrhunderten auf ihrer Südwanderung in den Gebieten westlich des Urals unter die Herrschaft eines Turkvolkes geraten, von dem sie die Reiterkultur Innerasiens übernahmen, bevor sie nach Europa ins Tiefland an der Donau vordrangen. Diese Doppelspuren der ungarischen Kulturgemeinschaft hatte Vambery richtig erkannt, aber in ihrer Bedeutung wohl überschätzt.

Im Jahre 1888 wurde die Bahnlinie Budapest–Konstantinopel eröffnet. Es war das gleiche Jahr, in dem die russische Lokomotive in Samarkand pfiff, d.h. die Trasse der Transkaspischen Eisenbahn vom Kaspischen Meer bis in die alte Residenzstadt Timurs reichte. Vambery fährt jetzt regelmäßig jedes Jahr mit dem Schnellzug (42 Std.) von Budapest nach Konstantinopel in seiner Mission als vertrautester europäischer Berater des Sultans Abdul Hamid, den er 1858 als sechzehnjährigen Prinzen kennengelernt hatte. Bei den Begegnungen mit dem Sultan trägt Vambery stets einen Fez, äußerer Ausdruck seiner einstigen türkischen Efendi-Rolle, die er bei solchen Audienzen völlig übernimmt. Der Sultan redet ihn nur mit Reshid Efendi an.

Zu Beginn des 20. Jahrhunderts setzt er sich beim Sultan für das Zustandekommen eines Treffens zwischen diesem und Theodor Herzl ein. Das Treffen kommt schließlich am 17. Mai 1901 zustande. Herzl, der vom Sultan Unterstützung bei der Errichtung einer jüdischen Heimstätte in Palästina erhoffte, schrieb am 3. Mai 1900 in sein Tagebuch: »In diesem humpelnden alten ungarischen Juden lernte ich einen der interessantesten Männer kennen, der von sich nicht weiß, ob er mehr Türke oder mehr Engländer ist; er schreibt Bücher in Deutsch, spricht zwölf Sprachen gleich meisterhaft und bekannte sich zu fünf Religionen... was ihn schließlich zum Atheisten machte.«

Im Hintergrund blieb Vambery aktiv in der Zionistenbewegung tätig und hat wohl sein Teil beigetragen beim Zustandekommen der Balfour Declaration (1917).

Um die Jahrhundertwende beschäftigt ihn in zuneh-

20

mendem Maße die Sache des Islam. Ist seine Beurteilung dieser Religion in früheren Schriften oft widersprüchlich und z.T. fast ablehnend, so gleichen seine Ausführungen jetzt manchmal fast einem Bekenntnis zur Lehre des Propheten. So spricht er bereits 1878 in einer Abhandlung unter dem Titel »Die orientalische Frage als Kulturfrage« vom Urwesen des Islam, das von freiheitlichen Staatsinstitutionen geprägt gewesen sei.

Sein am 12. August 1889 an den Nawab Abdul Latif Bahadur, Präsident der Moslem-Literaten-Gesellschaft in Kalkutta, gerichtetes Schreiben stellt ein leidenschaftliches Bekenntnis für die Sache des Islam in Indien dar und erregt unter den Moslems des Subkontinents verständlicherweise Aufsehen. Der Brief wurde in der Times of India abgedruckt.

In der bereits erwähnten Abhandlung »Die orientalische Frage als Kulturfrage« wird die Frage nach dem Wiedererwachen des Islam ausgesprochen: »Der moslimische Osten, der halb im Schlafe versunken, von den Anschlägen und Rachegelüsten des christlichen Abendlandes bisher nur träumt, wird schließlich doch erwachen! Der wiedererstandene Islam, bisher nur für eine eitle Fabel gehalten, wird, durch eine derartige Politik in den Vordergrund der Begebenheiten gerufen, zu einem überwältigenden Faktor sich gestalten, von dem unsere hochweisen Diplomaten bis jetzt nur einen sehr schwachen Begriff haben.«

Die Verbindung zu den Moslems in Mittelasien riß auch im Alter nicht ab. Nicht selten kamen Moslem-Pilger nach Budapest, um das Grab eines Moslem-Heiligen aus der Türkenzeit zu besuchen. Nicht wenige suchten Vambery auf, da sie im Osten so viel von ihm gehört hatten. Manche fragten ihn, wie lange er sein Inkognito unter den Ungläubigen denn noch aufrecht erhalten wolle.

Fest steht, daß Vambery sich im hohen Alter für die islamische Reformbewegung des Baha-Ullah aus Persien interessierte, die unter dem Namen Bahaismus bekannt wurde. Mit dessen Sohn Abdul-Baha traf Vambery in den Räumen der ungarischen Friedensgesellschaft zusammen, deren Vizepräsident er damals war.

Wenige Monate danach, am 14. September 1913, verstarb Hermann Vambery ganz friedlich während der Nachtruhe. An seinem letzten Wohnhaus in Budapest, heute Sitz der ungarischen Gesellschaft der Vereinten Nationen, wurde 1974 vom Stadtrat folgende Plakette angebracht:

IN DIESEM HAUS LEBTE
ARMINIUS VAMBERY
1832–1913
WELTBERÜHMTER ORIENTALIST
ERFORSCHER ZENTRALASIENS
HERVORRAGENDER GELEHRTER
DER TÜRKISCHEN PHILOLOGIE
MITGLIED DER UNGARISCHEN
AKADEMIE DER WISSENSCHAFTEN

Hermann Vambery

Mohammed in Asien
Verbotene Reise nach Buchara und Samarkand

Aus dem Vorwort

Ich bin 1832 in Ungarn in dem Orte Duna-Szerdahely im Presburger Komitat geboren. Von einer besonderen Neigung zur Erlernung fremder Sprachen getrieben, hatte ich mich schon in der Jugend mit mehreren europäischen und asiatischen Sprachen beschäftigt. Erst war es die bunte Literatur des Ostens und Westens, die mich ergötzte, später begann das gegenseitige Verhältnis der Sprachen selbst mich zu interessieren, und kein Wunder, wenn ich nach dem Satze »Nosce te ipsum« (»Erkenne dich selbst.« – Anm. d. Hrsg.) mein Hauptaugenmerk auf Verwandtschaft und Ursprung meiner eigenen Sprache richtete.

Daß die ungarische Sprache zum altaiischen Stamme gehört, weiß jedermann, aber ob zum finnischen oder tatarischen Zweige, das ist eine Frage, die noch der Entscheidung harrt. Diese Frage, die uns Ungarn aus wissenschaftlichen und nationalen Gründen interessiert, war der Hauptbeweggrund meiner Reise nach dem Orient. Ich wollte durch praktisches Studium der lebenden Sprachen den Verwandtschaftsgrad zwischen der ungarischen Sprache und den türkisch-tatarischen Mundarten genau kennen lernen, den das schwache Glas der theoretischen Studien mir schon gezeigt hatte. Zuerst ging ich nach Konstantinopel. Ein mehrjähriger Aufenthalt in türkischen Häusern, verbunden mit häufigen Besuchen der islamischen Schulen und Bibliotheken, hatte mich bald zum Türken, und zwar zu einem Efendi gemacht. Später zog mich der Fortgang meiner linguistischen Forschungen nach den entfernteren Orten hin, und als ich meine Reise nach Mittelasien antreten wollte, fand ich es ratsam, den Efendicharakter beizubehalten und den Orient als Orientale zu bereisen.

Welches Ziel ich auf meinen Wanderungen vom Bosporus bis nach Samarkand verfolgte, ist daraus also leicht zu schließen. Geologische oder astronomische

Forschungen waren außer dem Bereiche meines Faches, und in dem Derwisch-Inkognito, das ich annehmen mußte, sogar eine Unmöglichkeit. Mein Augenmerk war größtenteils auf die Völker Mittelasiens gerichtet, von deren sozialen und politischen Verhältnissen, von deren Charakter, Gebräuchen und Sitten ich in diesen Blättern eine schwache Skizze zu geben versuche. Geographie und Statistik habe ich, soweit es meine Vorbildung und die Umstände gestatteten, nie aus den Augen gelassen, aber als die größte Ausbeute meiner Reise muß ich immer meine philologischen Erfahrungen betrachten, die ich nach reiferer Ausarbeitung der wissenschaftlichen Welt vorlegen werde. Diese Erfahrungen und nicht gegenwärtige Blätter sind also als die Frucht einer Reise anzusehen, während der ich monatelang in wenige Fetzen gehüllt, ohne die nötigen Nahrungsmittel und unter steter Gefahr, eines qualvollen Todes zu sterben, herumirrte. Einseitigkeit mag man mir wohl vorwerfen, doch darf bei einem jahrelang verfolgten Ziel das »non omnia possumus omnes« (»Nicht alles vermögen wir alle.« – Anm. d. Hrsg.) nie vergessen werden.

Das Inkognito, zu dem mich die mittelasiatischen Verhältnisse zwangen, hätte reichlichen Stoff liefern können, die Zahl dieser Blätter zu verdoppeln. Eine weitere und ausführlichere Beschreibung will ich mir übrigens auch vorbehalten (1), doch schien es mir für den Augenblick am zweckmäßigsten, das Gesehene und Gehörte, solange die Eindrücke noch frisch sind, schlicht und einfach mitzuteilen. Ob mir das gelungen ist, möchte ich selbst bezweifeln. Leser und Kritiker mögen viel auszusetzen haben, man mag meine Erfahrungen als einen zu geringen Preis für die überwundenen Strapazen ansehen; doch bitte ich nicht zu vergessen, daß ich aus einem Lande komme, wo Hören für Unverschämtheit, Fragen für Verbrechen, Notieren für Todsünde gehalten wird.

Pest, im Dezember 1864.

Vambery

Erstes Kapitel

Am 27. März 1863 abends gab mein edler Gönner, der türkische Gesandte in Teheran, mir ein Abschiedsmahl, an welchem ich, wie man behauptete (natürlich, um mir Furcht einzujagen und mich von dem abenteuerlichen Plane abzulenken), das letzte Mal in meinem Leben europäische Kost nach europäischer Weise genießen sollte. Der niedliche Speisesaal des Gesandtschaftshotels war glänzend erleuchtet, die besten Speisen wurden aufgetragen, die besten Weine wurden herumgereicht; denn man wollte mir eine starke Dosis von Erinnerung an europäischen Komfort auf meine schwere Tour mitgeben. Meine Freunde forschten immer in meinen Zügen, ob das Äußere keine Spur der inneren Aufgeregtheit verrate. Man hatte sich aber stark geirrt. Ich war höchst vergnügt in den seidensamtenen Lehnsessel gesunken. Der aus fernem Frankenlande hierher gebrachte Wein hatte mir das Gesicht in gleiche Farbe getaucht, von welcher der Fes war, der mein Haupt bedeckte. Ein frommer Derwisch und Wein, welch schreckliche Antithesis! Doch heute abend muß fest gesündigt werden, denn die Buße wird ohnehin eine lange sein!

Vierundzwanzig Stunden darauf, am 28. März abends, war ich inmitten meiner Bettlergesellschaft auf dem Wege nach Sari in einer halbeingefallenen Lehmhütte, welche man mit dem Namen Dagaru bezeichnet. Der Regen stürzte in Strömen herunter. Da wir auf dem Tagemarsch schon ziemlich durchnäßt waren, so wollte nun ein jeder zu dem trockenen Obdach Zuflucht nehmen, und weil der Raum ein enger war, so hatte das Schicksal mich gleich am ersten Abend mit meinen Reisegenossen in engste Berührung gebracht. Die auch sonst nicht sehr wohlriechenden Fetzenanzüge hatten im durchnäßten Zustande ganz kuriose Ausdünstungen, und kein Wunder, wenn ich unter solchen Umständen wenig Lust verspürte, in die große hölzerne Schüssel zuzugreifen, aus welcher die ausgehungerten Hadschis, mit den Fäusten umherplätschernd, ihr Nachtmahl verzehrten. Übrigens hatte der Hunger mich weniger geplagt als die Mattigkeit und der noch nicht gewohnte nasse Fetzenanzug. Gleich einem Knäuel zusammengekauert, wollte ich mich dem Schlafe preisgeben, doch auch dies war bei der gepreßten Lage unmöglich. Bald fühlte ich die Hand, bald den Kopf eines meiner Nachbarn über mich hingeworfen, bald streckte der mir vis-à-vis Liegende seinen Fuß aus, um mich hinter den Ohren zu kratzen. Mit Hiobsgeduld mußte ich mich gegen diese unangenehmen Gefälligkeiten wehren, und noch hätte ich schlafen können, wenn der schnarchende Dialog, den die Tataren unterhielten, besonders aber das laute Wehklagen eines von der Gicht gepeinigten persischen Maultiertreibers mich nicht gehindert hätten.

Sehend, daß meine Bemühungen, die Augen zu schließen, fruchtlos waren, setzte ich mich aufrecht in der Mitte dieses im größten Chaos umherliegenden Menschenhaufens. Es regnete noch immer, und in die trübe, düstere Nacht hinausblickend, erinnerte ich mich an meine Lage vor 24 Stunden, an das opulente Abschiedsmahl im prachtvollen türkischen Gesandtschaftshotel. Das Ganze schien mir gleich einer dramatischen Vorstellung vom »König und Bettler«, in dem ich die Hauptrolle spielte. Das bittere Gefühl der Wirklichkeit jedoch hatte wenig Eindruck; denn ich war selbst Meister der plötzlichen Metamorphose, ich habe selbst mir mein Schicksal auferlegt. – Das harte Werk der Selbstüberwindung dauerte bloß einige Tage. Was das Äußere anbelangt, so war ich mit den beweglichen und unbeweglichen Attributen des Derwischtums wie Schmutz usw. bald vertraut. Den besseren Anzug, den ich von Teheran mitbrachte, gab ich einem schwachen und kränklichen Hadschi, welcher Wohltätigkeitsakt mir alle Herzen gewann. Meine neue

Uniform bestand aus einer Filzjacke, die ich ohne Hemd auf dem nackten Leibe trug, und aus einer, von unzähligen Flecken zusammengesetzten Dschubbe (Oberkleid)*, die mit einem Strick um die Lenden befestigt wurde. Die Füße hatte ich mit Fetzen umwickelt, den Kopf bedeckte mir ein immenser Turban, der bei Tage als Sonnenschirm, bei Nacht als Polster diente. Gleich den übrigen Hadschis hatte ich einen voluminösen Koran in einem Sacke als Patronentasche umgehängt, und als ich mich en pleine parade ansah, konnte ich stolzierend ausrufen: »Ja, ich bin zum Bettler geboren!«

Der äußere oder materielle Teil des Inkognito war leicht, mit dem moralischen aber gab es mehr Schwierigkeiten, als ich dachte. Jahrelang hatte ich Gelegenheit, den Kontrast zwischen europäischem und asiatischem Leben zu studieren, die kritische Lage, in der ich mich befand, gebot mir, immer streng auf der Hut zu sein, und dennoch konnte ich es nicht vermeiden, so manchen groben Fehler zu begehen. Der gegenseitige Unterschied der östlichen und westlichen Gesellschaft besteht nicht nur in Sprache, Gesichtszügen und Kleidung. Wir Europäer essen, trinken, schlafen, sitzen und stehen, ja, ich möchte sagen: lachen, weinen, seufzen und winken anders als die Orientalen. Dieses sind scheinbare, aber im Grunde recht schwerwiegende Kleinigkeiten, und dennoch nichts im Vergleich zu jener Mühe, welche das Verbergen der Gefühle kostet. Auf Reisen ist man immer gespannterer, immer gereizterer Natur als im gewöhnlichen Leben; unsäglich daher ist die Anstrengung, mit welcher wir Europäer Neugierde, Bewunderung oder sonstige Gemütsbewegungen gegenüber dem ewig und

---

* Man nennt dies Chirkai dervischan (der Derwischmantel), welches selbst die bemittelsten Derwische über ihrem sonst guten Anzuge tragen müssen. Es ist das Symbol der Armut, wird oft aus unzähligen Stückchen neuen Stoffes zusammengesetzt, hat aber immer ungleiche, zackige Schöße, und während die Außenseite mit grobem Bindfaden in großen Stichen genäht wird, pflegt das Futter aus Seide oder sonstigem wertvollen Zeuge zu bestehen.

für alles gleichgültigen, schlaffen Orientalen zu verbergen suchen. Außerdem war der Reisezweck meiner Freunde, die ferne Heimat zu erreichen, der meinige, bloß zu reisen. Meine Individualität hatte für sie Interesse bloß in dem ersten Moment der Annäherung, ihre Individualität war für mich ein fortwährendes Studium, und es ist gewiß keinem von ihnen eingefallen, daß mein Geist eben damals, wenn wir in Gesellschaft am vertraulichsten scherzten und schwatzten, doppelt beschäftigt war.

Nur der praktische Kenner des Orients wird sich vorstellen können, welche Mühe es kostete, sich am Anfang in diese merklichen Differenzen hineinzufinden. Natürlich war ich durch den vierjährigen Aufenthalt in Konstantinopel ziemlich geschult, doch spielte ich dort bloß die Rolle eines Dilettanten, während ich mich hier von der Wirklichkeit kein Haarbreit entfernen durfte. Ja, ich will durchaus kein Geheimnis daraus machen, daß der Kampf in den ersten Tagen, obwohl ein kurzer, aber doch ein sehr harter war, Reue und Gewissensbisse stürmten bei jeder sich zeigenden Schwierigkeit auf die Seele los; glücklicherweise war diese durch die Sporen der Eitelkeit zu sehr in Flammen geraten, alles mußte ihrer vernichtenden Glut weichen – und als Siegerin konnte sie, unterstützt von einer gesunden Konstitution, leicht alles vertragen.

Die Rückerinnerung an die Strapazen der ersten Tage macht mich jetzt noch schaudern. Es waren besonders die nasse Kälte, die haarsträubende Unreinlichkeit und die ewigen Plackereien der fanatischen Schiiten, die auf den langwierigen Tagemärschen in dem wegen seiner schlechten Wege historisch berühmten Mazendran mir unendlich viel zu schaffen machten. Manchmal regnete es vom frühen Morgen bis zum späten Abend, und während kein Faden von meinem durchlöcherten Fetzenanzuge trocken blieb, mußte ich noch obendrein stundenlang in dem knietiefen Kot waten. An manchen Orten gleicht der schmale Gebirgsweg, den eine jahrhundertelange häufige Benutzung ziemlich vertieft hat, einem sich schlängelnd dahinziehenden schmutzigen Bache, aus dem die Spitzen der von den Gipfeln herabgefallenen Felsblöcke hervorragen. Es ist eine reine Unmöglichkeit, im Sattel zu bleiben, und um der Gefahr auszuweichen, tut man am besten, wenn man die Tiefen mit eigenem Fuße sondierend, sich langsam fortbewegt. Daß man unter solchen Umständen abends auf der Station ganz erschöpft und ermattet anlangt, wird niemand bezweifeln. Feuer und Obdach sind die ewigen Gegenstände, nach denen das Auge schmachtend umherblickt.

Als Fremdling in der Gesellschaft war es meine Pflicht, in der Rolle eines Bescheidenen und Ergebenen aufzutreten, mich jedem nicht nur freundlich, sondern untertänig zu zeigen und durch Zuvorkommenheit oder kleine Gefälligkeiten mir die Liebe der Alten sowie der Jungen zu erwerben. Natürlich wurde diese Dienstfertigkeit anfangs von den meisten abgelehnt; denn man wollte den Charakter als Efendi, in dem man mich kennenlernte, nicht beleidigen. Doch ich durfte nie nachgeben und mußte immer darauf hinstreben, dem einen oder anderen nützlich zu sein. Außer den kleinen Diensten, die ich auf dem Marsche leistete, mußte ich noch trachten, auf der Station, sei es in Zubereitung des Tees oder im Brotbacken, sei es in der Versorgung der Reittiere, im Auf- und Abladen, jedem behilflich zu sein. Einige erwiderten durch Gegendienste meine Bereitwilligkeit, andere, die meinen früheren Stand bald vergessen hatten, benahmen sich gegen mich wie gegen einen alten Reisegefährten, Gefälligkeiten wurden verlangt und getan ohne die kleinste Zeremonie, und ich mußte herzlich lachen, als ein Hadschi aus Chokand mir einst sein Hemd überreichte, daß ich solches von den vielen ungebetenen Gästen befreien möge, da er mit anderen Teilen seines Anzugs in derselben Arbeit vollauf beschäftigt wäre.

Daß auf solchem Wege die entente cordiale immer mehr heranwachsen mußte, war vorauszusehen. Je mehr ich, meine Vergangenheit vergessend, in die Gegenwart mich fügte, desto schneller schwand auch die Scheidewand zwischen mir und den übrigen Hadschis. Gesellschaft übt einen überaus mächtigen Einfluß aus; sie vermengt die meist heterogenen Elemente, und als ich einen Monat lang als Derwisch existierte, fand sich alles naturgemäß, alles erträglich, ja der Reiz der Neuheit des mich umgebenden Lebens hatte Teheran, Stambul und Europa vom Horizont der Erinnerung weit verbannt, und die stete Gespanntheit des Geistes hatte in mir einen Seelenzustand geschaffen, der zwar außerordentlich, aber nie unangenehm war.

Es war nur ein einziges Gefühl, an das ich mich nicht so leicht gewöhnen konnte, und dies war die Furcht entdeckt zu werden, oder besser gesagt, dessen Folgen, der schreckliche Martertod, den tatarische Grausamkeit und tiefbeleidigter mohammedanischer Fanatismus erfunden hätten, um mich zu bestrafen. Daß ich mit Annahme des Inkognito einen gefährlichen Spaß spielte, wurde mir schon in den ersten Tagen meines Aufenthalts unter den Turkomanen deutlich, und wäre es nicht die unbegrenzte Zuversicht gewesen, die ich in die Treue meiner Gefährten und in meine eigenen Vorbereitungen setzte, so hätte dieses Gespenst mich auch keinen Augenblick verlassen. Wie gesagt, während des größten Teils des Tages blieb ich durch Gesellschaft, Beschäftigungen oder sonstige Vorfälle ziemlich verschont. Doch wenn alles um mich her verstummte und ich im einsamen Winkel des Zeltes oder in öder Wüste allein dasitzend in Gedanken verfiel, da erschien mir die Furcht in ihrem schwärzesten Kleide, in ihren schrecklichsten Zügen, und wie sehr ich durch Klügeleien und durch fröhliche Gemütsstimmung sie verscheuchen wollte, sie wich lange, lange nicht von mir. O, diese grauenvolle Megäre, wie quälte sie mich, wie peinigte sie mich eben damals, als ich Ruhe suchend in Anschauungen über die Großartigkeit der Natur oder über die Merkwürdigkeit des menschlichen Wesens mich vertiefen wollte. In dem verlängerten Kampfe mußte sie schließlich dennoch unterliegen – aber eben dieser

Kampf ist es, an den ich mit Erröten zurückdenke; denn es ist wunderbar, welche Anstrengungen es kostet, mit der steten Todesgefahr sich vertraut zu machen, welche Mühe, die Hoffnung seiner ferneren Existenz auf einer zweifelhaften Basis stehen zu sehen!

So wagte ich auch selten, spät abends etwas mehr zu essen, aus Besorgnis, daß der überladene Magen mir nicht etwa schwere Träume verursache, in denen ich irgendeine fremde, europäische Sprache sprechen könnte. Heute lache ich über den Kleinmut; denn es hätte mir doch einfallen sollen, daß die Tataren, unkundig der europäischen Mundarten, solches nicht bemerken würden – doch dachte ich lieber an die Worte eines meiner Gefährten, der eines Morgens mit Naivität bemerkte, daß ich in ganz andern Tönen schnarchte als die Turkestaner, worauf dann einer belehrend einfiel: »Ja, so schnarcht man in Konstantinopel!«

Da so viele meiner Handlungen in Gesellschaft auffielen, so hätte ich doch in der Verlassenheit mich weit weniger beschränkt bewegen sollen. Doch nein! Auch hier war ich Sklave der Vorsicht, und ist es nicht auffallend oder vielmehr lächerlich, daß ich bei Nacht, in der unabsehbaren Wüste in ziemlicher Entfernung von der Karawane, das ungesäuerte, mit Asche und Sand vermengte Brot oder einen Schluck des stinkenden Wassers ohne Begleitung der üblichen mohammedanischen Segensformel nicht zu genießen wagte! Niemand sieht dich, alles schläft nun, hätte ich mir ja denken können? Doch nein! Die fernen Sandhügel schienen mir als lauernde Spione, die nun acht geben, ob ich das Bismillah sage, ob ich nach ritueller Weise das Brot gebrochen habe. So geschah es in Chiwa, daß ich in der finsteren und geschlossenen Zelle, mutterseelenallein liegend, beim Gebetsausruf hurtig von meinem Lager aufsprang und ans mühsame Werk der 13 Rikat mich machte. Beim sechsten oder achten bekam ich Lust aufzuhören, denkend, daß ich gut geborgen wäre. Doch nein! Es fiel mir ein, es könnten etwa Späheraugen durch die Türritze mich beobachten, und ich entledigte mich gewissenhaft der widerwilligen Pflicht.

Nur Zeit, die alles heilende Zeit, konnte diesem Übel abhelfen. Obwohl die moralischen Leiden bedeutend peinlicher waren als die physischen, so hatte eine längere Gewohnheit auch hier mir zum Siege verholfen, und nachdem ich vier Monate lang glücklich verlebt hatte, war die Seele ebenso abgehärtet gegen alle Furcht und Schrecken wie der Körper gegen den Schmutz und die Unreinlichkeit. Es trat die Epoche der Gleichgültigkeit ein, und mit dieser fing ich auch an, die wahren Reize meines Abenteuers zu empfinden. Besonders war die unumschränkte Freiheit des Vagabundenlebens, die große Sorglosigkeit in Nahrung und Kleidung, da dem Derwisch alles geschenkt wird, und noch dazu die geistige Überlegenheit, die letzterer über die Massen ausübt, die mir unendlich gefielen. Kein Wunder daher, daß ich die Vorteile meines Standes bei jeder Gelegenheit reichlich auszubeuten wußte. Meine Gefährten gestanden mir auch zu, daß ich eminente Talente fürs Derwischleben habe, und wenn es galt, von einem härteren Orte einen Zehrpfennig zu verschaffen oder einen größeren Vorrat von Lebensmitteln zusammenzubetteln, so wurde ich stets mit der leitenden Rolle betraut. Dieses in mich gesetzte Vertrauen hatte ich einst bei einer Zeltgruppe von Tschaudor-Turkomanen glänzend bewiesen. Diese allerwildesten Nomaden standen im Rufe großer Gottlosigkeit, und Hadschis, Ischane und Derwische wichen auch immer ihren Zelten aus. Ich hörte dieses, machte mich in Begleitung dreier Gefährten, die als berühmte Sänger galten, auf den Weg und nahm zugleich eine gute Dosis von heiligem Staub, Zemzemwasser, Zahnstochern, Kämmen und andern Pilgerspenden mit. Bei einigen wurde ich mit ziemlicher Kälte empfangen, doch kann der Sohn der Wüste, er mag noch so wild sein, den Worten und der Mimik einer Derwischstrategik nicht widerstehen, und nicht nur, daß man mich mit Weizen, Reis, Käse und Filzstücken reichlich beschenkte, sondern es gelang mir noch, einen zu bewegen, daß er die Ernte auf seinen eigenen Esel auflud und sie der erstaunten Karawane zuführte.

Erfolg macht kühn. Kein Wunder daher, wenn ich nach mehreren glücklich vollführten Experimenten später mit solchem Benehmen auftrat, in dem viele einen gewissen Grad von Unverschämtheit entdecken werden. Nun wohl, ganz könnte ich mich schwerlich von dieser Anklage rein waschen, aber wie hätte ich denn anders verfahren können? Kann der Europäer sich einen Begriff machen, was das heißt, als verstellter Frengi (dieses Schreckenswort der Orientalen) vis-à-vis einem solchen Tyrannen zu stehen, wie der Chan von Chiwa ist, und noch dazu ihm einen ersprießlichen Segen verleihen? Der Gedanke, wenn dieser Mensch mit dem fahlen Gesicht und finsteren Blick, wie er, umgeben von seinen Schergen, dasitzt, den gefährlichen Spaß entdecken möchte, ist gewiß nur dann zu ertragen, wenn man die Entschlossenheit der Seele aufs Äußerste bringt. Bei meiner ersten Audienz erschien ich auch wirklich mit solch festem Schritt, mit solch kühnen Gebärden, als wenn ich mit meinem Erscheinen den Chan beglücken wollte. Alles sah mich erstaunt an; denn Frommen und Heiligen gebührt Untertänigkeit, doch man dachte sich, daß es in der Türkei so Sitte wäre, und ich hörte auch keine Bemerkung hierüber.

Derartige Gewaltakte waren übrigens nur selten nötig, und in seinem gewöhnlichen Laufe hatte das Derwischleben mir oft die allerglücklichsten Momente geschaffen.

Es ist etwas unaussprechlich Süßes darin, wenn man ohne Geld, Stand und Beschäftigung frei von allen Sorgen, Aufregung und Impulsen in der weichen Wiege morgenländischer Ruhe und Gleichgültigkeit sich schaukeln kann! Natürlich, für uns Europäer kann ein derartiger Genuß nur von sehr kurzer Dauer sein, denn wenn unsere Gedanken in solchen Momenten gegen den fernen, ewig regsamen und bewegten Westen hinfliegen, da muß der große Kontrast der beiden Welten sich gleich vors Auge stellen, und instinktmäßig fühlen wir uns zum letzteren hingezogen. Europäisches Streben und asiatische Ruhe sind die zwei großen Fragen, die den Geist beschäftigen, doch brauchen wir nur auf die um uns herum zerstreuten Ruinen zu blicken, um zu sehen, wer die richtigere Lebensphilosophie befolgt. Hier geht alles dem Untergang und der Knechtschaft, dort der Blüte und Weltherrschaft entgegen (2).

Dieses bunte Lebensbild, in welchem ich mich während des Inkognito bewegte, war daher bei weitem nicht so bar aller Reize, wie es manchem eingefleischten Europäer scheinen würde. Natürlich, fesseln konnte es nur auf kurze Zeit, daher ich auch wirklich erschrak, als einst der Chan von Chiwa mir den ernsten Antrag machte, mich zu verheiraten, damit ich in Chiwa mich niederlasse, da ihm solch vielgereiste Leute wie ich nicht unangenehm wären. Der Gedanke, mit einer özbegischen Ehehälfte das ganze Leben in Turkestan zuzubringen, war schrecklich, und hätte ich es tun müssen, ich wäre gewiß unterlegen, aber einige Monate in einem Abenteuer, das glücklich endete, zugebracht zu haben, werde ich gewiß nie bereuen. Nie, sage ich, denn selbst die Erinnerung an meine Erlebnisse ist unaussprechlich süß, und jetzt, wo schon mehr als drei Jahre seit meiner Rückkunft verflossen sind, finde ich noch alle Einzelheiten so frisch in meinem Angedenken, alles dünkt mir so nahe, als wenn ich erst gestern abend mit der Karawane angelangt wäre und mich morgen schon wieder anschicken müßte, mein Eselchen zur Weiterreise aufzupacken. Das innige Verhältnis ungeheuchelter Freundschaft, das mich an meine tatarischen Reisegefährten kettete, erwacht immer aufs neue, so oft ich an sie denke. Wir scherzten, kosten und lachten auf den langen Tagemärschen, als wenn wir uns keine bessere Existenz wünschen könnten. Besonders war es mein glücklicher Humor, der ihnen so sehr gefiel, meine Witze und Späße, wenn wir untereinander waren (denn im öffentlichen Leben hatten wir alle, als ernste Heilige, lange, eiskalte Gesichter), war für sie ein unversiegbarer Quell des Frohsinns. Was würden sie sagen, wenn sie mich nun, inmitten so vieler Ungläubiger, in dem ihnen possierlich vorkommenden Gabelkleid, wie sie die europäischen Beinkleider nennen, sehen möchten? Mich, in dem sie und die übrige Welt ein wahres Exemplar westmohammedanischer Mollahs erblickten?

So wie die lustigen Episoden meines Inkognito dann und wann mir noch heitere Momente verursachen, so muß ich gestehen, daß auch die trüben Stunden, in denen ich in äußerster Gefahr oder in Leiden war, oft gleich schwarzen Wolken am Horizont meiner Gegenwart erscheinen. Ihre düsteren Schatten pflegen mich noch lebhaft an die vergangenen Schrecken zu erinnern, und wenn ich noch jetzt in schweren nächtlichen Träumen aus dem Schlafe auffahre, so war es sehr oft Se. Majestät der Chan von Bochara, die grauenvollen Qualen des Durstes oder eine fanatische Gruppe von Mollahs, die, auf Morpheus' Fittichen aus Mittelasien herbeigeeilt, mit ihrem Besuche mich beehrten. Ha, wie freue ich mich dann beim Erwachen, in Europa, in meinem teuren Vaterlande, in meiner friedlichen Wohnung mich zu befinden! Ja, in kritischer, in höchst kritischer Lage befand ich mich sehr oft, doch den unverwischbarsten Eindruck haben im ganzen genommen doch nur einige Episoden in mir zurückgelassen, sie brachten mich in die eminenteste Gefahr und werden, solange ich lebe, mir unvergeßlich bleiben.

1.

Jener Abend in der Chalata-Wüste, als ich, nach zweitägigen Qualen des Durstes, mit den letzten Tropfen meines Wassers auch die Lebenskräfte immer mehr und mehr schwinden sah. Ringsherum lagen viele meiner Reisegefährten, wahrscheinlich in denselben peinigenden Gefühlen; denn der Ausdruck der schmachtenden Seele gab sich in ihren starren Blicken und wilden Zügen am besten kund. Als ich mein schweres Haupt mit aller

Gewalt erhob und den Augen der mir nahe Liegenden begegnete, schien es mir, als wenn sie alle mit einem bitteren Groll auf mich sehen möchten; denn ich hatte während des Nachmittags den alten Asketen Kari Messud mehreremal sagen gehört: »Wir sind leider das Sühnopfer eines großen Sünders, der in unserer Karawane sich aufhält«, und obwohl möglicherweise niemand an mich dachte, so fühlte ich dennoch mich sehr beklommen. Mittlerweile nahte die Stunde des Abendgebets, an dem nur wenige Anteil nehmen konnten. Die Sonne war dem Untergang nahe, und als sie mit ihren letzten Strahlen das unglückliche Häuflein der Leidenden in der großen Wüste beleuchtete, da konnte ich es nicht verhindern, gegen jene Gegend zu blicken, wo sie vom Horizont die letzten Strahlen (denn ich hatte wenig Hoffnung, den nächsten Morgen wiederzusehen) mir zusandte, gegen jene Gegend, die man Westen, den teuren Westen nennt. Mit unsaglicher Wehmut hing ich an diesem Worte, die halberschlafften Sinne belebten sich aufs neue, denn mit Westen fiel mir Europa, meine teure Heimat, mein frühes Hinscheiden aus der Welt, die schweren Kämpfe meiner Vergangenheit, die Vereitelung allen Strebens, aller süßen Hoffnungen ein. Das Herz brach unter der Bürde des Schmerzes, ich wollte weinen, konnte aber nicht – dieser Augenblick ist einer der unvergeßlichsten, der Schrecken hat sich tief eingeprägt in die Seele, und so oft mir die Chalata-Wüste einfällt, wird er stets als Phantom vor mir schweben.

2.

Die Zeit während meiner Audienz beim Emir von Bochara im Palast von Samarkand. Genannter Fürst, dem man mich als ein Individuum zweifelhaften Charakters vorstellte, hatte während der ganzen Zeit, da ich bei ihm saß, streng in meinen Zügen geforscht, um den angeblich verkappten Frenghi zu entdecken. Ein Teil der zwischen uns stattgefundenen Konversation ist den Lesern meiner »Reisen« bekannt, ich schmeichelte mir, ihn zu gewinnen, doch kostete es mich eine Riesenarbeit, die innere Aufgeregtheit in meinen Gesichtszügen und besonders in den Augen nicht zu verraten, und obwohl alle meine Nerven bebten, mußte ich doch jede kleinste Spur von Furcht unterdrücken. Längst eingeübt in der Rolle, die ich spielte, gelang es mir auch wirklich, Erröten oder sonstiges Farbenwechseln zu verhindern – aber ich war nicht gewiß des Erfolgs, und man stelle sich meine Lage vor, als der Emir nach einer viertelstündigen Audienz einen Diener rief, ihm behutsam etwas ins Ohr raunte und mir mit einem ernsten Wink befahl, letzterem zu folgen.

Ich erhob mich rasch von meinem Sitze. Auf dem Wege, welchen der Diener mich durch Gemächer und Höfe führte, hatte die Ungewißheit meines Loses mich in größte Angst versetzt, und da aus einem gepreßten Gemüt nur immer Schreckensbilder aufsteigen, so glaubte ich auch, daß dieser ominöse Gang mich nun zur Folterkammer, zu jenem schrecklichen Tode führte, der so oft mir vorschwebte. Mein Begleiter führte mich nach längerem Umhergehen in ein finsteres Gemach, wo er mich niedersetzen hieß, mit dem Andeuten, seine Rückkunft zu erwarten. Ich blieb stehen, aber mit welchem Gemüt, kann sich der Leser leicht vorstellen. Hätte ich nur ahnen können, auf welche Weise meine Hinrichtung stattfinden werde, wäre ich vielleicht etwas beruhigt gewesen – doch die Ungewißheit war die höllische Qual, die ich nie in meinem Leben vergessen kann; mit fieberhafter Ungeduld zählte ich die Momente, bis die Tür sich wieder öffnete. Noch einige Sekunden war ich gepeinigt – endlich erschien der Diener, ich starrte ihn an und sah beim eindringenden Licht, daß er statt Henkerswaffen, die ich befürchtete, ein sorgfältig zusammengelegtes Bündel unter dem Arme trug; es enthielt den vom Emir mir bestimmten Ehrenanzug und Zehrpfennig auf meinem weiteren Pilgerwege.

3.

Als ich am Ufer des Oxus, die Ankunft der Herater
Karawane erwartend, die heißen Augusttage in Gesellschaft der Lebab-Turkomanen zubrachte. Ich bewohnte
den Hof einer verlassenen Moschee; die Turkomanen
pflegten in den Abendstunden immer eine ihrer Lieder-
sammlungen oder poetischen Erzählungen mitzubringen,
aus denen ich ihnen vorlesen mußte, wobei die gespann-
te Aufmerksamkeit, mit der die Taten irgendeines
beliebten Helden in nächtlicher Stille beim dumpfen
Gerolle des Oxus angehört wurden, mir besondere Freude verursachte.

Eines Abends zog unsere Lektüre sich bis gegen Mitternacht hin. Ich war ziemlich müde, und vergessend des
oft gegebenen Rats, nicht in der unmittelbaren Nähe
eines verfallenen Gebäudes zu schlafen, streckte ich
mich längs einer Mauer aus und schlief, wie es sich denken läßt, auch recht bald ein. Nach ungefähr einer Stunde wurde ich durch einen unbeschreiblichen heftigen
Schmerz am Fuße aufgeweckt, mit einem Zetergeschrei
sprang ich vom Lager auf, es schien mir, als wenn Hunderte von giftigen Nadeln mir durch das Bein gefahren
wären, und zwar an einem kleinen Punkte nahe der großen Zehe des rechten Fußes. Mein Geschrei hatte den
ältesten der Turkomanen, der in der Nähe ruhte,
erweckt, und ohne mich zu fragen rief er: »Armer Hadschi, dich hat ein Skorpion gebissen, und noch dazu in
der unglücklichen Zeit des Saratans (Hundstage). Gott
helfe dir!« Mit diesen Worten griff er nach meinem Fuß,
band diesen bei dem Knöchel mit einer Gewalt, als wenn
er ihn entzweischneiden wollte, suchte mit der Lippe
dann hastig nach der verwundeten Stelle und sog mit
solcher Kraft, daß ich es am ganzen Körper fühlte. Er
wurde bald von einem anderen abgelöst, und nachdem
man mir noch zwei andere Verbände angelegt, ließ man
mich allein mit den Trostworten, daß, wenn Allah es
will, bis zum nächsten Morgengebet es sich entscheiden

würde, ob ich vom Schmerz oder gänzlich von den Tändeleien der eitlen Welt erlöst sei.

Obwohl ganz betäubt von dem Jucken, Stechen und Brennen, das immer heftiger wurde, fiel mir dennoch die Sage von den schon in alten Zeiten ihres Giftes halber berühmten Skorpionen von Belch ein. Die nicht grundlose Furcht machte den Schmerz noch unerträglicher, und daß ich während der mehrstündigen Leiden wirklich aller Hoffnung entsagte, beweist der Umstand, daß ich, des Inkognito vergessend, in solchen Tönen zu wehklagen anfing, die den Tataren, wie sie mir später mitteilten, drollig vorkamen, da man bei ihnen in solchen nur zu jauchzen pflegt. Merkwürdig ist es, daß der Schmerz in einigen Minuten von der Zehe bis zum Scheitel, aber nur auf der rechten Seite, sich verbreitete und fortwährend gleich einem feurigen Strom hin- und herfloß. Nichts kann die Qual schildern, nichts die Marter beschreiben, die ich eine Stunde nach Mitternacht zu leiden hatte. Einer ferneren Existenz überdrüssig, wollte ich durch heftige Stöße an die Erde den Kopf mir zerschmettern, man merkte es und band mich fest an einen Baum. So lag ich nun halb ohnmächtig, während der Todesschweiß mich überrieselte, einige Stunden lang, mit den Augen gegen das hellgestirnte Firmament gewendet. Die Plejaden sanken allmählich gegen Westen, gegen den teuren Westen, den ich nie mehr zu sehen glaubte, und während ich bei vollkommenem Bewußtsein die Stimme des Gebetsausrufers oder, besser gesagt, den heranbrechenden Morgen erwartete, überfiel mich ein leiser Schlaf, aus dem ich bald durch das monotone »La illah, il allah!« geweckt wurde.

Als ich wieder zu mir kam, fühlte ich eine schwache Linderung des Schmerzes. Das Stechen und Brennen verschwand immer mehr und mehr auf selbem Wege, auf welchem es gekommen war, und die Sonne war noch nicht eine Lanze hoch, als ich zwar noch schwach und abgemattet, aber mich doch auf die Füße richten konnte. Meine Gefährten versicherten mir, daß der Teufel, der durch den Skorpionbiß in den Körper gefahren ist, nur durch das Morgengebet verscheucht würde, was ich natürlich nicht bezweifeln durfte. Aber die Nacht, jene schreckliche Nacht wird mir ewig unvergeßlich sein.

Dies wären die drei kritischen Momente meiner abenteuerlichen Reise in Mittelasien; im übrigen aber haben all die neugierigen Späheraugen, die vielartigen Verdächtigungen als auch die unsaglichen Beschwerden einer Reise als Bettler, all die Entbehrungen und Widerwärtigkeiten nur wenig trübe Rückerinnerungen in mir zurückgelassen. Der Reiz, jene fremden Länder zu sehen, nach denen sich das Auge schon in den frühesten Jugendjahren sehnte, hatte etwas Belebendes, etwas Kräftigendes in sich, denn von den genannten wenigen Fällen ausgenommen, war ich immer besonders froh und glücklich – ja, so viel ist gewiß, daß ich heute im zivilisierten europäischen Leben jene körperliche und geistige Behendigkeit ziemlich vermisse, und wer weiß, ob ich nicht in späteren Jahren jene Zeit mir noch zurückwünschen werde, in welcher ich in Fetzen gehüllt und obdachlos, aber kräftig und wohlgemut die Steppen Mittelasiens durchzog.

Zweites Kapitel

IN TEHERAN

Gegen Mitte Januar 1863 war ich schon wieder in Teheran im gastfreundlichen Kreise meiner türkischen Wohltäter (3). Jetzt natürlich ging es ganz anders mit den Vorbereitungen, ganz anders mit dem Entschlusse; ich war des Zauderns müde und fest entschlossen, selbst unter den größten Opfern meinen Plan nun einmal durchzuführen. Auf der Gesandtschaft war es eine alte Sitte, den Hadschis und Derwischen, die von Bochara, Chiwa und Chokand jährlich in ziemlicher Anzahl durch Persien nach dem türkischen Reich passierten, eine kleine Unterstützung zukommen zu lassen, und dies war wirklich eine Wohltat für diese armen sunnitischen Bettler in Persien, denen die schiitischen Perser keinen Heller geben. Das Gesandtschaftshotel hatte also wöchentlich seine Gäste aus dem fernen Turkestan, und mir machte es unendliche Freude, so oft ich einen solchen zerlumpten wilden Tataren in meinem Zimmer haben konnte, der mir so viel Interessantes aus seinem Vaterlande erzählte und dessen Konversation für meine philologischen Studien von so hohem Wert waren. Diese Leute waren auch wirklich erstaunt über meine Zuvorkommenheit; von meinen Zwecken hatten sie natürlich keinen Begriff, und bald verbreitete sich das Gerücht in der Karawanserei, die sie auf ihrem Durchzuge zu berühren pflegten, daß Haydar Efendi, der Gesandte des Sultans, ein großmütiges Herz habe, daß aber Reschid Efendi (dies war der Inkognitoname meiner Wenigkeit) die Derwische als seine Brüder behandle und sehr wahrscheinlich selbst ein geheimer Derwisch sei.

Nachdem man von mir solche Meinung gefaßt hatte, wunderte es mich gar nicht, daß die durchziehenden Derwische erst zu mir kamen und dann zum Minister, denn oft wurde ihnen der Zutritt zu letzterem nicht gestattet, und nur durch meine Vermittlung konnten sie ihren Obolus oder andere Wünsche erreichen. So war es auch am 20. März morgens, als vier Hadschis zu mir kamen mit der Bitte, ich möchte sie doch dem Repräsentanten des Sultans vorstellen, da sie sich über die Perser beklagen wollten, die auf ihrem Rückwege von Mekka hierher bei Hamadan ihnen Sunnisteuer abnahmen, eine Steuer, die der Sultan schon längst verboten hatte und die selbst der Schah von Persien mißbilligt.* »Wir wollen«, sagten sie, »von Sr. Exzellenz kein Geld, wir wollen nur, daß in Zukunft unsere sunnitischen Landsleute ohne Repressalien die heiligen Orte besuchen mögen.« Solche uneigennützige Worte aus dem Munde von Orientalen fielen mir auf, ich sah fest in die wilden Züge meiner Gäste und muß offen gestehen, daß ich trotz aller Verwilderung, trotz ihres armseligen Anzugs in ihnen etwas Edles entdeckte und vom ersten Augenblick an eine geheime Zuneigung zu ihnen verspürte. Ich ließ mich mit ihnen in ein ziemlich langes Gespräch ein, um Näheres zu erfahren über ihre Gefährten, über den Weg, den sie von ihrem fernen Vaterlande bis nach Mekka machten, und über die Route, die sie jetzt von Teheran zu nehmen gedachten. Den Wortführer machte meistens ein Hadschi aus der chinesischen Tatarei, auch »Kleine Bucharei« genannt, der seinen Lumpenanzug mit einer neuen grünen Dschubbe (Tuchoberkleid) verhüllte, einen kolossalen weißen Turban auf dem Kopfe trug und mit seinem feurigen, lebhaften Auge seine Überlegenheit über sämtliche Gefährten verkündete. Nachdem er sich

---

* Die guten Tataren sind nämlich der Meinung, daß dem Sultan, ihrem Religionschef, die ganze Welt gehorchen muß. In den Augen der ganzen sunnitischen Welt ist derjenige der rechtmäßige Chalif (Nachfolger) Mohammeds, der die Emanati Scherife, d.h. die edlen Vermächtnisse besitzt, und diese sind 1) alle jene Reliquien, die in Stambul im Hirkai-Seadet-Gebäude aufbewahrt werden, z.B. Mantel, Fahne, Bart und Zähne des Propheten, die er bei einem Gefechte verlor, mehrere Kleidungsstücke, Korane und Waffen, die den vier ersten Chalifen angehörten; 2) der Besitz von Mekka und Medina, Jerusalem und sonstiger Wallfahrtsorte des Islam.

als den Hof-Imam des Vang (chinesischen Gouverneurs) von Aksu (einer Provinz der chinesischen Tatarei) vorgestellt hatte, der schon ein zweites Mal das Heilige Grab besucht hätte und daher ein doppelter Hadschi wäre, machte er mich auch mit einem ihm zunächst sitzenden Gefährten bekannt und gab mir zu verstehen, daß die hier anwesenden als Häupter der kleinen Hadschikarawane, die 24 Seelen zählte, zu betrachten wären. »Unsere Gesellschaft«, meinte der Redner, »besteht aus Jungen und Alten, Reichen und Unbemittelten, frommen Gelehrten und Laien, doch leben wir in größter Eintracht zusammen, da wir alle aus Chokand und Kaschgar sind* und keine Bocharisten, diese Ottern der Menschheit, unter uns haben.« Die feindliche Gesinnung der ösbegischen (tatarischen) Stämme Mittelasiens gegen die Tadschiks (die persische Urbevölkerung) war mir von früher her schon bekannt, ich wollte deshalb darüber nicht weiter nachfragen und ließ mich lieber von dem Plan unterrichten, den sie bei der Fortsetzung ihrer Rückreise zu verfolgen beabsichtigten. »Von hier in unsere Heimat«, erklärten mir die Tataren, »haben wir vier Wege, nämlich a) über Astrachan, Orenburg und Bochara; b) über Meschhed, Herat und Bochara; c) über Meschhed, Merw, Bochara; d) durch die turkmanische Wüste, Chiwa und Bochara. Die beiden ersten sind uns zu kostspielig, auch ist der Krieg in Herat** ein großes Hindernis; die beiden letzteren sind zwar sehr gefährliche Wege, doch müssen wir einen von beiden wählen, und wir wollen auch hierüber deinen Rat einholen.«

Es war nun eine Stunde, daß ich mit diesen Leuten im Gespräch war, ihre Offenherzigkeit mußte mir gefallen, und obwohl die auffallenden Züge einer fremden Rasse, armselige Kleidung und so viele Spuren der mühevollen Reisen diesen Leuten ein ganz wildes, abschreckendes

---

* Kaschgar wird oft zur Bezeichnung der ganzen chinesischen Tatarei gebraucht.
** Vgl. Kap. 19.

Aussehen gaben, konnte ich doch dem Gedanken nicht widerstehen: wie wäre es, wenn ich mit diesen Pilgern meine Reise nach Mittelasien machte, sie könnten als Eingeborene mir die besten Mentoren abgeben, außerdem halten sie mich für den Derwisch Reschid Efendi, haben mich in diesem Charakter auf der türkischen Gesandtschaft gesehen und stehen eben nicht auf dem besten Fuße mit Bochara, der einzigen Stadt in Mittelasien, die ich Armer wahrhaft fürchtete, natürlich, weil das unglückliche Los meiner Vorgänger mich fürchten gelehrt hatte (4). Ohne daher viel zu zaudern, teilte ich ihnen sogleich mein Vorhaben mit. Ich wußte, daß sie mich nach den Beweggründen fragen würden, und der werte Leser wird wohl einsehen, daß ich diesen Stockorientalen keine wissenschaftlichen Zwecke angeben konnte; sie hätten es für lächerlich angesehen, daß ein so abstraktes Ziel einen Efendi, d. i. einen Herrn, zu so vielen Gefahren und Beschwerden anspornen könnte, ja, vielleicht Grund zum Verdacht darin gefunden. Der Orientale kennt nicht den Durst nach Wissenschaft und glaubt auch nicht an dessen Existenz, und weil ich diesen Mittelasiaten, diesen höchst fanatischen Muselmännern in ihren Ansichten nicht so schroff entgegentreten wollte, mußte ich mich einer Kapitallüge bedienen, die sowohl meinen Gefährten schmeicheln als meine Zwecke fördern sollte. Ich sagte ihnen nämlich, ich sei schon lange durchdrungen von dem stillen, doch heißen Wunsche, Turkestan (Mittelasien), diesen noch allein unverfälscht gebliebenen Born islamischer Tugend, zu sehen und die Heiligen von Chiwa, Bochara und Samarkand zu besuchen. Dieser Gedanke, versicherte ich, habe mich aus Rum (Türkei) hierher gebracht, ich warte schon seit einem Jahr in Persien und danke Gott, daß er mir nun Gefährten, wie sie seien (auf meine Tataren zeigend), zugeschickt habe, mit denen ich nun meinen Weg fortsetzen und meinen Wunsch erreichen könne.

Als ich meine Rede beendet hatte, sahen sich die guten Tataren wirklich betroffen an, erholten sich aber bald von ihrem Erstaunen über mein Reisevorhaben und bemerkten, daß sie meines Derwischcharakters, den sie früher nur geahnt, jetzt ganz sicher seien, und es freue sie unendlich, wenn ich sie der Freundschaft würdig halte, auf so fernen und gefahrvollen Wegen mit ihnen reisen zu wollen. »Wir sind alle bereit, nicht nur deine Freunde, sondern auch deine Diener zu werden«, sagte Hadschi Bilal (so hieß der obengenannte Wortführer), »nur müssen wir dich darauf aufmerksam machen, daß die Wege in Turkestan nicht die Bequemlichkeit, nicht die Sicherheit haben wie die in Persien und in der Türkei. Auf unserer Route gibt es oft wochenlang kein Haus, kein Brot, ja keinen Tropfen Trinkwasser, und dazu kommt noch die Furcht, totgeschlagen, gefangen und verkauft, oft auch von den Sandstürmen begraben zu werden. Überlege deine Schritte wohl, Efendi, du könntest solche zu spät bereuen, und wir wollen durchaus nicht als Urheber deines Unglücks angeklagt werden. Besonders darfst du nicht vergessen, daß unsere Landsleute daheim in Erfahrung und Weltkenntnis weit hinter uns zurückstehen und trotz aller Gastfreundschaft den Fremden aus der Ferne immer mit verdächtigen Blicken ansehen. Und wie wirst du dann die große Rückreise allein ohne uns machen können?«

Daß diese Worte einen mächtigen Eindruck auf mich machten, läßt sich leicht begreifen – aber meinen Plan erschüttern konnten sie nicht. Ich beseitigte die Besorgnisse meiner Freunde, erzählte ihnen von früher mitgemachten Strapazen, von meinem Widerwillen gegen diese irdische Bequemlichkeit, und besonders gegen diese fränkischen Kleider, die wir ex officio tragen müßten. »Ich kenne«, meinte ich, »den Gasthauscharakter* dieser irdischen Welt, wo wir nur auf einige Tage unseres Daseins Quartier nehmen und bald ausziehen, um ande-

---

* Mihmankhanei pendschruzi, d.h. ein fünftägiges Gasthaus, ist der Name, mit dem die Philosophen des Morgenlandes die irdische Welt bezeichnen.

ren Platz zu machen, und lache über die heutigen Muselmänner, die nicht nur auf morgen, sondern schon auf
zehn Jahre im voraus sich bekümmern wollen. Ja, liebe
Freunde, nehmt mich nur mit, ich muß weg aus diesem
Greuel des Irrtums, dessen ich wirklich schon müde
bin.«

Soviel war genug. Widerstehen wollten sie ohnehin
nicht, ich wurde daher sogleich von den Häuptern der
Derwischkarawane als Reisegefährte aufgenommen, wir
umarmten und küßten uns gegenseitig, wobei es mich
natürlich eine kleine Überwindung kostete, diesen mit
allen möglichen Gerüchen behafteten Kleidern und Körpern so nahe zu kommen. Doch meine Sache war abgemacht, und es blieb mir nur noch übrig, Haydar Efendi,
meinen Wohltäter, zu sehen, ihm mein Vorhaben mitzuteilen, um seine Unterstützung, besonders aber seine
Empfehlung bei den Hadschis zu bitten, die ich ihm
sogleich vorstellen würde.

Ich stieß anfangs natürlich auf großen Widerstand.
Man nannte mich einen Wahnsinnigen, der dorthin
gehen wolle, von wo keiner seiner Vorgänger zurückgekehrt sei, und das noch dazu in Begleitung von Leuten,
die wegen eines Pfennigs mich umbringen würden. Man
malte mir die schrecklichsten Bilder vor, doch da man
sah, daß alle Bestrebungen, mich von meinem Wege
abzulenken, nutzlos seien, endigte man mit Ratschlägen
und sann darauf, mir soviel als möglich behilflich zu
sein. Haydar Efendi empfing die Hadschis, ordnete ihre
Angelegenheiten, erzählte ihnen von meinem Vorhaben
in demselben Stil, wie ich es getan hatte, empfahl mich
ihrer Gastfreundschaft mit der Bemerkung, daß sie auf
Gegendienste hoffen dürften, indem es ein Efendi, ein
Beamter des Sultans sei, der ihren Händen anvertraut
würde. – Ich war bei der Visite nicht zugegen, doch hörte
ich, daß sie Treue versprachen. Der verehrte Leser wird
sehen, wie ehrenhaft sie Wort hielten, wie ich durch die
Protektion des edlen türkischen Gesandten mein Leben
rettete, das so oft bedroht war, und wie es immer die

48

Empfangssalon

Treue meiner Hadschigefährten war, die mich aus der mißlichsten Lage befreite. Später vernahm ich, daß Haydar Efendi auch im Laufe der Unterhaltung, als die Rede auf Bochara fiel, seine Mißbilligung gegen die Politik des Emirs* aussprach, was meine Gefährten sehr erfreute, da sie gleicher Meinung waren. Ferner bat er sich die Liste der ganz unbemittelten Reisegefährten aus, denen er annähernd 15 Dukaten gab, eine reiche Unterstützung für Leute, die außer Brot und Wasser keinen Komfort auf der Welt suchten.

Unsere Abreise wurde auf den achten Tag festgesetzt. Während dieser Zeit war es ausschließlich Hadschi Bilal, der mich fleißig besuchte; er stellte mir seine Landsleute aus Aksu, Jarkend und Kaschgar vor, die eher gräßlich entstellte Landstreicher als fromme Pilger schienen. Besonderes Interesse hatte er aber an seinem Adoptivsohn Abdul Kader, einem Bengel von 25 Jahren, den er mir als Diener empfahl. »Er ist ein treuer, aber ungeschickter Kerl«, sagte Hadschi Bilal, »er kann von dir vieles lernen, laß dich nur von ihm auf der Reise bedienen, er wird dir Brot backen und Tee kochen, was er sehr gut versteht.« Die eigentliche Absicht Hadschi Bilals war, daß Abdul Kader mir nicht nur Brot backen, sondern auch essen helfen sollte, denn er hatte noch einen zweiten Adoptivsohn mit auf Reisen, und die beiden vom Zu-Fuß-Gehen ausgehungerten Jungen waren für meinen Freund eine zu große Last. Ich versprach das Anerbieten anzunehmen, und man war erfreut darüber. Aufrichtig gesagt, hätten die häufigen Besuche Hadschi Bilals mir Verdacht erregen können, denn ich hätte leicht auf den Gedanken kommen können: dieser Mensch glaubt an dir einen guten Fang gemacht zu haben und bemüht sich so sehr dich mitzubekommen, weil er fürchtet, daß du etwa in deinem Entschlusse schwankest. Doch nein, ich durfte und wollte auch nichts mutmaßen,

---

* Emir nennt man den Fürsten von Bochara. Die Fürsten von Chiwa und Chokand haben den Titel eines Chan.

und um ihn von meinem unbegrenzten Zutrauen zu überzeugen, zeigte ich ihm das wenige Geld, das ich mir zur Reise mitnahm und bat ihn, er möchte mich genau unterrichten, welche Gestalt und Kleidung, welche Manieren und Sitten ich annehmen müßte, um meinen Gefährten möglichst ähnlich zu werden und dem fortwährenden Ins-Auge-Fallen auszuweichen. Diese Bitte gefiel ihm vollkommen, und daß er mich ganz sonderbar schulte, ist leicht einzusehen. Vor allem riet er mir, mein Haupt zu rasieren, mein jetziges türkisch-europäisches Kostüm mit einem bochariotischen zu vertauschen und Bettzeug, Wäsche und alle derartigen Luxusartikel möglichst zu vermeiden. Ich befolgte genau seine Vorschriften, und da meine Ausstattung eine sehr leichte war, war ich auch bald fertig und stand schon drei Tage vor dem bestimmten Termin bereit, zu meiner großen Reise aufzubrechen.

Ich ging unterdessen eines Tages in die Karawanserei, wo meine Reisegefährten ihr Quartier hatten, um ihren Besuch zu erwidern. Sie bewohnten zwei kleine Zellen, in einer waren 14, in der anderen 10 Personen. Der erste Eindruck, den diese mit Schmutz und Elend gefüllten Löcher auf mich machten, wird mir ewig unvergeßlich bleiben. Nur wenige hatten genügend Mittel, ihre Reise fortzusetzen, die meisten waren auf den Bettelstab angewiesen. Ich fand sie bei einer Beschäftigung, mit deren Beschreibung ich dem werten Leser keinen Widerwillen verursachen will und zu der auch ich späterhin gezwungen war. Sie empfingen mich aufs herzlichste, man bereitete mir grünen Tee, und es war eine Höllenpein für mich, eine große bochariotische Schale mit diesem grünlichen Wasser ohne Zucker austrinken zu müssen, ja, man wollte noch gnädiger sein und mir eine zweite geben, doch ich bat um Entschuldigung. Hier hatte ich nun Gelegenheit, alle meine Gefährten zu umarmen, ich wurde von allen als Bruder angesehen und tituliert, und nachdem ich mit jedem noch extra Brot gebrochen hatte, setzten wir uns alle in einen Kreis, um über die definitive

Wahl des einzuschlagenden Wegs zu beratschlagen. – Wie ich schon oben vermerkt habe, sollte von zwei Straßen die eine gewählt werden. Beide waren gefährlich, denn man mußte die Wüste, wo die Turkmanen hausen, durchziehen, und der wesentliche Unterschied lag nur in der Verschiedenheit der Stämme, die den einen oder andern Teil bewohnten. Die eine über Mesched, Merw und Bochara wäre die kürzeste gewesen, aber wir hätten den Tekkestamm, den wildesten aller Turkmanen, passieren müssen, die niemand schonen und selbst den Propheten als Sklaven verkaufen würden, wenn er ihnen in die Hände fiele. Auf der anderen waren die Jomutturkmanen, ein biederes, gastfreundliches Volk, aber auch 40 Stationen Wüste und keine einzige Quelle süßen Trinkwassers. Nach einigen Bemerkungen wurde der Weg durch die Jomuts, die Große Wüste, Chiwa und Bochara gewählt. »Es ist besser«, meinten meine Freunde, »gegen die Bosheit der Elemente als gegen die Bosheit der Menschen zu kämpfen. Gott ist gnädig, wir sind auf seinem Wege, und er wird uns gewiß nicht verlassen.« Zur Besiegelung des Entschlusses stimmte hierauf Hadschi Bilal den Segen an; während er sprach, hielten wir alle die Hände in die Höhe gehoben, und als er endete, griff sich jeder nach dem Bart und sagte laut das Amen. Wir erhoben uns von unseren Sitzen, und man sagte mir, daß ich übermorgen früh sehr zeitig hier erscheinen möchte zum gemeinschaftlichen Aufbruch. Ich ging nach Hause und war während dieser zwei Tage im größten und heftigsten Kampf mit mir selbst. Noch einmal warf ich einen Blick auf die Gefahren, die mir drohten, und auf die Frucht, die meine Reise bringen konnte. Ich wollte forschen nach Dingen, die einen solchen waghalsigen Schritt rechtfertigen konnten; doch ich war einem Berauschten gleich, des Nachsinnens unfähig. Umsonst machte man mich aufmerksam auf die verlarvte Bosheit meiner Gefährten, umsonst schreckte man mich mit dem unglücklichen Lose Conollys, Stoddarts und Moorcrofts, mit dem kürzlichen Unfall Blocquevilles, der in die Hände der Turkmanen fiel und den man aus der Sklaverei mit 10000 Dukaten loskaufen mußte*. Dies alles schien mir Sache des Zufalls und konnte mich wenig abschrekken. Ich hatte nur eine Besorgnis und die war, ob ich physische Kraft genug haben würde, den Beschwerden der Elemente, der fremden Nahrungsmittel, der fortwährenden Obdachlosigkeit bei schlechtem Anzuge und ohne Bettzeug widerstehen zu können, und wie ich mit meinem lahmen Bein, das mich so leicht ermüdet, würde zu Fuß marschieren können? Und auch nur darin besteht, was das eigentliche Wagnis in meiner Reise zu nennen ist.

Wer in diesem Geisteskampfe Sieger blieb, brauche ich nicht zu sagen. Am Abend vorher sagte ich meinen Freunden auf der türkischen Gesandtschaft Lebewohl. Das Geheimnis der Reise war nur zweien anvertraut, und während die europäische Kolonie glaubte, daß ich nach Mesched ginge, verließ ich Teheran, um in der Richtung von Astrabad und dem Kaspischen Meer meine Reise fortzusetzen.

---

* Vgl. Anm. 4.

Drittes Kapitel

DERWISCHE UND HADSCHIS

Der Derwisch ist das personifizierte Charakterbild orientalischen Lebens. Welch vollkommene Ruhe in seinen Zügen, in seinem Tun und Wirken, und welch grellen Unterschied bildet er zu unserem europäischen Leben! In meinem Derwisch-Inkognito war es fast immer diese mir naturwidrige Gelassenheit, die mir die Nerven angriff, und in deren Nachahmung ich natürlich auch die größten Fehler beging. Ich werde nie vergessen, in Herat war es, als ich einmal, durchzuckt von freudigen Gedanken meiner baldigen Erlösung, von meinem Sitz aufsprang und in der Ruine, die mir zum Aufenthalt diente, ganz wild auf- und abzugehen anfing. Einige Minuten später merkte ich, daß ein Haufen der Vorübergehenden an der Tür sich gesammelt hatte und mit Bewunderung mich angaffte; ich hielt ein und setzte mich beschämt nieder; bald kamen einige auf mich zu und fragten mich um mein Wohlbefinden. Die guten Leute haben mich für geisteskrank gehalten, denn nach ihrem orientalischen Begriff muß ein Mensch gewiß nicht bei Sinnen sein, wenn er ohne Notwendigkeit oder besonderen Zweck seinen Sitz verläßt, um im Zimmer auf- und abzugehen.

So wie den allgemeinen Charakterzug, repräsentieren auch die Derwische die Nuancen der einzelnen Völker des Morgenlandes. Das Dogma lautet zwar »Der Islam ist eine Nation«, dessenungeachtet sind in den verschiedenen Orden Ursprung und Heimat nie zu verkennen. Bektaschi, Mewlewi und Rufai sind vorzugsweise in der Türkei zu Hause, weil Bektasch, der begeisterte Janitscharengründer, Mula Dschelaleddin Rumi, der erhabene Dichter der Mesnevi, in der Türkei wirkten und auch dort ruhen. In Arabien sind Kadri und Dschelali, in Persien Oveisi, Nurbachschi Nimetullahi, in Indien Chilali

Betende Perser

und Zahibi, in Mittelasien Nakischbendi und Sofi Islam* am meisten anzutreffen.

Ein inniges Band der Bruderschaft verbindet zwar jeden Orden, Zöglinge (Mürid) und Gesellen (Khalfa) haben blinde Gehorsamkeit für das Oberhaupt (Pir), das über Leben, Hab und Gut seiner Geistesunterordneten schalten und walten kann; doch sind diese Korporationen weit entfernt davon, geheime politische oder soziale Zwecke zu verfolgen, wie man in Europa mutmaßt, wo einige begeisterte Reisende sogar unter den Beduinen der großen Wüste Freimaurerbrüder entdeckt haben wollen. Die Derwische sind die Mönche des Islams, der Geist, der sie geschaffen hat und aufrecht hält, ist religiöse Schwärmerei, und sie unterscheiden sich nur so weit voneinander, inwiefern sie in Kundgebung ihres Enthusiasmus voneinander abweichen. So z.B. während ein Orden fortwährende Pilgerfahrten zu den Gräbern der Heiligen befiehlt, scheint ein anderer in seinen strengen Vorschriften das Nachsinnen über die große Unendlichkeit Gottes, über die lächerliche Richtigkeit unserer Existenz anzuordnen. Ein dritter legt seinen Zöglingen auf, daß sie Tag und Nacht mit Zikr (Erwähnung des Namens Gottes) und Telkin (Hymne) sich beschäftigen sollen, und es darf gar nicht auffallen, wenn wir hören, daß einer der Gesellschaft so lange »Ja hu! Ja hakk! La illahi illa hu!« aus Leibeskräften schreit, bis ein großer Teil der Mitwirkenden in Ekstase verfällt.

Was die Derwische in der Ekstase des Zikr vollführen können, habe ich selbst einst in Samarkand mit angesehen. In Dehbid, nahe an dem Grabe des Machdum Azam, war eine solche Brüllgesellschaft um den dortigen

---

* Sofi Islam ist ein Orden, der erst vor 30 Jahren entstand. Sein Gründer, ein Tadschike aus Belch, wollte gegen die immer wachsende Macht der Nakischbendi arbeiten. Unter der Bruderschaft herrscht das Prinzip des Kommunismus und der Blutsverwandtschaft; sie pflegen durch eine pelzverbrämte Filzmütze sich auszuzeichnen und sind am meisten diesseits des Oxus bei Herat, so auch unter den Turkomanen, anzutreffen.

Pir (Chef) herum im Kreise versammelt. Anfangs begnügte man sich im gelassenen Ton, ich könnte sagen, fast im Takt, die üblichen Formeln auszurufen. Der Pir war in allertiefstes Tewedschüh (Nachsinnen) versunken, aller Augen und Ohren hingen an ihm, und mit jeder Bewegung, die er mit dem Haupte machte, mit jedem Atemzug, den er hören ließ, stieg die Begeisterung der immer dumpfer und wilder singenden Jünger. Endlich schien er aus der schlafähnlichen Anschauung zu erwachen, und als er sein Haupt aus der gekrümmten Stellung emporrichtete, sprangen die Derwische wie Besessene von ihren Sitzen auf. Der Kreis löste sich, die einzelnen Mitglieder fingen in wellenförmigen Bewegungen zu hüpfen an, und kaum hatte der Pir sich ganz auf die Füße erhoben, als die begeisterten Tänzer in eine Wut gerieten, die mir, der natürlich alles mitmachen mußte, ein inneres Grauen erregte. Wie von einem Wirbelwinde ergriffen, flogen sie rechts und links über Stock und Stein hin, von der weichen Wiese gerieten viele auf die Bröckelsteine, das Blut floß ihnen aus den Füßen, und dennoch tanzten sie rastlos weiter, bis viele zuletzt ohnmächtig zusammensanken.

Bei solchen sozialen Verhältnissen, wie sie im Osten herrschen, und wo man überall und in jeder Hinsicht nur in Anschauung der beiden Extreme sich ergötzt, sollte der Derwisch oder Bettler, obwohl er auf der niedrigsten Stufe der Gesellschaft steht, sich eben eines solchen Ansehens erfreuen wie der Fürst, der an der Spitze eines Volks über Millionen Seelen und Schätze verfügt. Der Mensch, ein leichter Ball in der mächtigen Hand des Schicksals, kann, wenn es die Fügung bestimmt hat, in einem Nu von dem einen Extrem in das andere versetzt werden, wovon übrigens die Geschichte zahlreiche Beispiele gibt, und wie man in der Poesie die beiden Antipoden Schah und Geda, d.i. König und Bettler, gern nebeneinander gebraucht, so finden wir auch im gewöhnlichen Leben sehr oft einen zerlumpten schmutzigen, mit Ungeziefer bedeckten Derwisch mit dem in glänzendem Prachtanzug gekleideten Fürsten auf einem und demselben Teppich sitzen, im vertraulichen Gespräch vertieft, ja oft aus einer und derselben Schale trinken. Europäische Reisende sehen ein derartiges Tête-à-tête mit Befremden, hier und da auch mit Wohlgefallen an, doch im Orient findet man es ganz natürlich. Der König soll (so wenigstens heißt es in der Moral) in dem schroffen Gegensatz seines Nachbarn die Nichtigkeit seines irdischen Glanzes sehen und von den Gefühlen des Stolzes sich enthalten. Der Derwisch hingegen muß unter der Hülle des Prachtanzugs den sterblichen Menschen entdecken und eingedenk der eitlen Existenz über das nebelartige Gaukelspiel des Lebens lachen. Eingedenk dieses gegenseitigen Verhältnisses pflegen diese beiden Extreme mit einem seltenen Grade von Toleranz und Nachsichtigkeit sich zu begegnen.

Übrigens ist der Derwisch, im strengsten Sinn des Wortes nämlich, ein Mann, der, aus innerer Überzeugung irdischen Gütern und weltlicher Bequemlichkeit entsagend, Erfahrungen zu sammeln oder der Religionspflicht obzuliegen hat, in welchem Lichte man z.B. den genialen Dichter Saadi erscheinen läßt, heutzutage nur sehr selten anzutreffen. Die diesem Lebensberuf sich widmen, sind entweder gewissenlose Faulenzer oder professionelle Bettler, die unter dem geflickten Mantel der Armut Schätze anhäufen und, wenn sie sich genug bereichert haben, oft kommerzielle Zwecke verfolgen. Am meisten ist dies in Persien der Fall. Solange Fortuna ihnen günstig ist, wird Pracht und Pomp auf die lächerlichste Weise zur Schau getragen, und niemandem fällt die Vergänglichkeit der Welt ein. Sollte aber derselbe vom Unglück heimgesucht werden, so wird er bald in den Winkel der Bescheidenheit sich zurückziehen, über das eitle Streben der Menschen spotten, und mit einer scheinbaren Selbstvergnügtheit ausrufen »Men Derwisch em!« (Ich bin ein Derwisch!)

So wie alle Institutionen, Sitten und Gebräuche des Orients, je mehr wir gen Osten vorrücken, in prägnante-

Tanz der Derwische

rer Originalität sich bewahrt haben, so ist auch dies mit dem Derwischwesen der Fall. In Persien spielen die Derwische schon eine weit wichtigere Rolle als in der Türkei, und in Mittelasien, wo eine jahrhundertelange Isolierung noch gar nichts verändert hat, stehen diese Ordensbrüder noch in ganz frischem Glanze der Stiftung und üben einen mächtigen Einfluß auf die dortigen sozialen Verhältnisse aus.

Die Ulemawelt, die mit Auslegung der Schrift sich brüstet, ist mit den Ischans, die durch ihre mystische Stellung bei dem Volke in hoher Achtung stehen, immer in heftiger Rivalität. Der Mittelasiate, als der wildeste Sohn Asiens, ist leichter mit den Zauberformeln und sonstigem äußerlichen Gepränge als mit Büchern zu gewinnen, und wie leicht er eines Mollahs entbehren könnte, ebenso unumgänglich notwendig ist ihm der Ischan, dessen Fatiha (Segen) oder »Hauch« er auf dem Raubzug sowohl als bei der Herde, im Zelt oder in der Wüste als unfehlbaren Talisman bei sich haben muß. Nach den Ischanen bilden eine nicht minder interessante Erscheinung die wandernden Bettelderwische, bei den Kirgisen und den Turkomanen Kudusch oder Divane (Wahnsinnige) genannt. In diesen großen unabsehbaren Wüsten, die von den östlichen Grenzen Chinas bis zum Kaspischen Meer sich erstrecken, sind es nur einzig diese Leute, die in ihrem Lumpenanzug ungestört umherziehen können. Sie beachten nie den Unterschied zwischen Stämmen, Familien und Zweigen, sie geht das mächtige Losungswort »Iaghi oder Il« (Freund oder Feind) wenig an, jedem, dem sie begegnen, schließen sie sich an, es mag dies eine friedliche Karawane oder eine wild gestimmte Räuberbande sein. Derwische, die kirgisische oder turkomanische Steppen durchziehen, sind großenteils solche Leute, die aus besonderer Neigung für das süße Nichtstun das in ganz Asien für anständig gehaltene Handwerk eines Bettlers betreiben.

Die Erscheinung eines solchen satanischen Fakirs in einer verlassen stehenden Zeltgruppe wird immer als ein

Fest oder freudiges Ereignis angesehen. Von besonderer Wichtigkeit ist es im Auge der Weiber und Mädchen, und die Zeit seiner Ankunft wird verschiedenartig ausgelegt. In den Morgenstunden bringt der Derwisch die glückliche Geburt eines Kamels oder Pferdes, zu Mittag Zank zwischen dem Ehepaar und abends der heiratsfähigen Haustochter einen kühnen Bräutigam. Der Derwisch wird auch am meisten von den Weibern in Beschlag genommen, und in der süßen Hoffnung, daß er aus der Lumpenkleidung bald eine hellfarbige Glaskoralle oder einen erwünschten Talisman zum Vorschein bringen wird, pflegt man ihn mit den besten Leckerbissen, die das Zelt aufweist, zu bewirten. Almosen, die bei den Nomaden nie aus Geld bestehen, werden ihm selten verweigert; er bekommt meistens einen alten Filzteppich, einige Hände voll Kamelhaare oder Wolle, mitunter auch ein altes Kleidungsstück; auch kann er tagelang bei einer Familie verweilen und mit ihr umherziehen, ohne daß man seiner überdrüssig wird. Ist der Derwisch musikalisch, d.h. weiß er einige Lieder auswendig, und kann er solche auf dem zweisaitigen Instrument (Dutara genannt) begleiten, dann wird er auf den Händen herumgetragen, und es kostet ihn immer Mühe, sich aus den Klauen seiner Gastgeber zu befreien.

Was Schlauheit, geheime Künste, Beschwörungsformeln usw. anbelangt, so zeichnen sich die Derwische Indiens, besonders aber Kaschmirs, unter allen ihren mohammedanischen Ordensbrüdern im ganzen Osten aus. Diese Leute treiben ein unverschämtes Spiel mit der Leichtgläubigkeit des Volks in Persien und Mittelasien; ja, hier und da gelangen auch sonst witzige und gebildete Menschen in ihre Schlinge, denn wo ein solcher Kaschmirer, die zumeist imposante Gestalten, markante Züge, vielsagende schwarze feurige Augen, ein langes wallendes schwarzes Haar haben, auftritt, da ist er seines Sieges sicher. Die Mohammedaner Indiens und der angrenzenden östlichen Länder sind in der ganzen Islamwelt von jeher ihrer übernatürlichen Kräfte wegen berühmt. Um böse Krankheiten zu heilen, Geister zu verscheuchen und verborgene Schätze zu finden, bedient man sich immer gern eines dieser zugereisten Heiligen, die, wenngleich ihre Kunst nach den Satzungen des Islams verboten ist, überall als die eifrigsten Mohammedaner erscheinen.

Den Derwischen am nächsten stehen jene Frömmler, die unter dem Schutzmantel heiliger Obliegenheit der Reiselust frönen, Länder und Weltteile durchziehen, um nach ihrer Rückkehr in die Heimat mit dem Titel Hadschi-Pilger Ansehen und eine Stellung im Leben sich zu verschaffen. Im Koran heißt es: Pilgert zu meinem Hause (Kaaba), wenn Umstände es euch erlauben.

In Persien wird nach Kerbela, Meschhed oder Mekka nur dann gegangen, wenn man, mit hinreichenden Reisespesen versehen, bequem reisen kann. In Mittelasien hingegen ist es immer nur die allerärmste Klasse, die zum Pilgern sich anschickt. Eine besondere Neigung fürs Abenteuerliche, untermischt mit ein wenig religiöser Begeisterung, sind die Motive, die den Mittelasiaten dazu bewegen können, daß er vom weiten Osten die gefahrvolle Reise zum Grabe seines Propheten unternimmt. Es ist wahr, er leidet keinen materiellen Schaden, denn sein Bettelstock ist sein Geldsack; doch setzt er sehr häufig sein Allerteuerstes, nämlich sein Leben, aufs Spiel, indem von den jährlichen Pilgern aus Turkestan wenigstens ein Drittel den klimatischen Beschwerden zum Opfer fällt.

Diese heilige oder profane Reiselust trotz des Bewußtseins der Gefahr, dieser vage Gedanke, aus dem Schoße seiner Familie und Anverwandten, aus dem Kreise seiner Landsleute sich in die ferne Welt hinauszuwerfen, dieses ist es, was die Person des Hadschis in den Zauber der Romantik einhüllt. Wochenlang lebte ich mit meinen Gefährten schon, und dennoch frappierte mich der Anblick, so oft ich sie, auf den Palmenstock, das heilige Souvenir aus Arabien, gestützt, durch tiefen Sand oder Schlamm mit immer frischem Eifer dahinwandern sah!

Sie waren schon glückliche Heimkehrer; wie vielen aber begegnete ich, die erst am Anfang der großen Tour und doch nicht weniger munter waren. Auf dem Wege von Samarkand nach Teheran hatte ich einen chinesischen Tataren an der Seite, der in blindester Unkenntnis über seine Reiseroute, als wir noch um Meched herum waren, mich jeden Abend fragte, ob wir schon morgen oder wenigstens übermorgen nach Mekka gelangen würden. Der Arme hatte keine Idee, wie viel er noch zu leiden hat, bis er ans Ziel gelangen wird! Übrigens soll uns dies gar nicht wundern, da wir zur Zeit der Kreuzzüge in Deutschland so manch biederen Teutonen sehen konnten, der zur Wallfahrt nach dem Heiligen Lande sich anschickte und nach einigen Tagereisen schon die Türme Jerusalems zu entdecken glaubte.

Wie schmerzhaft, wie herzzerreißend die Trennung vom häuslichen Herd ist – wie sollte es anders sein, wenn man eine solche lange und gefahrvolle Reise unternimmt –, ebenso grenzenlos ist die Freude, die den Hadschi bei der Rückkehr in die Heimat erwartet. Die von seiner Ankunft benachrichtigten Anverwandten eilen auf tagelangen Wegen ihm entgegen. Unter Freudentränen und Hymnengesang hält er seinen Einzug in die Vaterstadt, alles will ihn umarmen, alles will ihn berühren, denn er ist noch vom Geruch der heiligen Orte behaftet, noch ruht der Staub Mekkas und Medinas auf seinen Kleidern! Der Hadschi erfreut sich in Mittelasien bei weitem mehr Ansehens als in anderen mohammedanischen Ländern. Mit Mühe hat er sich die Würde verschaffen können, aber er wird dafür auch belohnt. Von den Mitbürgern geehrt und unterstützt, ist er mehr als jeder andere vor der Tyrannei der Regierungen geschützt. Der Hadschititel ist sein Adelsbrief, den er im Leben auf dem Siegel, nach dem Tode auf dem Grabstein trägt.

Viertes Kapitel

Am 28. März sehr früh morgens fand ich mich in der Karawanserei, dem vorher bezeichneten Sammelplatz, ein. Diejenigen meiner Freunde, denen ihre Mittel es erlaubten, ein Maultier oder einen Esel bis an die persische Grenze zu mieten, waren schon gestiefelt und gespornt zum Aufbruche fertig, die Fußgänger hatten auch schon ihre Tscharuk, eine zweckmäßige Fußbekleidung für Infanteristen, angelegt und schienen mit ihren heiligen Dattelpalmstöcken schon ganz ungeduldig das Zeichen des Aufbruchs zu erwarten. Zu meinem großen Erstaunen sah ich, daß die armselige Kleidung, die sie in Teheran getragen hatten, ihr Stadt-, also ihr Luxuskostüm war. Um dieses zu schonen, hatte alles nun seine Reisekleider angelegt, die aus tausend Fetzen bestanden und um die Lenden mit einem Strick befestigt waren. Gestern hatte ich mich in meiner Kleidung für einen Bettler gehalten, doch heute, in der Mitte dieser, war ich ein König in seinem Galaanzuge. Endlich hob Hadschi Bilal seine Hände zum Aufbruchssegen empor, und kaum hatte jeder seinen Bart ergriffen, um das Amen zu sagen, als die Fußgänger zum Tore hinausstürzten, uns, die wir beritten waren, mit gewaltigen Schritten vorauseilend. Unsere Marschroute war von Teheran nordöstlich gegen Sari gerichtet, das wir in acht Stationen erreichen sollten. Wir wandten uns daher gegen Dschadscherud und Firuskuh, ließen Tauschan-Tepe, das kleine Jagdschloß des Königs, zur Linken und waren in einer Stunde am Eingang des Gebirgspasses, von dem aus man das letzte Mal die Ebene von Teheran überblicken kann. Ich konnte nicht unterlassen, mich noch einmal umzuwenden. Die Sonne war schon eine Lanze hoch, wie die Orientalen sich ausdrücken, und ihre Strahlen beleuchteten nicht nur Teheran, sondern auch die ferne vergoldete

Kuppel Schah Abdul Asims; auch ist die Natur in Teheran in dieser Jahreszeit schon üppig, und ich muß gestehen, daß die Stadt, die voriges Jahr bei meinem Eintritt einen so unangenehmen Eindruck auf mich machte, mir nun entzückend schön vorkam. Mit diesem Blicke sagte ich dem letzten Vorposten unserer schönen europäischen Zivilisation Lebewohl, um dorthin zu gehen, wo ich dem Extrem von Wildheit und Barbarei begegnen sollte. Ich fühlte mich tief gerührt, und damit meine Gefährten meine Bewegtheit nicht merken sollten, lenkte ich schnell meinen Gaul in den Gebirgspaß hinein.

Meine Kollegen fingen indessen an, laut den Koran zu rezitieren und Telkine (Hymnen) anzustimmen, wie es den eigentlichen Pilgern gebührt. Mich entschuldigten sie, daß ich an der Beschäftigung keinen Anteil nahm, denn sie wußten, daß die Rumis (Osmanen) nicht so streng religiös erzogen sind wie die Leute Turkestans, und hofften, daß ich allmählich durch ihre Gesellschaft auch begeistert werden würde. Ich folge ihnen daher in langsamem Schritt und will sie währenddessen insgesamt dem Leser vorstellen, da wir solange in ihrer Gesellschaft reisen werden und da sie wirklich die allerehrlichsten Leute waren, denen ich in jener Gegend begegnete. Es waren also 1) Hadschi Bilal aus Aksu (chinesische Tatarei), Hof-Imam des chinesisch-muselmanischen Gouverneurs derselben Provinz. Mit ihm waren seine Adoptivsöhne 2) Hadschi Isa, ein Bursche im 16. Lebensjahr, und 3) Hadschi Abdul Kader, von dem ich schon einmal sprach. In Gesellschaft, sozusagen unter Protektion Hadschi Bilals, waren ferner 4) Hadschi Jusuf, ein reicher chinesisch-tatarischer Bauer, mit seinem Neffen 5) Hadschi Ali, einem zehnjährigen Burschen mit winzig kleinen Kirgisenaugen. Die beiden letzteren hatten noch 80 Dukaten Reisespesen, wurden daher reich genannt, doch ward dies sehr geheim gehalten. Sie mieteten zusammen ein Pferd, während der eine ritt, ging der andere zu Fuß. 6) Hadschi Ahmed, ein armer Mollah, der auf den Bettelstab gestützt seine Pilgerfahrt machte. Gleichen Charakter und gleiche Verhältnisse hatte 7) Hadschi Haan, dessen Vater auf dem Wege starb und der nun als arme Waise heimkehrte. 8) Hadschi Jakub, ein Bettler von Profession, welches Handwerk er von seinem Vater erbte. 9) Hadschi Kurban sen., von Hause aus ein Bauer, der mit dem Schleifrad ganz Asien bis nach Konstantinopel und Mekka durchzog, einmal über Tibet nach Kalkutta, ein anderes Mal über die kirgisische Steppe nach Orenburg und Taganrok gekommen war. 10) Hadschi Kurban jun., der auch auf dem Wege seinen Vater verlor, mit seinen Brüdern 11) Hadschi Said und 12) Hadschi Abdur Rahman, einem kränklichen Kinde von 14 Jahren, dem die Füße im Schnee bei Hamadan erfroren waren und der auf dem ganzen Wege bis Samarkand schrecklich litt.

Die hier aufgeführten, aus Choten, Jarkend und Aksu, also chinesische Tartaren zweier benachbarter Distrikte, gehörten zum Gefolge Hadschi Bilals. Außerdem lebte er noch in Freundschaft mit 13) Hadschi Scheich Sultan Mahmud aus Kaschgar, einem jungen schwärmerischen Tataren aus der Familie eines berühmten Heiligen, Hasreti Afak, dessen Grab in Kaschgar ist. Der Vater meines Freundes Scheich Sultan Mahmud war ein Dichter, das Ziel seines Strebens war eine Reise nach Mekka, und als er nach langjährigen Leiden die heilige Stadt erreicht hatte, starb er dort. Sein Sohn hatte daher ein doppeltes Ziel, er pilgerte zugleich zum Grabe seines Propheten und seines Vaters. Mit ihm waren 14) Hadschi Husein, sein Verwandter, und 15) Hadschi Ahmed, ein früherer chinesischer Soldat, der zum Regiment Schiwa gehörte, das Musketen hat und aus Mohammedanern besteht.

Aus dem Chanate Chokand waren 16) Hadschi Salih Chalife, ein Bewerber um den Ischan, d. h. den Scheichstitel, also einem halbgeistlichen Orden angehörig, ein seelenguter Mann, auf den wir noch oft zurückkommen werden. Ihn begleiteten sein Sohn 17) Hadschi Abdul Baki und sein Bruder 18) Hadschi Abdul Kader, der ein Medschsub, d. h. einer von der Liebe zu Gott Hingerisse-

66

ner, war, dem, wenn er 2000 mal Allah! gerufen hat, der Schaum aus dem Munde tritt und der so in den allerseligsten Zustand gerät. (Wir Europäer nennen dies Fallende Sucht, doch wir werden auf diesen Gegenstand noch zurückkommen.) 19) Hadschi Kari Messud. Kari bedeutet so viel wie in der Türkei Hafis, d. i. einer, der den ganzen Koran auswendig weiß. Mit ihm war sein Sohn 20) Hadschi Gajasedin. 21) Hadschi Mirza Ali und 22) Hadschi Ahrarkuli, denen etwas von den Reisespesen im Sacke geblieben war, und die zusammen ein Tier mieteten. 23) Hadschi Nur Mehemmed, ein Kaufmann, der schon zum zweiten Mal in Mekka war, aber immer statt eines anderen.

So setzten wir nun unseren Weg fort auf den immer mehr und mehr sich erhebenden Abhängen der elbursischen Gebirgskette. Meine Freunde bemerkten meine Niedergeschlagenheit und versuchten mich zu trösten; besonders war es Hadschi Salih, der mir Mut zusprach und mir versicherte, daß mich alle wie einen Bruder liebten. »Gott helfe uns nur, daß wir bald aus dem Lande der schiitischen Ketzer herauskommen, damit wir unter den sunnitischen Turkmanen, unseren Stammes- und Glaubensgenossen, recht gemütlich leben können.« Wahrlich, ich dachte mir eine schöne Zukunft aus und ritt ein wenig schneller, um mich unter die armen Gefährten, die zu Fuß vorausgingen, mischen zu können. Ich erreichte sie eine halbe Stunde später, und wie frohen Mutes sah ich sie einhermarschieren, sie, die zu Fuß vom fernen Turkestan nach Mekka und von dort wieder nach Hause gingen. Während manche fröhliche Lieder sangen, die mit den ungarischen Liedern große Ähnlichkeit hatten (5), erzählten andere Abenteuer, die sie auf ihren Wanderungen erlebt hatten. Mir machte diese Unterhaltung viel Freude, weil ich daraus die Anschauungsweise jener fernen Völker kennen lernte. Von dem Augenblick an, wo ich Teheran verließ, befand ich mich ganz im mittelasiatischen Leben.

Indem ich mich so abwechselnd mit einem oder dem

anderen unterhielt, wurde die Reise in den gewöhnlichen Märschen fortgesetzt. Bei Tage war es ziemlich warm, doch fror es sehr in den frühen Morgenstunden, besonders in der Gebirgsgegend, so daß ich es in meiner dünnen Kleidung auf dem Pferde nicht aushalten konnte, sondern absteigen mußte, um mich zu erwärmen. Ich übergab einem der zu Fuß gehenden Hadschis mein Pferd, er gab mir dafür seinen Stock, und ich begleitete auf einer langen Strecke die Fußgänger, die mich immer mit den wärmsten Schilderungen ihrer Heimat unterhielten, und wenn die Gärten von Mergolan, Namengan und Chokand sie genügend begeistert hatten, einen Telkin (Hymne) anstimmten, dem ich mich mit meiner Stimme beigesellte, indem ich den Refrain Allah! ja Allah! am lautesten schrie. Jeder derartige Annäherungsversuch wurde von den Jungen den Alten erzählt, die darüber sehr erfreut waren und immer sagten: »Hadschi Reschid (dies war mein Name unter den Gefährten) ist ein wahrer Derwisch, aus ihm kann man alles machen.«

Nach einem viertägigen Marsch erreichten wir Firuskuh, das ziemlich hoch gelegen ist und zu dem man auf schwierigen Wegen gelangt. Die Stadt liegt am Fuße eines Berges, auf dessen Spitze eine alte im »Schah Nameh« erwähnte Festung (heute Ruine) steht, und hat eine gewisse Wichtigkeit, weil hier die Provinz Arak Adschemi endet und Masendran anfängt. Den anderen Tag morgens ging unser Weg in einer ganz nördlichen Richtung, und kaum hatten wir drei oder vier Stunden zurückgelegt, als wir die Mündung des großen Bergpasses erreichten, der das eigentliche Masendran bildet und bis nahe an die Ufer des Kaspischen Meeres führt. Kaum hat der Reisende einige Schritte von der auf der Spitze des Berges gelegenen Karawanserei abwärts gemacht, erscheint statt der kahlen, dürren Gegend plötzlich eine üppige, reiche Natur. Man glaubt gar nicht in Persien zu sein, wenn man um sich herum die Urwälder und überall das herrlichste Grün prangen sieht. Masendran und seine Schönheiten wollen wir nicht beschreiben, da die Federn von Meistern wie Frazer, Conolly und Burnes (6) diesen Gegenstand genügend behandelt haben. Als ich es passierte, hatte Masendran seinen Galaanzug, das schöne Frühlingskleid, an und war wirklich entzückend. Sein zaubervoller Eindruck ließ in mir den letzten Funken des Kummers verschwinden. Die Erhabenheit der Natur ließ mich mein gefährliches Unternehmen vergessen und erweckte in mir die süßesten Träume von den fremden, unbekannten Regionen, die ich durchziehen, von den verschiedenen Nationen, Sitten und Gebräuchen, die ich sehen würde. In jenen Gegenden freilich, dachte ich, wird die Natur das schroffe Gegenteil sein von dem, was ich hier sehe, denn große, schreckliche Wüsten, unabsehbare Ebenen, tagelanger Mangel an Wasser harrten meiner dort, doppelt interessant daher ist der jetzige Genuß.

Auch auf meine Gefährten blieb Masendran nicht ohne Eindruck. Sie bedauerten nur immer, daß dieses schöne Dschennet (Paradies) in den Händen der ketzerischen Schiiten sei, und »sonderbar ist es«, meinte Hadschi Bilal, »daß alle schönen Gegenden der Welt in die Hände der Ungläubigen geraten sind. Nicht umsonst sagt der Prophet: ›Ed dunja sidschn el mumenin ve dschennet el kafirin.‹ (Diese Welt ist das Gefängnis der Gläubigen und das Paradies der Ungläubigen.)« Zum Beweise führte er Hindostan an, wo die Ingiliz regieren, die Schönheiten Rußlands, die er gesehen hatte, und Frengistan, das man ihm als das irdische Paradies geschildert hatte. Hadschi Sultan Mahmud wollte zum Troste der Gesellschaft die Gebirgsgegend anführen, die zwischen Oosch (Grenze Chokands) und Kaschgar liegt. Er stellte mir diese als weit schöner denn Masendran vor, doch kann ich das kaum glauben.

Bei der Station Sirab gelangten wir ans nördliche Ende des masendranischen Gebirgspasses, und es begannen die großen Waldungen, die das Ufer des Kaspischen Meeres begrenzen. Wir wandelten auf einer gebauten Straße, die Schah Abbas II. (7) machen ließ, die aber an vielen Orten ganz zerstört ist. Unser Nachtquartier, das wir zeitig erreichten, war Heften, inmitten eines schönen Buchsbaumwaldes gelegen. Unsere jungen Leute gingen, um eine Quelle für gutes Teewasser zu suchen, aber auf einmal hörten wir ein fürchterliches Zetergeschrei; sie kamen fliehend zurück und erzählten, sie hätten große scheckige Tiere an der Quelle gesehen, die in mächtigen Sätzen davonsprangen, als sie ihnen nahten. Ich glaubte anfangs, daß es Löwen wären, nahm daher ein rostiges Schwert und fand in der beschriebenen Richtung, aber in ziemlicher Entfernung, zwei prächtige Tiere, deren schönes Fell dann und wann aus dem Dickicht zum Vorschein kam. Wilde Tiere soll es sehr viele in diesem Walde geben, wie mir die Bauern sagten, doch fallen sie sehr selten Menschen an. Am wenigsten Ruhe hatten wir vor den Schakalen, die sich zwar von einem Stocke fürchten, aber in solcher Menge hier vorhanden sind, daß wir sie nicht vertreiben konnten. Freilich sind Schakale in ganz Persien keine Seltenheit, selbst in Teheran hört man ihr Geheul zur Abendzeit, doch kommen sie den Menschen nicht so nahe wie hier. Die ganze Nacht hindurch störten sie mich, ich mußte mit Händen und Füßen herumschlagen, damit sie mir nicht meinen Brotsack oder einen meiner Schuhe fortschleppen möchten.

Am nächsten Tage sollten wir Sari, die Hauptstadt Masendrans, erreichen. Nicht weit vom Wege liegt Scheich Tabersi, ein Ort, in dem die Babis (religiöse Schwärmer, die Mohammed verleugneten und Kommunismus predigten) sich lange verteidigt hatten und ein Schrecken der Umgegend gewesen waren. Hier strotzte schon alles von den schönsten Orangen und Limonen, deren gelbrote Früchte unter dem dunklen Grün der Bäume einen so reizenden Anblick gewähren. Sari selbst hat gar keine Schönheiten aufzuweisen, soll aber einen bedeutenden Handel treiben. Als wir durch den Bazar dieser letzten persischen Stadt zogen, bekamen wir auch den letzten Strom aller möglichen Flüche und Spöttereien. Ich ließ diese Unverschämtheit nicht unbeantwortet, hielt es aber nicht für geraten, mitten im Bazar unter Hunderten von Schiiten mit Stock oder Schwert zu drohen. In Sari blieben wir nur solange, bis wir für die eine Tagereise ans Ufer des Meeres Pferde gemietet hatten. Der Weg geht durch viele Sümpfe und Moräste und kann zu Fuß unmöglich zurückgelegt werden. Von hier aus gibt es verschiedene Wege, um das Ufer zu erreichen, nämlich über Ferahabad (Parabad, wie die Turkmanen es nennen), Ges und Karatepe. Wir wählten letzteres, weil dort schon eine afghanische, also sunnitische Kolonie ist, von der wir eine gute Aufnahme erwarten konnten und aus der wir einige Mitglieder schon in Sari als gute Menschen kennengelernt hatten.

Nachdem wir zwei Tage in Sari geruht hatten, machten wir uns nach Karatepe auf und kamen erst gegen Abend nach einem mühsamen Weg von neun Stunden dort an. Auf dieser Strecke fängt schon die Furcht vor den Turkmanen an. Es sind Seeräuber, die ihre Nachen am Ufer verstecken, ihre Streifzüge einige Stunden weit ins Land hinein ausdehnen und sehr oft mit einem oder zwei gebundenen Persern ans Ufer zurückkehren.

Fünftes Kapitel

Auf dem Kaspischen Meer

Nur-Ullah, ein angesehener Afghane, dessen Bekanntschaft ich schon zu Sari machte, führte mich in sein
Haus, als wir in Karatepe ankamen, und da ich mich
weigerte, von allen meinen Freunden getrennt zu leben,
nahm er auch Hadschi Bilal mit und ruhte nicht eher, bis
ich seine Gastfreundschaft annahm. Was dieser Bereitwilligkeit zum Wohltun zu Grunde lag, war mir anfangs
unbekannt, erst später merkte ich, daß er von meinem
Verhältnis zum Gesandten in Teheran gehört hatte, und
die Vergeltung seiner Güte sollte in einem Empfehlungsschreiben bestehen, das ich ihm versprach und auch gern
gab.

Kaum hatte ich mich in seiner Wohnung niedergelassen, als sich das Zimmer mit Besuchern füllte, die sich
der Reihe nach ringsum an der Wand niederhockten,
mich mit großen Augen ernst anstarrten, dann das so
gewonnene Urteil einander mitteilten, später aber ganz
laut über den Charakter meiner Reise sich äußerten.
»Ein Derwisch ist er nicht«, sagten die meisten, dem
»gleicht er am allerwenigsten, denn die Armut seiner
Kleider sticht zu grell ab gegen seine Züge und seinen
Teint. Wie uns die Hadschis sagten, ist er ein Anver-
wandter des Gesandten, der von seiten unseres Sultans
(hier erhob sich alles) in Teheran residiert, und Allah
weiß, was ein Mensch von so hoher Abkunft unter den
Turkmanen in Chiwa und Bochara sucht.«

Ich war nicht wenig erstaunt über die Unverschämtheit dieser Leute, die sogleich beim ersten Schritt mir die
Maske vom Gesicht reißen wollten. Doch ich spielte den
Orientalen, saß in tiefen, andächtigen Gedanken und tat,
als ob ich gar nichts gehört hätte. Da ich an der Konversation durchaus keinen Anteil nehmen wollte, wandten
sie sich an Hadschi Bilal, der ihnen sagte, daß ich wirk-

*Vambery mit seinen Hadschigefährten auf dem
Kaspischen Meer*

lich ein Efendi, ein Beamter des großen Sultans gewesen
wäre, aber infolge einer göttlichen Eingebung mich von
der trügerischen Welt zurückgezogen hätte und mich nun
mit Siaret (Pilgerung zu den Gräbern der Heiligen)
beschäftige. Darüber schüttelten viele die Köpfe, dieser
Gegenstand konnte aber nicht mehr berührt werden,
denn der wahre Muselman darf nie zweifeln, wenn er
von Ilham, d. h. göttlicher Begeisterung oder Eingebung
hört; und wenn auch der Redner sowohl als der Zuhörer
von der Lüge vollkommen überzeugt sind, so müssen sie
doch durch Maschallah! Maschallah! ihre Bewunderung
ausdrücken. Übrigens hatte diese erste Szene mir deutlich genug angekündigt, daß, obwohl auf persischem
Boden, ich dennoch an der Grenze Mittelasiens angelangt war, denn als ich das mißtrauische Nachforschen
dieser wenigen Sunniten hörte, wie es mir in ganz Persien nie begegnet war, konnte ich mir leicht einen Begriff
machen von der schönen Zukunft, die meiner im Ursitze
dieses Lebens harrte. Erst nach zwei Stunden, die man

mit Gaffen und Nachfragen zugebracht hatte, entfernten sich die Gäste, wir bereiteten uns ein wenig Tee und begaben uns zur Ruhe. Ich wollte schlafen, als ein Mann in turkmanischer Kleidung, den ich für ein Familienmitglied hielt, sich mir näherte und mir ganz vertraulich zu erzählen anfing, daß er schon seit 15 Jahren nach Chiwa in Geschäftsangelegenheiten reise und, obwohl selbst aus Kandahar gebürtig, doch Turkmanen, Ösbegen und Bochariotten genau kenne; auch jetzt würden wir die Reise durch die Große Wüste zusammen machen und wir sollten Freunde werden. Ich antwortete ihm: »Kulli mumenin ihvetun«, d. h. alle Gläubigen sind Brüder, dankte ihm für seine Freundschaft mit der Bemerkung, daß mir als Derwisch meine Gefährten, mit denen ich schon lange reise, sehr lieb wären. Er wollte noch weiter reden, doch da ich Miene zum Schlafen machte, ließ er mich in Ruhe, und ich schlief auch bald ein.

Den nächsten Morgen hörte ich von Nur-Ullah, daß dies ein Tirjaki, d. h. Opiumesser, wäre und dazu ein durchtriebener Mensch, den ich so viel wie möglich meiden sollte. Nur-Ullah machte uns zu gleicher Zeit darauf aufmerksam, daß wir jetzt hier in Karatepe Proviant, nämlich Mehl und Reis, auf zwei Monate einkaufen sollten, da die Turkmanen selbst ihren Mundvorrat von hier holten und wir uns wenigstens mit Brot bis nach Chiwa versorgen müßten. Ich überließ diese Angelegenheit dem Hadschi Bilal und ging unterdessen auf den mitten im Dorfe gelegenen Schwarzen Hügel (auf türkisch karatepe), von dem das Dorf seinen Namen hat und dessen eine Seite von Persern, die andere von 125–150 afghanischen Familien bewohnt ist. Diese afghanische Kolonie soll im Anfang dieses Jahrhunderts weit bedeutender gewesen sein; sie wurde von Nadir Schah (8), diesem letzten asiatischen Welteroberer, gegründet, der, wie bekannt, mit Afghanen und Turkmanen seine größten Heldentaten vollführte. Man zeigte mir noch den Ort auf dem Hügel, wo er saß, wenn er Revue hielt über die Tausende von wilden Reitern, die vom fernsten Teile

der Großen Wüste mit ihren guten Pferden und durstigen Schwertern sich unter seine Fahnen scharten. Nadir
soll bei solcher Gelegenheit immer frohen Mutes gewesen sein, und Karatepe hatte einen Festtag. Was man mit
der Gründung dieser sunnitischen Kolonie bezweckte, ist
mir unbekannt, doch habe ich ihre Existenz jetzt wenigstens von großem Nutzen gefunden, da die Afghanen als
Unterhändler mit den Turkmanen gebraucht werden
und ohne sie mancher Perser monatelang in den Fesseln
der Turkmanen schmachten möchte, ohne das Geschäft
seiner Loskaufung betreiben zu können. Dieselben
Dienste leisten im Osten Persiens die Sunniten von
Chaf, Dscham und Bachyrs, doch haben sie mit den Tekkes zu tun, die weit gefährlicher sind als die Jomuten.

Von der Spitze des Schwarzen Hügels habe ich den
ersten Blick auf das Kaspische Meer werfen können. Es
ist nicht die hohe See, die hier sichtbar wird, sondern ein
Stück, das von der langen, bei Aschura endenden Landzunge eingeschlossen ist und das Tote Meer genannt
wird. Die Landzunge zeigt sich aus der Ferne als ein
dünner Strich im Meere, aus dem einzelne Bäume hervorragen und den das Auge lange verfolgen kann. Der
Anblick der öden Gestade des Meeres konnte mich nicht
im mindesten begeistern, ich brannte vor Begierde, seine
östlichen Ufer zu sehen und eilte in meine Wohnung
zurück, um mich zu erkundigen, wie weit die Vorbereitungen zu unserer Überschiffung nach der turkmanischen Küste, welche Nur-Ullah besorgen wollte, getroffen wären. Gestern abend hatte man gesagt, daß uns ein
afghanischer Nachen, der den Russen Proviant zuführt,
für einen Kran per Kopf nach Aschura mitnehmen wolle, von da könnten wir mit Turkmanen nach Gömüschtepe in drei oder vier Stunden gelangen; in Aschura
selbst sei Chidr Chan, ein turkmanischer Häuptling in
russischen Diensten, der armen Hadschis Unterstützung
gebe und den wir auch besuchen könnten. Wir waren
über dies alles erfreut und gaben unsere Einwilligung. Ich
war daher sehr erstaunt, als ich vernahm, daß dieser

Afghane zur Abfahrt bereit wäre, die Hadschis auch mitnehmen wollte, aber mit Ausnahme meiner Wenigkeit, da man mich für einen geheimen Abgesandten des Sultans hielte und er sein Brot bei den Russen verlieren könnte, wenn er ein solches Individuum auf sein Schiff nähme. Ich war nicht wenig betroffen über diese Äußerung, freute mich aber sehr, als meine Gefährten erklärten, daß, im Falle er mich nicht mitnähme, auch sie nicht fahren, sondern lieber eine andere Gelegenheit abwarten wollten. Dieses erzählte mir in einem besonders wichtigen Tone der Opiumraucher Emir Mehemmed, später aber kam der Afghane (er nannte sich Anachan) selbst, drückte sein Bedauern aus, versprach mir Verschwiegenheit und bat um ein Empfehlungsschreiben an Haydar Efendi. Ich hielt es für klug, auch nicht eine Silbe zu sagen, womit ich auf die Beseitigung seiner Besorgnisse zielen möchte, lachte ganz herzlich über seine Ideen und versprach ihm, einige Zeilen für Teheran bei Nur-Ullah zurückzulassen, was ich auch tat.

Der Gegenstand wurde nicht weiter berührt und noch denselben Abend vernahmen wir, daß ein Turkmane, der direkt nach Gömüschtepe fahren wollte, bereit wäre, alle Hadschis aus bloßem Frömmigkeitsgefühl unentgeltlich mitzunehmen, wir möchten uns nur in aller Frühe am Meeresufer einfinden, um einen etwaigen günstigen Wind sogleich benutzen zu können. Ich, Hadschi Bilal und Hadschi Salih, das anerkannte Triumvirat der Bettlerkarawane, suchten den Turkmanen, der sich Jakub nannte, sogleich auf. Es war ein junger Mann mit einem ungemein kühnen Blicke, der jeden von uns umarmte und sich willfährig zeigte, noch einen Tag zu warten, damit wir unsere noch nicht vollendete Verproviantierung besorgen möchten. Vorläufig nahm er einen Segen von Hadschi Bilal und Hadschi Salih an, und wir standen schon auf, um fortzugehen, als er mich auf die Seite rief und ersuchte, einige Augenblicke bei ihm zu bleiben. Ich blieb zurück. Er erzählte mir nun mit einer gewissen Schüchternheit, daß er seit geraumer Zeit eine unglückli-

che, nicht erwiderte Liebe zu einem Mädchen seines
Stammes hege und daß ein Jude, ein geschickter Zauberer, der sich augenblicklich in Karatepe aufhielt, ihm das
wirkende Nuscha (Talisman) auszufertigen versprochen
habe, wenn er ihm 30 Tropfen frisches, aus Mekka kom-
mendes Rosenöl verschaffen könnte, da solches zum
Schreiben der Zauberformel unentbehrlich wäre. »Wir
wissen«, sagte Jakub, »daß die Hadschis Rosenöl und
andere Wohlgerüche aus der heiligen Stadt mitbringen,
und da du der jüngste unter den Häuptern bist, habe ich
mich an dich gewandt und hoffe, du wirst meine Bitte
auch erfüllen.« Ich staunte nicht so sehr über den Aberglauben des Sohnes der Wüste als über das Zutrauen, das
er zu den Worten des überklugen Israeliten hatte, und da
meine Gefährten wirklich Rosenöl mit sich führten, wurde auch sein Wunsch bald erfüllt, und er hatte eine kind-
liche Freude daran.

Den zweiten Tag darauf früh morgens waren wir schon
alle am Ufer des Meeres versammelt. Jeder hatte außer
einem Bettelranzen nun auch einen Mehlsack mit sich,
und es kostete ziemlich lange Zeit, bis der Nachen (Teimil genannt), der aus einem ausgehöhlten Baume bestand, uns an Bord des Schiffchens brachte, das wegen
der großen Seichtigkeit des Uferwassers ungefähr eine
englische Meile entfernt auf dem See lag. Die Art und
Weise des Einschiffens wird mir unvergeßlich bleiben.
Der schmale ausgehöhlte Baum mit Passagieren, Mehl-
säcken und andern Effekten im buntesten Wirrwarr
angefüllt, drohte jeden Augenblick zu sinken, und wir
konnten von Glück sagen, daß wir alle trocken an Bord
gelangten. Die Turkmanen haben drei Arten von Fahr-
zeugen auf dem Wasser, a) Keseboy, mit einem Mast-
baum, einem großen und einem kleinen Segel, das sie
größtenteils zum Lastfahren verwenden; b) Kajuk, mit
einem Segel, das sie als Schnellfahrer bei ihren Raubzügen gebrauchen, und c) Teimil, der schon erwähnte
Nachen. Das Fahrzeug, das uns Jakub zur Verfügung
stellte, war ein Keseboy, das von der Insel Tschereken

Naphthaöl, Pech und Salz nach der persischen Küste brachte und nun mit wenig Fracht beladen nach den heimatlichen Ufern zurückkehrte.

Da wegen der Beschaffenheit des offenen Schiffs kein Unterschied in den Plätzen war, so setzte sich jeder dorthin, wo er am ersten einen bequemen Platz fand, aber Jakub machte uns aufmerksam, daß dies ihn in seinen Manövern störe. Wir ergriffen daher ein jeder Gepäck und Proviant und wurden in zwei Reihen dicht aneinander wie die eingesalzenen Heringe festgesetzt, so daß der Mittelraum des Schiffs für ihn und seine zwei Gefährten zum Hin- und Herrennen leer blieb. Unsere Stellung, wie leicht zu ersehen, war nicht die angenehmste, doch bei Tage ging es noch an, aber bei Nacht war es schrecklich, als der Schlaf die Aufrechtsitzenden rechts und links umherwarf und man sich oft stundenlang unter der süßen Last eines schnarchenden Hadschi befinden mußte. Oft stürzten von rechts und links zwei Schlafende übereinander auf mich, und obwohl ich unendlich litt, durfte ich sie nicht aufwecken, weil das für eine große Sünde gehalten wird.

Es war mittags am 10. April 1863, als ein günstiger Westwind unsere Segel schwellte, das Schiffchen mit Pfeilschnelle vor sich hertreibend. Zur Linken hatten wir die schmale Landzunge, zur Rechten das dichtbewachsene, bis ins Meer sich erstreckende Gebirge, auf welchem das von Schah Abbas, dem größten König Persiens, erbaute Lustschloß Eschref sich erhebt. Den Reiz unseres Argonautenzugs erhöhte noch das wunderschöne Frühlingswetter, und trotz der Enge, in der ich mich befand, war mir herzlich wohl zumute. Ich hätte überlegen können, daß ich heute das persische Ufer und somit den letzten Punkt verlassen hatte, wo eine Reue noch möglich gewesen wäre, doch nein, das fiel mir am wenigsten ein. Ich war fest überzeugt, daß meine Reisegefährten, deren wildes Aussehen mich anfangs abschreckte, mir treu ergeben waren und daß ich in ihrer Begleitung mich in die größte Gefahr stürzen konnte. Gegen Abend

78

trat Windstille ein, wir warfen Anker nahe am Ufer und bekamen Erlaubnis, der Reihe nach auf der kleinen Feuerstelle des Schiffes unsern Tee zu kochen. Ich hatte einige Stückchen Zucker in meinem Gürtel verborgen, lud Jakub ein und beehrte ihn mit einer Schale süßem Tee. Hadschi Salih und Sultan Mahmud gesellten sich auch zu uns, der junge Turkmane wurde beredter und fing an, von der Alaman, wie die Turkmanen ihre Raubzüge nennen, einem Lieblingsgegenstand für die Gespräche dieses Volks, zu erzählen. Sein ohnehin feuriges Auge wetteiferte im Funkeln mit den Sternen, als er in Feuer geriet; es war ihm sehr daran gelegen, bei den sunnitischen Mollahs, für die wir galten, rechtes Lob zu ernten, als er von den Gefechten sprach, die er mit den schiitischen Ketzern gehabt hatte, und erzählte, wie viele er schon zu Gefangenen gemacht hatte. Meine Gefährten um uns herum fingen bald an zu schlafen, ich aber hörte ihm am längsten zu, und erst gegen Mitternacht wollte er sich zurückziehen. Bevor er wegging, erzählte er mir, daß Nur-Ullah ihn ersucht hätte, er möchte mich als Gast ins Zelt Chandschans, eines Turkmanenhäuptlings, führen, und Nur-Ullah habe recht, denn ich sei nicht wie die übrigen Hadschis und verdiene besser behandelt zu werden. »Chandschan«, sagte mir Jakub, »ist der Aksakal (Haupt) eines mächtigen Stammes, und schon zur Zeit seines Vaters durfte kein Derwisch, Hadschi oder sonstiger Fremde Gömüschtepe passieren, ohne sein Brot und Wasser genossen zu haben. Er wird dich, da du aus dem fernen Rum (Türkei) kommst, gewiß gut aufnehmen, und du wirst mir Dank wissen.«

Den nächsten Morgen konnten wir des ungünstigen Windes halber unsere Reise nur langsam fortsetzen, und es war schon Abend, als wir vor Aschura anlangten. Aschura bildet den südlichsten Punkt der russischen Besitzungen in Asien (9), der seit 25 Jahren definitiv in die Macht der Russen geraten ist, oder besser gesagt, von der Zeit an, daß sie mit Dampfschiffen den kühnen Alaman-Nachen turkmanischer Seeräuber genügende

Furcht einjagen können. Früher waren die Turkmanen hier die Herren, und selbst der Name Aschura, d.h. vis-à-vis, ist turkmanischer Abkunft, doch war es nicht bewohnt, sondern diente eher als Station für die damals noch häufig und frei ausgeübten Raubzüge. Das heutige Aschura macht auf den aus Persien kommenden Reisenden einen freundlichen Eindruck. Zwar ist die Anzahl der Häuser, die nahe am Ostende der Erdzunge erbaut sind, gering, doch die europäische Anlage derselben, auch die Kirche, die sichtbar ist, dies alles konnte meinem Auge nicht gleichgültig bleiben. Besonders waren es die Kriegsdampfer, die mich an europäisches Leben erinnerten, und wie war mir zu Mute, als ich gegen Abend einen Dampfer von Ges (dem Landungsplatz für Astrabad) nach Aschura so stolz hingleiten sah! Die Russen unterhalten hier zwei große und einen kleinen Kriegsdampfer, ohne deren Schutz nicht nur die dort ansässigen Russen, sondern auch die aus Astrachan kommenden Segelschiffe gegen die Angriffe der Turkmanen nicht sicher wären. Solange der Kauffahrer sich noch auf offener See befindet, braucht er nichts zu fürchten, aber er wagt es nur selten, der Küste nahe zu kommen, ohne von einem Dampfer begleitet zu sein, dessen Schutz er auch bei der Rückfahrt in Anspruch nehmen muß. Das hiesige Kommando bestrebt sich wahrlich mit großem Eifer und mit nicht geringen Kosten, die Raublust der Turkmanen zu lähmen; diese Plage hat auch schon ein wenig abgenommen, aber vollkommene Sicherheit herzustellen ist rein unmöglich, und man kann nicht verhindern, daß viele unglückliche Perser, ja dann und wann auch russische Matrosen in Ketten nach Gömüschtepe geschleppt werden. Die russischen Schiffe durchkreuzen unaufhörlich Tag und Nacht die turkmanischen Gewässer, und jeder turkmanische Nachen, der sich von der Ostküste nach dem südlichen persischen Ufer begeben will, muß einen Fahrpaß haben, der für 8, 10 oder 15 Dukaten auf ein Jahr ausgefertigt wird und jedesmal beim Passieren vor Aschura vorgezeigt werden muß, bei welcher Gelegenheit das Schiff durchsucht wird, ob es nicht Gefangene, Waffen oder sonstiges an Bord hat. Durch diese Maßregel ist ein großer Teil der handeltreibenden turkmanischen Fahrzeuge registriert worden, die unbekannten irren größtenteils auf geheimen Wegen umher und werden von den russischen Kreuzern, wenn sie solchen begegnen, in den Grund gebohrt, falls sie sich nicht ergeben wollen. Während man einerseits mit der nötigen Strenge verfährt, hat man es nicht unterlassen, andererseits mit Politik zu verfahren, indem man sich bemühte, den einen oder anderen Stamm freundschaftlich heranzuziehen, um einen gegen den anderen gebrauchen zu können. Zur Zeit, als ich Aschura passierte, war Chidr Chan aus dem Stamme Gasilikör unter dem Titel eines Derjabegi (Admiral) schon seit 30 Jahren in russischen Diensten und bezog ein Gehalt von ungefähr 40 Dukaten monatlich, wovon er 10 seinem Mirza (Schreiber) gab. Chidr Chan bewohnte noch immer ein Zelt inmitten der halbeuropäischen Kolonie, und seine Amtspflicht bestand darin, daß er durch seinen Einfluß auf die Turkmanen im allgemeinen die Raubzüge verhindern oder wenigstens von derartigen Vorhaben die Russen benachrichten sollte, da seine Stammesgenossen als Augenzeugen jeder Vorbereitung solchen Spionagedienst leisten konnten. Leider entsprach er diesem Zwekke nicht. Nützlich machen hätte er sich schon können, davon habe ich mich später überzeugt, doch hatte unser Chidr, der ehemalige fromme Muselman, schon früh mit dem edlen Wodki (russischem Branntwein) Bekanntschaft gemacht, er war Tag und Nacht betrunken, und seine Söhne, die ihn in Gömüschtepe vertreten sollten, machten mit den Karaktschi (Räubern) gemeinschaftliche Sache und hüteten sich sehr, den Russen von irgendeinem Raubvorhaben Nachricht zu geben.

Auch unser Jakub hatte, wie leicht begreiflich, seinen Fahrpaß, den er vorzeigen mußte, und erst nach Revision des Schiffes war es uns gestattet, unseren Weg fortzusetzen. Da die Nacht schon eingetreten war, als wir

Aschura nahe kamen, wurde der Besuch der Beamten auf morgen früh verschoben, und wir warfen in einer kleinen Entfernung vom Lande Anker. Meine Gefährten bedauerten sehr, daß sie Chidr Chan, dem verrufenen Mäzen der Derwische und Hadschis, ihre Aufwartung nicht machen konnten. Mich aber freute das innig, denn ich hätte mich nicht ausschließen können und wäre in die unangenehme Lage gekommen, daß Chidr vielleicht aus meinen europäischen Zügen Verdacht geschöpft hätte. Jenes Hindernis, das Land besuchen zu können, war mir daher äußerst angenehm, mich störte nur der eine Gedanke, ob man morgen das Schiff inspizieren würde, ohne daß meine Züge und Gesichtsfarbe, die noch europäisch waren und von denen meiner Kollegen immer merklich abstachen, den Russen auffallen würden. Ich war weit entfernt, von den Russen eine inhumane Behandlung zu befürchten, mir machte am meisten Angst, daß sie mich erkennen und mir von meinem Plan abraten möchten. Es war leicht möglich, daß dann durch ein späteres unschuldiges Geplauder die Turkmanen von meinem Inkognito benachrichtigt würden, und wer weiß, wie viel mehr Lösegeld als Blocqueville ich hätte aufbringen müssen, um mich aus der harten Sklaverei zu befreien! Diese Überlegungen machten mir ernste Besorgnisse, und bitter schmerzte es mich, daß ich das letzte Bild abendländischen Lebens nicht vergnügt betrachten konnte.

In der größten Spannung erwachte ich daher den nächsten Morgen. Ein sanftes Glockengeläute ertönte von Aschura, meine Gefährten sagten, daß heute Sonntag und Feiertag der Ungläubigen wäre, aber welcher Sonntag, wußte ich nicht. Einem Kriegsschiffe, das ganz mit Flaggen bedeckt war, lagen wir nahe; plötzlich sah ich Matrosen im Galaanzug in regelmäßigen Ruderschlägen dem Ufer nahen, ein Offizier, auch in voller Uniform, bestieg das Boot und wurde bald an Bord gebracht. Nach ungefähr 10 Minuten rief man uns zu, nahe zu kommen, und ich sah am Bord nahe bei dem Treppenaufgang mehrere blondköpfige Offiziere versammelt stehen. Mein Herz fing an mächtig zu pochen; wir kamen dem Schiffe immer näher, und meine Bemühung ging darauf aus, daß wir uns soviel wie möglich in einer solchen Stellung nähern möchten, in welcher ich dem gefährlichen Tête-à-tête ausweichen könnte. Mein Schicksal wollte, daß unser Nachen an der Seite dem Dampfer nahe kam, an der ich saß, so daß die am Bord versammelten Russen bloß meinen Nacken zu sehen bekamen. Des Feiertags wegen war die Untersuchung nur eine oberflächliche, der Dolmetscher wechselte einige Worte mit Jakub, die Offiziere unterhielten sich über unsere Bettlerkompagnie, und unter anderem hörte ich, wie einer sagte: »Smotrite kakoi bieloi etot hadschi«, (Seht, wie weiß dieser Hadschi ist). Diese Anspielung muß wahrscheinlich auf meinen noch nicht verwilderten Teint gezielt haben, es war aber auch die einzige Bemerkung, die man machte. Jakub war bald abgefertigt, und im Nu verschwanden wir aus der Sichtweite der russischen Schiffe. Ich erhob mich nun aus meiner gekrümmten, halb schlafenden Stellung und atmete gewaltig auf, denn meine Angst war zu Ende.

Bald darauf erhob sich ein heftiger Westwind, wir meinten, daß wir nun schnell die Segel spannen und dem von hier nur drei Stunden entfernten Gömüschtepe zueilen würden, doch Jakub sah immer auf einen weißen Punkt in der Ferne, besprach sich insgeheim mit seinen Schiffsleuten, und erst als dieser gefürchtete Punkt gänzlich verschwunden war, wurde das große Segel aufgezogen, und pfeilschnell die Wellen durchschneidend, fuhren wir gegen Osten.* Ungefähr eine halbe Stunde vor Aschura kamen wir an mehreren schwimmenden Seezeichen vorbei, die aus rot angestrichenen Stangen bestan-

---

* Wie wir später hörten, war dies eine Alaman aus Chodscha-Nefes, die, von unserer Ankunft benachrichtigt, uns auflauerte, um die Hadschis auszuplündern; diese zu Sklaven zu machen, gestattete ihr Religionsgefühl den Räubern nicht.

den. Jakub sagte mir, daß die Ingilis diese hierhergestellt
hätten als Grenzbezeichnung der russischen Gewässer,
der jenseitige Teil gehöre den Turkmanen, welche die
Ingilis immer gegen russische Angriffe schützen würden.
Wer diesen wilden Söhnen der Wüste von so weitrei-
chender Politik eine Idee gibt, bleibt mir stets ein Rätsel.
Ich kenne diese Zeichen nicht, aber noch weniger die
Sympathien Englands für Turkestan. Nach einer knappen Stunde wurde die turkmanische Küste in Gestalt
eines langen Strichs mit mehreren Erhebungen sichtbar;
wir verfolgten die Richtung, die andere, vor uns einlau-
fende Schiffe bezeichneten. Bald darauf wurden die Segel
eingezogen, weil hier das Fahrwasser endete, und wir
lagen ungefähr 1½ englische Meilen vor der Mündung
des Görgen, an dessen beiden Ufern das Lager von
Gömüschtepe in Gestalt von Hunderten dicht nebeneinander stehender kolossaler Bienenkörbe sich zeigte.

So wie vor Karatepe, so können auch hier wegen der
Seichtheit des Wassers am Gestade selbst die kleinen
Fahrzeuge sich nicht dem Ufer nähern oder in den Görgen einlaufen, der ziemlich tief ist und immer genug
Wasser hat. Wir mußten daher so lange warten, bis
Jakub ans Ufer ging, unsere Ankunft anzeigte und mehrere Teimils zu unserer Beförderung herschickte. Nach
einer Weile kamen auch drei von diesen höchst originel-
len Nachen an, die einigemal hin- und herfahren mußten, bis unsere Ausschiffung vollzogen war. Ich und
Hadschi Bilal waren die letzten, und es freute mich wirklich, als ich am Ufer anlangend hörte, daß Chandschan,
von dem braven Jakub benachrichtigt, schnell herbeigeeilt war. Man zeigte mir ihn einige Schritte vor mir,
während er mit seinem Asr-Namasi, d.h. Mittagsgebet,
beschäftigt war, in welcher Stellung ich mich ihm näherte.

Sechstes Kapitel

Nach Beendigung seines Gebets erhob sich Chandschan und ich sah vor mir einen schönen, schlank gewachsenen Mann im 40. Lebensjahr mit einem langen, auf die Brust fallenden Barte in einer höchst bescheidenen Kleidung. Er eilte auf mich zu, umarmte mich gleich und hieß mich, meinen Namen nennend, herzlich willkommen. Dasselbe tat er auch mit Hadschi Bilal und Hadschi Salih, und nachdem die Karawane mit ihren Säcken bepackt auf den Beinen war, beschlossen wir die Prozession, den Weg gegen die Zelte einschlagend. Hier hatte sich schon die Nachricht von unserer Ankunft, natürlich mit einer übertriebenen Zahl, allgemein verbreitet, und Weiber, Kinder und Hunde, alles eilte im bunten Wirrwarr aus den Zelten, um die angekommenen Pilger zu sehen und durch eine Umarmung, wie die Mollahs behaupten, an dem göttlichen Gebot und dem Verdienst der Pilgerfahrt sich beteiligen zu können. Das erste und daher ganz neuartige Bild von mittelasiatischem Leben überraschte mich derartig, daß ich gar nicht wußte, ob ich erst die sonderbar konstruierten Filzzelte betrachten oder die Weiber mit ihren langen bis an die Knöchel reichenden rotseidenen Hemden bewundern oder die vielen mir entgegengestreckten Hände und Arme befriedigen sollte. Es war sonderbar, wie jung und alt ohne Unterschied des Geschlechts und der Familie die Hadschis berühren wollten, auf denen noch der heilige Staub von Mekka und Medina ruhte, und ich war nicht wenig betroffen, als die allerschönsten Weiber, ja sogar oft Mädchen herbeieilten, mich zu umarmen. Müde und erschöpft von diesen religiös-gastfreundschaftlichen Ehrenbezeigungen langten wir vor dem Zelte des Ober-Ischans (Priesters) an; hier wurde unsere kleine Karawane versammelt, und es begann das interessanteste Schau-

85

spiel, das sich je meinem Auge darbot. Hier wollte man nun zur Einquartierung der Gäste schreiten. Der Eifer, den man allgemein bezeugte, einen oder mehrere dieser armen Fremdlinge bewirten zu können, setzte mich in Erstaunen; ich hatte wohl von der Gastfreundschaft der Nomaden gehört, aber in solchem Grade hätte ich mir sie nie vorgestellt. Die Weiber fingen schon an sich zu zanken, aber Chandschan sorgte für Ordnung, indem er alle verteilte, mich aber und Hadschi Bilal mit unseren Angehörigen als seine eigenen Gäste nach seiner Owa (Zelt) mitnahm.* Da er das äußerste Ende Gömüschtepes bewohnte, hatten wir das ganze Lager, das in dicht nebeneinander stehenden Zelten an beiden Ufern des Görgen sich erstreckte, zu durchziehen.** Es war schon nahe Sonnenuntergang, als wir ganz ermüdet bei ihm ankamen in der süßen Hoffnung, uns ein wenig ausruhen zu können. Doch leider hatten wir uns getäuscht. Unsere Wohnung bestand zwar aus einem separaten Zelt, zwei Schritt vom genannten Fluß, aber kaum hatten wir dies mit dem nötigen Zeremoniell, indem wir es zweimal umgingen und nach allen vier Ecken hinspuckten, eingenommen, als es von Besuchern angefüllt wurde, die bis spät in die Nacht bei uns blieben und mit tausend artigen Fragen uns derart belästigten, daß sogar Hadschi Bilal, dieser echte Orientale, allmählich die Geduld zu verlie-

---

* Owa, das wörtlich Zelt bedeutet, wird hier unter den Turkmanen mehr als Bezeichnung von Haus und Hof gebraucht.

** Der Görgen, dessen äußerste Quellen in den Gebirgen Kurdistans entspringen, durchfließt größtenteils das Land, das die Jomuts bewohnen, auf einer Strecke von ungefähr 30 geographischen Meilen. Bis weit unterhalb Pisarak, ja sogar unterhalb der Atabegs kann man ihn überall zu Pferde durchwaten, eigentlich tief wird er erst acht Meilen vor Gömüschtepe, wo seine beiden Ufer von Sümpfen bedeckt sind. Das Bett ist überall eng. Sein Reichtum an Fischen ist innerhalb vier bis fünf Meilen von der Mündung fabelhaft groß, so daß das Wasser beinahe infiziert und im Sommer gar nicht trinkbar ist; nur zweimal hatte ich mich darin gewaschen, worauf meine Hände und mein Gesicht einen starken widrigen Fischgeruch bekamen.

Zeltlager der Turkomanen

ren anfing. Abends brachte uns Baba Dschan*, der zwölfjährige Sohn Chandschans, das Nachtmahl, das aus gesottenen Fischen mit saurer Milch bestand und in einer großen Holzschüssel serviert wurde. Ein mit schweren Ketten belasteter persischer Sklave brachte die Schüssel bis nahe an uns, wo dann Baba Dschan sie uns vorsetzte; er selbst setzte sich neben seinem Vater in einer kleinen Entfernung nieder, und beide sahen mit wirklichem Wohlgefallen, wie wir mit einem Riesenappetit uns darüber hermachten. Nach genossener Mahlzeit wurde gebetet, Hadschi Bilal erhob seine Hände, was jeder Anwesende nachahmte, und zum Schlusse, als er Bismallah, Allah Ekber sagend, seinen Bart ergriff, strich ebenfalls jeder seinen Bart und gratulierte Chandschan zu seinen Gästen.

Den 13. April erwachte ich zum erstenmal in einem turkmanischen Zelte, das man hier bei den Jomuten Tschatma, in anderen Gegenden Aladscha nennt. Der süße Schlaf und das leichte Gebäude, unter dem ich mich befand, hatten mich frisch und leicht gemacht, der Reiz der Neuheit entzückte mich, und meine Freude schien kein Grenzen zu haben. Hadschi Bilal bemerkte dies, er lud mich daher zu einem kleinen Spaziergange ein, und als wir etwas von den Tschatmas entfernt waren, bemerkte er mir, daß es nun hohe Zeit wäre, meinen Efendicharakter gänzlich abzulegen und mit Leib und Seele ein Derwisch zu werden. »Du wirst schon bemerkt haben«, sagte mein guter Gefährte, »daß nicht nur ich, sondern alle meine Kollegen, jung und alt, unter die Leute Fatiha (Segen) austeilen, auch du mußt dich dazu nun anschicken. Ich weiß, in Rum ist es nicht Sitte, aber hier werden die Leute es fordern, und es wird sie sehr befremden, daß du dich für einen Derwisch ausgibst, ohne die Derwischrolle vollkommen zu spielen. Die Segensformel kennst du ja, schneide ein frommes

---

* Baba Dschan, Vater-Seele! ist bloß ein Zärtlichkeitsname, den die Turkmanen ihrem ältesten Sohne geben.

In einem Turkomanenzelt

Gesicht und teile Fatiha (Segen) aus; auch Nefes (den heiligen Hauch) kannst du geben, wenn du zu Kranken gerufen bist, nur vergiß nie, deine Hand auch gleich auszustrecken, denn die Leute wissen, daß wir Derwische von derartigem frommen Handwerke leben und sind auch stets mit einem kleinen Geschenke bereit.« Hadschi Bilal entschuldigte sich, daß er es wagte, mich zu meistern, es geschehe aber, meinte er, zu meinem eigenen Heil, und ich hätte wahrscheinlich die Geschichte von dem Reisenden gehört, der ins Land der Einäugigen kam und der Gleichheit halber ein Auge stets geschlossen hielt.

Nachdem ich ihm herzlich für seine Ratschläge gedankt hatte, erzählte er mir auch, daß Chandschan und viele andere Turkmanen sich ganz besonders nach mir erkundigt hätten und daß es ihm viele Mühe und Schwierigkeiten gekostet hätte, sie davon zu überzeugen, daß ich wirklich nicht den mindesten offiziellen Charakter auf meiner Reise habe. Die Turkmanen glaubten nämlich, daß ich in einer antirussischen Mission vom Sultan nach Chiwa und Bochara geschickt werde; ganz wollte er auch ihren Glauben nicht erschüttern, weil sie großen Respekt vor dem Sultan haben und so auch für mich Achtung gewinnen konnten. Dessenungeachtet durfte ich es nie unterlassen, meinem Derwischcharakter treu zu bleiben, denn die rätselhafte Ungewißheit behagt diesen Leuten am besten.

Bald darauf kehrten wir zu unserer Wohnung zurück, wo der Hausherr mit vielen seiner Freunde und Anverwandten uns schon erwartete. Erst wurden seine Frau und seine alte Mutter vorgestellt, um unseren wirksamen Segen zu erhalten, später machten wir Bekanntschaft mit den nächsten Verwandten Chandschans, und nachdem wir jedem unseren Segen gespendet hatten, bemerkte letzterer, daß es turkmanische Sitte wäre, den Gast als das teuerste Familienmitglied zu betrachten, wir könnten jetzt ungehindert nicht nur unter seinem Stamme, sondern unter allen Jomuten umherwandeln, und sollte jemand es wagen, seinem Gaste nur ein Haar zu krümmen, würden die Kelte (so hieß sein Stamm) sich schon Genugtuung verschaffen. »Ihr werdet hier wenigstens zwei Wochen warten müssen, bis sich eine Karawane nach Chiwa findet, ruht ein wenig aus und besucht dann die ferneren Owas; der Turkmane läßt den Derwisch nie leer vor seinem Zelte vorübergehen, und euch kann es nicht schaden, euren Brotsack zu füllen, da ihr eine große Strecke zu machen habt, bis ihr nach Chiwa und Bochara gelangt.«

Daß diese Worte mich, der frei umherstreichen wollte, sehr erfreuten, läßt sich leicht denken. Ich wollte in Gömüschtepe daher nur so lange bleiben, bis der Kreis meiner Bekanntschaft sich erweitert, ich auch mehr Geläufigkeit in dem mir theoretisch bekannten Dialekte der Turkmanen erlangt haben würde. Die ersten Tage ging ich mit Chandschan, seinem Bruder oder anderen Hausfreunden aus, um verschiedene Zelte zu besuchen, später war ich sehr oft in Begleitung Hadschi Bilals, um Segen auszuteilen, oder ging mit Hadschi Salih, der hier Medizin in großem Maßstab betrieb. Während er die

Medikamente eingab, sagte ich laut die Segensformel her, wofür ich dann immer mit einem kleinen Filzteppich, gedörrten Fischen oder anderen Kleinigkeiten beschenkt wurde. War es das Glück unserer gemeinschaftlichen Kuren oder Neugierde in bezug auf den Hadschi Rumi (den türkischen Hadschi), wie man mich nannte, das blieb mir immer ein Rätsel. Genug, meine Freunde waren sehr erstaunt, als ich nach kaum fünftägigem Aufenthalt in Gömüschtepe schon zahlreiche Visiten von Kranken oder anderen sich krank Stellenden erhielt, denen ich Segen oder Hauch spendete oder auch kleine Talismane schrieb, natürlich nie ohne das gebührende Honorar. Hier und da fanden sich schon einige halsstarrige Politiker ein, die, mich für einen politischen Emissär haltend, meinen Derwischcharakter in Zweifel zogen, doch kümmerte mich dies wenig, da meine Maske gesichert war. Niemand konnte auf die Idee kommen, in mir einen Europäer entdecken zu wollen, und wie freute mich doch der Gedanke, auf diesem wenig bekannten Boden ungestört umherwandeln zu können.

Die Zahl meiner Bekannten wuchs immer mehr und mehr, und bald konnte ich unter dieselben die Mächtigsten und Einflußreichsten zählen. Von großem Nutzen war mir die Freundschaft Kisil Achonds, dessen eigentlicher Name Mollah Murad war, eines in hohen Ehren stehenden turkmanischen Gelehrten, mit dem ich auf dem besten Fuße stand und dessen Empfehlung mir überall Zutritt verschaffte. Kisil Achond hatte seinerzeit, als er noch in Bochara studierte, ein Werk über Exegese in osmanisch-türkischer Sprache bekommen, das er nicht ganz verstehen konnte und wozu ich den nötigen Schlüssel gab. Meine Gesellschaft machte ihm daher große Freude, und er sprach überall in den besten Ausdrükken von meinen Erfahrungen in den Büchern des Islam. Auch Satlig Achond, ein nicht minder gelehrter und hochgeschätzter Geistlicher, war mir freundschaftlich zugetan. Als ich das erste Mal mit ihm zusammentraf, dankte er in einem besonderen Gebet der Vorsehung, daß es ihm vergönnt sei, in mir einen Muselman aus Rum, aus dieser echten Quelle des Glaubens zu sehen; und als jemand in der Gesellschaft über meinen weißen Teint eine Bemerkung machte, sagte er, dies sei das wahre Nur ül Islam, das Licht des Islam, das aus meinem Gesichte strahle, welches göttlichen Segens sich nur die Gläubigen des Abendlandes erfreuten. Auch unterließ ich nicht, die Bekanntschaft Mollah Durdis, der den Rang eines Kasi Kelan, d. h. Oberrichters, bekleidete, sorgsam zu pflegen, da ich mich bald überzeugte, daß es nur die Ulemawelt war, die auf diese wilde Bevölkerung einen kleinen Einfluß ausüben konnte, und daß die Oberhoheit der Aksakale (Graubärte), die wir in Europa für überwiegend halten, nur von geringer Bedeutung war. Daß meine Anschauungsweise mich nicht täuschte, bewies mir das immer wachsende Zutrauen, das die Turkmanen zu mir hatten, und als man aus den Ziegeln der alten griechischen Ruinen Gömüschtepes, von denen das ganze Lager seinen Namen hat, eine Moschee bauen wollte, bat man mich, ich möchte den Mihrab (Altar und zugleich Kible) bezeichnen, da Kisil Achond mich, als anerkanntesten und erfahrensten Derwisch, hierzu auserkoren hätte.

Im Bereiche von Gömüschtepe war bis jetzt, außer den griechischen Ruinen, die in der Umgegend sind, keine Mauer je gesehen worden, und es ist aus einem Anfall von Zivilisationslust zu erklären, daß man an diesem Orte, der als Hauptort der Jomuten angesehen wird, ein gebautes Gotteshaus haben wollte. Fromme Turkmanen hatten es sich zur Pflicht gemacht, jeder einige hundert dieser wunderschönen quadratförmigen Ziegel aus jenen Festungswerken, die Alexander (10) erbauen ließ, an denselben Ort zusammenzutragen, und als man das Material für ausreichend hielt, war ein Turkmane, der mehrere Mal in Geschäftsangelegenheiten nach Astrachan gereist war und als ein Erfahrener galt, mit dem Bau beauftragt. Nachdem ich mit meinem Kompaß die Gegend, wo Mekka liegt, bezeichnet hatte, fing man an, ohne einen Grund zu legen, die Mauern aufzuführen, ein Umstand, der nicht sehr für die Festigkeit des Gebäudes bürgen kann. Doch desto besser, wenn es länger stünde, könnten die Russen es leicht zum Vorwerke eines Forts gebrauchen, und die großen Pläne des großen Mazedoniers könnten dem gleichnamigen Romanow (11X noch von Nutzen werden.

Ich hatte kaum acht Tage in Gömüschtepe zugebracht, als ich durch die erwähnte Protektion allerseits bekannt ward. Nun wollte ich langsam auch in die bürgerlichen Verhältnisse eindringen, die sehr verzweigten Stammes- und Familiennamen kennen lernen und mir soviel wie möglich einen Begriff bilden von den sozialen Banden, die diese dem Anscheine nach in größter Anarchie lebenden Elemente zusammenhalten. Dies wurde schon ein wenig schwerer, als ich glaubte. Ich brauchte nur eine ins Leben eingreifende Frage zu berühren, nach dem einen oder dem anderen neugierig zu sein, gleich wunderte man sich, was denn eigentlich einen Derwisch, der nur mit Gott und der Religion zu tun hätte, die Dinge der vergänglichen Welt angingen. Was ich daher auf diesem Felde erfahren habe, hat mich viele Mühe gekostet, denn Fragen stellen durfte ich nie. Es war ein großes Glück für mich, daß die Turkmanen, die außer ihren Raubzügen ihr ganzes Leben in größter Faulheit zubringen, sehr geneigt sind, sich stundenlang mit politischer Konversation zu beschäftigen; ich machte daher immer nur den stillen Zuhörer, und mit dem Rosenkranz halb träumend dasitzend, konnte ich die Geschichte der Alamans (Razzias), der Verhältnisse zu dem Wilajet (Persien), dem Chan von Chiwa und anderen Nomadenvölkern studieren.

In jenen Tagen hatte ich Gelegenheit, in Begleitung Kisil Achonds einen Ausflug zu den Atabeg, dem östlich lebenden Stamm der Jomuten, und zu den Göklen Turkmanen zu machen, was deswegen für mich von hohem Interesse war, weil ich einen großen Teil der Mauer zu sehen bekam, die Alexander der Große gegen die damals schon sehr gefürchtete Bevölkerung der Wüste erbauen ließ. Kisil Achond hatte zum Zweck seiner Reise die juristische Untersuchung eines Prozesses, wir hielten uns daher an mehreren Orten auf und brauchten vier Tage für eine Reise, die wir in zwei machen konnten. Unsere Richtung war östlich, doch mußten wir große Umwege machen, um den mit Schilf bewachsenen Sümpfen, wo Hunderte von Wildschweinen sich herumtummelten, ausweichen zu können. Diese Sümpfe entstehen aus Überschwemmung des Görgen, der im Frühling anschwillt und oft meilenweit seine Ufer bedeckt. Es muß dies auch in alten Zeiten der Fall gewesen sein, da man es ratsam gefunden hat, die große Schutzmauer in einer Entfernung von vier, oft auch sechs englischen Meilen vom Flusse nordwärts zu bauen. Da dies immer auf den höchsten Stellen der Ebene geschah, so bildet die Nähe der Mauerruinen noch heutigen Tags den sichersten Weg zu allen Jahreszeiten. So sind auch die meisten Zelte in dieser Gegend zu finden, und man braucht nur eine Viertelstunde zu gehen, um kleineren oder größeren Zeltgruppen zu begegnen.

Kisil Achond, mein gelehrter Begleiter, war sehr erstaunt, daß mich der Seddi Iskender, d.h. der Wall Alexanders, den die Dschinns (Genien) auf Befehl des großen Herrschers bauen mußten, so sehr interessierte.* Alexander, meinte er, wäre ein frömmerer Muselman gewesen als wir, daher auch alle unterirdischen Geister wohl oder übel in seinem Dienste standen. Er wollte seine Erzählung mit der bekannten Fabel, wie Alexander ins Reich der Finsternisse ging, fortsetzen, schwieg aber, als er sah, daß mich die Losreißung eines Ziegels sehr in

---

* Die Geschichte des großen Mazedoniers wird von den Orientalen in einem religiös-mythischen Gewande vorgetragen, und obwohl einige morgenländische Geschichtsschreiber den Iskender Sul Karneïn (den zweihörnigen Alexander), den Helden der Fabel, vom Iskender Rumi, dem griechischen Alexander, unterscheiden wollen, so habe ich doch gefunden, daß diese zwei Personen überall für eine und dieselbe gehalten werden.

Anspruch nahm. Die hellroten Backsteine scheinen wirklich wie aneinander geschmolzen zu sein, denn sie brechen eher entzwei, als daß sie sich von der großen Masse trennen. Übrigens müßte diese Gegend für unsere Archäologen von hohem Interesse sein, da hier nicht nur viele Überreste der griechischen Herrschaft, sondern auch verborgene Denkmäler altiranischer Kultur zu finden sein müssen, denn von der großen Wichtigkeit des Görgen, den heutigen Ruinen von Schehri Dschordschan erzählen uns manches die arabischen Geschichtsschreiber. Ja auch Kumbesi-Kaus, d. h. die Kuppel Kaus, eine Ruine, von der ich bloß erzählen hörte, würde vielleicht mehr Aufmerksamkeit verdienen, als die schnell vorbeieilenden englischen Reisenden ihr widmen konnten.

Ich war sehr überrascht, daß Kisil Achond, den ich nur für gelehrt und nicht für reich hielt, an verschiedenen Orten Zelte mit Weibern und Kindern besaß, die einzelne Bestandteile seiner dreiehigen Familie ausmachten. Erst als ich an mehreren Orten immer neue Bekanntschaft seiner Frauen und Kinder machte, fing ich an zu begreifen, daß seine Rundreise außer dem juristischen noch einen Familienzweck habe. Übrigens war der Unterschied zwischen unserer Aufnahme in seinen oder fremden Zelten nur gering. Der Mollah, wie man ihn par excellence nannte, war in jedem Zelte der Turkmanen, selbst der feindlichen Stämme, Herr des Hauses und wurde nicht nur mit Ehre, sondern auch mit Geschenken überhäuft, was mir, der ich seinen Schüler spielte, mehrere Gebetsteppiche (Namasdschaj) aus Filz, ein turkmanisches Oberkleid und eine große Pelzmütze, die National-Kopfbedeckung dieser Nomaden, eintrug. Ich setzte letztere auf den Kopf, wickelte noch einen leichten Turban darum und war nun in einen turkmanischen Mollah verwandelt.

Als ich nach Gömüschtepe zurückkehrte, waren meine Gefährten, die derartige Ausflüge mißbilligten, schon recht besorgt über mein Ausbleiben. Ich erkundigte mich nach der Gesundheit jedes einzelnen, man erzählte mir, daß Hadschi Salih glänzende Geschäfte mit seiner Medizin machte und daß man den Hadschi Kari Messud, der in einer Moschee (d. h. einem Zelt, das dazu diente) einquartiert war, bestohlen habe. Erst wurde lange hin und her gesucht, da sich jedoch nichts fand, erklärte der Ischan (Scheich), daß er den Dieb sofort verfluchen würde, wenn er das gestohlene Gut nicht zurückerstattete. Es dauerte keine 24 Stunden, als sich der Verbrecher reuevoll einstellte und außer den gestohlenen Sachen noch ein Versöhnungsgeschenk mitbrachte. Ich glaube kaum, daß unserer Pariser und Londoner Polizei eine solche Maßregel zu empfehlen wäre. Auch in betreff einer Karawane nach Chiwa bekam ich gute Nachricht. Meine Freunde erzählten mir nämlich, daß der Chan von Chiwa, dem die Ärzte aus Gesundheitsrücksichten Büffelkuhmilch angeraten hatten, seinen Kervanbaschi* ausdrücklich hierher geschickt habe, um zwei Paar dieser Tiere, die sich in seinem Lande nicht finden, zu kaufen. Derselbe war schon nach Astrabad gegangen, und sobald er zurückgekehrt war, sollte die Reise angetreten werden, für die es ein gutes Vorzeichen war, daß der erfahrenste Mann in der Wüste uns leiten würde. Sehr auffallend war mir, daß viele meiner Reisegefährten trotz der edlen Gastfreundschaft, die sie genossen, sie die allerärmsten, der Turkmanen schon überdrüssig wurden. Unmöglich wäre es, meinten sie, wenn man das geringste Gefühl hätte, der grausamen Behandlung zuzusehen, die hier den unglücklichen persischen Sklaven zuteil wird. »Es ist wahr, daß sie Ketzer sind, daß sie uns auf unserer Durchreise durch ihr Land sehr geplagt haben; aber was diese Armen hier ausstehen, ist doch zu viel.« Das Mitleid meiner chinesisch-tatarischen Reisegefährten, in deren

---

* Kervanbaschi, Karawanenführer oder Haupt der Karawane, wird der genannt, den der Khan in dieses Amt einsetzt. Da dies größtenteils Leute sind, die nur auf besonderen Wegen große Erfahrungen haben, so hat jede Karawanenstraße ihren eigenen Kervanbaschi, der den Namen seines Weges zum Beinamen erhält.

Lande der Menschenhandel nicht ausgeübt wird, und die Flüche, die sie in ihrer Erbitterung gegen die Unmenschlichkeit der Karaktschi (Räuber) ausstießen, können die beste Schilderung der Leiden sein, die der arme Gefangene auszustehen hat. Man stelle sich nur vor, wie einem Perser, es mag auch der ärmste sein, zu Mute sein muß, wenn er durch einen nächtlichen Überfall aus dem Kreise seiner Familie geraubt, oft noch schwer verwundet, als Gefangener hierher gebracht wird. Seine Kleider werden mit alten turkmanischen Fetzen vertauscht, die nur gewisse Teile seines Körpers bedecken, mit schweren Ketten belastet, die ihm die Knöchel wund reiben und bei jedem Schritt ungemeine Schmerzen verursachen, muß er bei der schlechtesten Nahrung die ersten Tage, ja oft Wochen der Gefangenschaft zubringen. Und damit kein nächtlicher Fluchtversuch stattfinde, wird ihm bei Nacht die Karabogra, ein eiserner Halsring, angelegt, der mit einer Kette an einem Pflock befestigt wird und durch sein Gerassel die kleinste Bewegung verrät. Das Maß seiner Qualen erreicht nur dann ein Ende, wenn er von den Seinigen ausgelöst oder nach Chiwa oder Bochara zum Verkauf geschickt wird.

Ich konnte mich nie an das Kettengerassel gewöhnen, das unter dem Zelt eines jeden Turkmanen, der nur einigen Anspruch auf Ansehen erhebt, erklingt. Auch unser Chandschan hatte zwei Sklaven, noch dazu achtzehn- bis zwanzigjährige Burschen, und blühende Jugend in Ketten zu sehen, hat mich immer unendlich ergriffen. Dabei mußte ich diese Unglücklichen öffentlich beschimpfen und sie verfluchen, denn die kleinste Mitleidsbezeigung hätte gegen mich Verdacht erregt, zumal da ich wegen meiner Kenntnis der persischen Sprache von ihnen am meisten angeredet wurde. Der jüngste unserer Haussklaven, ein schöner, schwarzlockiger Iraner, bat mich, ich möchte für ihn einen Brief an seine Eltern schreiben, daß sie um Gottes willen Schafe und Haus verkaufen sollten, um ihn auszulösen, was ich auch tat. Einmal glaubte ich, ohne überrascht zu werden, ihm eine Schale Tee geben zu können, doch unglücklicherweise, als er die Hand nach meiner Gabe ausstreckte, trat jemand ins Zelt. Ich stellte mich daher, als ob ich ihn bloß necken wollte, und anstatt ihm Tee zu geben, mußte ich ihm einige leichte Hiebe versetzen. Während meines Aufenthalts in Gömüschtepe verging keine Nacht, ohne daß vom Meeresufer her ertönende Schüsse ein mit Beute zurückkehrendes Boot anzeigten. Ich ging den nächsten Morgen, um von dem Helden den dem Derwisch gebührenden Zehnten zu fordern, oder besser gesagt, die armen Perser im ersten Momente ihres Unglücks zu sehen – und mein Herz blutete bei dem schrecklichen Anblick. So mußte ich mich langsam gewöhnen an schroffe Gegensätze von Tugenden und Lastern, von Menschenliebe und Tyrannei, von peinlich genauer Redlichkeit und abgefeimter Schurkerei, die im Orient überall, aber in Mittelasien am meisten anzutreffen sind.

Ich hatte erst 14 Tage hier gelebt, als ich in gleichem Maße wie meine Freunde dieses Orts überdrüssig zu werden anfing, mein Auge mit unaussprechlicher Sehnsucht an den persischen Gebirgen weidend. Nur einige Stunden beträgt die Entfernung, und dennoch sind Sitten, Gebräuche und Denkungsweise hier unter den Turkmanen so abweichend, als wenn Tausende von Meilen die beiden Länder trennten. Ja, staunenswert ist der Einfluß, den Religion und Geschichte auf die Menschen ausüben! Lachen muß ich, wenn es mir einfällt, daß eben diese grausamen und unmenschlichen Turkmanen es waren, die jeden Augenblick ein Gastmahl, »Lillah«, d.h. zu frommen Zwecken, gaben, wobei unsere ganze Hadschigesellschaft sich einfinden mußte. Solche Einladungen wiederholten sich mehrmals am Tage, nur der ersten und zweiten war ich geneigt Folge zu leisten, bei der dritten machte ich Miene, mich zu entschuldigen, aber der Einlader zwang mich durch derbe Rippenstöße, mein Zelt zu verlassen, nach den Regeln der turkmanischen Etikette: »Je derber die Stöße, desto herzlicher die Einladung.« Bei solcher feierlichen Gelegenheit warf

Ein Gastmahl bei den Turkomanen

man vor das Zelt des Gastgebers einige Filzstücke oder,
wenn man Luxus trieb, einen Teppich hin, worauf die
Eingeladenen je fünf oder sechs im Kreise sich niedersetzten; jede einzelne Gruppe bekam eine große Holzschüssel, die nach der Zahl und dem Alter der Mitesser
gefüllt war, in diese fuhr man mit weit geöffneter Hand
hinein und leerte sie ohne irgendein Eßzeug ganz trocken
aus. Die Qualität und Zubereitung der Speisen, die serviert wurden, glaube ich, wird unsere Gastronomen
nicht sehr interessieren, nur beiläufig will ich bemerken,
daß Pferde- und Kamelfleisch an der Tagesordnung
waren, andere Fleischarten will ich lieber verschweigen.
Chandschan hatte zur Zeit, als ich bei ihm war, seinen
zwölfjährigen Sohn mit einem zehnjährigen Mädchen
versprochen, was ein Familienfestessen zur Folge hatte,
bei dem wir, seine Gäste, nicht fehlen durften. Als wir
ins Zelt der Zukünftigen traten, fanden wir sie vollauf
mit dem Weben eines Shawls beschäftigt; sie tat, als
wenn sie uns gar nicht bemerkt hätte, und während unserer zweistündigen Anwesenheit habe ich nur einmal

sehen können, wie sie mit verstohlenen Blicken an unserer Gesellschaft Anteil nahm. Während der Mahlzeit, die mir zu Ehren aus Reis in Milch gekocht bestand, bemerkte Chandschan, daß diese Feierlichkeit eigentlich auf den nächsten Herbst bestimmt gewesen wäre, er aber die Gelegenheit unseres Hierseins benutzen wollte, um unseres Segens teilhaftig zu werden. Bald hätte ich vergessen, die Mahlzeit zu erwähnen, die uns ein Karaktschi gab, der allein zu Fuß drei Perser nicht nur zu Gefangenen gemacht, sondern auch ganz allein acht Meilen weit in die Gefangenschaft vor sich her getrieben hatte. Er gab uns den der Kirche gehörigen Zehnten der Beute, was für jeden von uns ein Sümmchen von zwei Kran ausmachte, und wie glücklich war er, als wir einstimmig, ihn zu segnen, eine Fatiha anstimmten!

Nachdem wir drei Wochen mit größtem Widerwillen in Gömüschtepe verweilt hatten, willigte endlich der gastfreundliche Chandschan ein, uns bei unseren Reisevorbereitungen helfen zu wollen. Kamele zu kaufen, dachten wir, wäre zu kostspielig, wir beschlossen daher, je zu zweit ein Kamel zu mieten, welches uns, unser Wasser und Mehl tragen sollte. Dies wäre in der Tat schwer gewesen, wenn wir nicht das Glück gehabt hätten, in der Person Ilias Bays, des Vermieters, einen Menschen zu finden, der, zwar nicht religiös, unser Hadschiwesen nur wenig achtete, aber mit desto größerer Pünktlichkeit die Gesetze der Gastfreundschaft hielt und unserer Zufriedenheit halber das größte Opfer nicht scheute. Ilias ist eigentlich ein Turkmane aus Chiwa, auch aus dem Jomutstamme, der jährlich einmal durch die Wüste hierher eine Geschäftsreise macht und während seines Aufenthalts in Gömüschtepe unter Protektion Chandschans steht, ohne welche er ebenso wenig sicher ist wie jeder andere Fremde. Er kommt gewöhnlich im Herbst und kehrt im Frühling zurück, nachdem er 20–30 Kamele teils mit eigenen, teils mit fremden Waren belastet hat, und da er in diesem Jahr ohnehin einige Kamele mehr, selbst unbeladen, mitnehmen wollte, so war für ihn auch die kleinste Miete beinahe halbgewonnenes Geld. Chandschan hatte uns ihm aufs wärmste empfohlen, und die Worte: »Ilias, du wirst mir mit deinem Leben bürgen«, hatten letzterem genau gezeigt, in welchem Grade von Ansehen wir bei unserem Gastherrn standen; er schlug daher die Augen zu Boden, wie die Nomaden es machen, wenn sie besonders ernst scheinen, und seine Antwort, die er mit einer seltenen Gleichgültigkeit, ganz leise, ohne die Lippen zu bewegen, sprach, war: »Du kennst mich schon.« Die auffallende Kälte der beiden unterhandelnden Turkmanen fing an, mein noch halb europäisches Temperament zu reizen, ich vergaß, daß auch Hadschi Bilal und meine übrigen Gefährten bewegungslos Anteil nahmen, und machte einige Bemerkungen, doch bereute ich es bald, denn selbst auf mehrmaliges Anreden blieben meine Worte unbeachtet. Ohne daß wir uns daher in die Verhandlungen einmischen durften, wurde beschlossen, daß wir ein Kamel um zwei Dukaten bis nach Chiwa gemietet haben sollten; unser Wasser und Mehl erklärte Ilias unentgeltlich mitnehmen zu wollen.

Mein kleines Sümmchen, das ich in verschiedene Teile meines Lumpenanzugs eingenäht hatte, sowie auch die ziemlich reiche Ernte meines frommen Handwerks unter den Turkmanen hätten mir sehr wohl gestattet, ein Kamel allein zu mieten, aber Hadschi Bilal und Sultan Mahmud redeten mir davon ab, indem sie bemerkten, daß ein armseliges und mitleiderregendes Aussehen das beste Schutzmittel unter diesen Nomaden wäre, deren Habgier durch das geringste Anzeichen von Bequemlichkeit geweckt würde und die man in solchem Falle aus den besten Freunden zu Feinden machen könnte. Man nannte mir mehrere von unseren Gefährten, die reichlich mit Mitteln versehen wären und doch ihrer eigenen Sicherheit halber in Lumpen gehüllt zu Fuß gehen müßten. Ich sah die Notwendigkeit ein, mietete ein Kamel für zwei und bat mir nur aus, man möchte mir erlauben, mich einer Kedschewe (eines Paars Holzkörbe, die an beiden Seiten des Kamels herabhängen) zu bedienen, da es mir ungemein beschwerlich wäre, mit meinem lahmen Fuße ununterbrochen Tag und Nacht reitend, mit einem andern in den engen Holzsattel eingepreßt, 40 Stationen zu machen. Ilias weigerte sich anfangs, weil die Kedschewe, wie er, und zwar mit Recht, meinte, für die armen Tiere in den Sandwüsten eine doppelte Last wäre, doch Chandschan gelang es, ihn zu überreden, und er willigte ein. Ich hatte nun den Trost, auf dem Wege, den wir von hier nach Chiwa in 20 Tagen zurücklegen sollten und von dem uns jedermann die schrecklichste Beschreibung machte, dann und wann ein wenig schlafen zu können; besonders lieb war mir bei der ganzen Sache, daß ich zu meinem vis-à-vis oder »Gegengewicht«, wie man es bei der Kedschewe nennt, meinen Busenfreund Hadschi Bilal haben sollte, dessen Gesellschaft mir allmählich unentbehrlich zu werden anfing. Nach beendeter Unterredung zahlten wir der Sitte gemäß die Miete im voraus. Hadschi Bilal sagte eine Fatiha, und nachdem Ilias seinen aus einigen Härchen bestehenden Bart durchstrichen hatte, konnten wir ganz beruhigt sein. Wir baten nur, den Aufbruch möglichst zu beschleunigen, das konnte er uns aber nicht versprechen, da es vom Kervanbaschi des Chans abhing, der mit seinen Büffeln an der Spitze unserer Karawane sein sollte.

In einigen Tagen standen wir nun bereit, nach Atrek, dem Sammelplatz unserer Karawane, abzureisen. Nach getroffenen Vorbereitungen brannte ich vor doppelter Begierde, Gömüschtepe zu verlassen, weil ich erstens durch die unnütz hier verschwendete Zeit die heiße Jahreszeit immer mehr heranrücken sah, und wir fürchteten, daß das hier und da in der Wüste sich findende Regenwasser noch weniger werden möchte, und weil zweitens die lächerlichen Gerüchte, die hier über mich zirkulierten, angefangen hatten mich zu beunruhigen. Während viele in mir den frommen Derwisch sahen, ließen andere von dem Gedanken nicht ab, daß ich ein einflußreicher Gesandter des Sultans wäre, der mit dem türkischen

Gesandten in Teheran in Verbindung stände, einige tausend Flinten mitgebracht hätte und hier nun gegen Rußland und Persien konspirieren würde. Wäre dies den Russen in Aschura zu Ohren gekommen, sie hätten gewiß darüber gelacht, aber möglich war es doch, daß man sich nach dem wundersamen Fremdling erkundigte, und dann hätte die Entdeckung meines Inkognito eine grausame, vielleicht ewige Sklaverei zur Folge haben können. Ich bat daher Hadschi Bilal zu wiederholten Malen, wenigstens von Gömüschtepe aufzubrechen, doch er, der früher Ungeduldige, wurde jetzt, nachdem Ilias uns übernommen hatte, ganz gleichgültig und antwortete auf mein Drängen immer, wie lächerlich kindisch ich wäre, daß ich den Schicksalsbestimmungen voreilen wollte. »Deine Eile ist umsonst«, sagte er mir, »du wirst so lange am Ufer des Görgen bleiben müssen, bis der Nasib (Fatum) dein Trinkwasser an einem anderen Ort für dich bestimmt. Und niemand weiß, ob dieses bald oder später geschehen wird.« Man stelle sich vor, wie eine solche orientalische Antwort auf ein mit Recht ungeduldiges Gemüt wirken kann. Leider sah ich die Unmöglichkeit eines Auswegs und fügte mich in mein Schicksal.

In denselben Tagen war es, daß einige Karaktschi auf verräterischem Wege fünf Perser, unter ihnen einen Bemittelten, von einem ihrer Raubzüge mitbrachten. Die Räuber gingen mit einem Nachen über Karatepe hinaus unter dem Vorwande, vom Dorfe der Maliki (Perser) eine Ladung Frucht zu kaufen. Der Handel wurde bald abgeschlossen, und kaum erschienen die nichtsahnenden Perser mit ihrer Ware am Ufer des Meeres, als sie festgenommen, an Händen und Füßen gebunden und in ihrem eigenen Weizen bis zum Hals verborgen nach Gömüschtepe geschleppt wurden. Ich war zugegen, als diese Unglücklichen, von denen einer eine gefährliche Wunde hatte, ausgepackt wurden, und hörte, daß selbst die Turkmanen dieses eine Schandtat nannten. Auch die Russen in Aschura nahmen sich der Sache an und drohten mit einer Landung, wenn die Gefangenen nicht eilends freigelassen würden. Da die Räuber sich entschlossen weigerten, ihre Beute loszulassen, glaubte ich, daß nun die übrigen Turkmanen, die durch die russische Drohung allgemeine Gefahr liefen, ihre Landsleute zwingen würden; doch nicht im mindesten – man rannte hin und her und teilte Waffen aus, um es mit den Russen, falls sie landen sollten, ernstlich aufzunehmen. Interessant war es, daß auch ich eine Flinte in die Hand bekam, und meine Verlegenheit war nicht gering, als ich nachdachte, auf wen ich denn eigentlich schießen sollte. Zum Glück blieb es bei einer Drohung.* Den nächsten Morgen kam ein russischer Dampfer ganz nahe ans Ufer, die Sache wurde aber diplomatisch abgemacht, das heißt, die Turkmanen gaben Geiseln für die Zukunft, die fünf Perser aber blieben in Fesseln. Der Bemittelte gab ein Lösegeld von 100 Dukaten, einer, der an Händen und Füßen ein Krüppel war und nicht den Nominalwert von vier Dukaten hatte, wurde den Russen zu Ehren freigelassen, die drei kräftigen aber mit schweren Ketten belastet und nach Etrek, dem Folterorte der Sklaven, abgeführt.

Der Name Etrek, der sowohl einem Flusse als auch der in seiner Umgebung liegenden bewohnten Landstrecke gegeben wird, ist bei den unglücklichen Einwohnern von Masendran und Taberistan das größte Schreckenswort und der größte Fluch, und der Perser muß sehr erbittert sein, wenn die Verwünschung »Etrek biufti«, d. h. daß du nach Etrek kommen mögest, seinen Lippen entfährt. Da es zum Sammelplatz unserer Karawane bestimmt war, so sollte ich auch Gelegenheit haben, dieses Schreckens-

---

* Damit diese zweideutige Stellung der russischen Behörde dem Leser nicht auffalle, müssen wir bemerken, daß die persische Regierung jegliche Landung russischer bewaffneter Macht an diesen Küsten als einen feindlichen Übergriff auf eigenen Boden betrachtet und lieber die turkmanischen Räubereien duldet, als sich der russischen Waffen bedient, die in partibus wohl nützen, in toto aber viel schaden können.

104

nest aus der Nähe zu sehen. Auch hatte Chandschan die Güte gehabt, mich Kulchan, dem Pir (Graubart) der Karaktschi, der gelegentlich zu uns kam, als Gast anzuempfehlen. Dieser alte Sünder hatte ein düsteres, abschreckendes Aussehen, wenigstens begegnete er mir durchaus nicht freundlich, als ich ihm als Gast übergeben wurde. Er forschte lange in meinen Zügen, flüsterte dann und wann Chandschan etwas ins Ohr und schien mit aller Gewalt in mir etwas anderes entdecken zu wollen als die übrige Welt. Ich begriff übrigens bald die Ursache dieses Mißtrauens. Kulchan hatte nämlich in seiner Jugend mit dem nun in russischen Diensten stehenden Chidr Chan Rußland bereist, hatte in Tiflis sich längere Zeit aufgehalten und war mit unserem europäischen Leben ziemlich vertraut. Er bemerkte, er hätte viele Nationen, nur nicht die Osmanlis gesehen, von denen er übrigens gehört habe, daß sie als Stammverwandte der Turkmanen diesen auch ganz ähnlich sähen, und er sei sehr erstaunt, in mir das Gegenteil zu entdecken. Hadschi Bilal bemerkte, daß Kulchan hierüber schlecht unterrichtet wäre, da er selbst auch mehrere Jahre in Rum gelebt habe, ohne je auf eine derartige Bemerkung zu kommen. Hierauf meldete jener uns, daß er schon übermorgen früh nach seiner Owa in Etrek zurückkehren werde, wir möchten uns reisefertig machen, da wir die Strecke von hier nach Etrek, obwohl nur 12 Meilen, ohne seine Begleitung nicht machen könnten und er nur so lange warte, bis sein Sohn Kolman* von der Alaman (Raubzug) zurückgekehrt sei, die er in Begleitung anderer, um einige hübsche Stuten zu rauben, nach der persischen Grenze unternommen hatte.

Seinen Sohn von einem Raubzuge zurückerwarten, war in den Augen Kulchans ungefähr dasselbe, als wenn nach unseren Begriffen ein Vater seinem aus einem Heldenzuge oder sonstigen ehrenvollen Unternehmen heimkehrenden Sohne entgegensieht. Er forderte auch uns

---

* Eigentlich Kulumali.

auf, gegen Mittag einen kleinen Spaziergang am unteren Ufer des Görgen zu machen, denn zu dieser Zeit sollten sie ankommen und wir könnten etwas Erfreuliches sehen. Da ich eben nichts zu tun hatte, folgte ich gern der Einladung und mischte mich bald unter die Menge, die in voller Ungeduld den Ankommenden entgegensah. Endlich langten am jenseitigen Ufer acht berittene Turkmanen an, die zehn ungesattelte Pferde mit sich führten. Ich glaubte, daß jetzt die harrende Menge in einen lauten Ruf des Enthusiasmus ausbrechen würde, aber kein Laut wurde vernommen. Alles maß mit gierigen Blicken und stummem Verwundern die Ankommenden, die mit den gesattelten und leeren Pferden in einem Augenblick den Görgen durchschwammen und, am diesseitigen Ufer absteigend, mit unbeschreiblichem Ernste ihren Freunden und Verwandten die Hand reichten. Während die Alten mit großer Aufmerksamkeit die Beute musterten, waren die jungen Helden damit beschäftigt, ihren Anzug in Ordnung zu bringen, und die schwere Pelzmütze lüftend, wischten sie sich den Schweiß von Kopf und Stirn. Der Anblick des ganzen Schauspiels war ein herrlicher. Wie sehr ich die Räuber und ihr abscheuliches Handwerk verachtete, mein Auge hing dennoch mit besonderem Wohlgefallen an diesen jungen Leuten, die in ihrem kurzen Reiteranzug, mit ihren kühnen Blicken und bis auf die Brust herabfallenden blonden Locken, ihre Waffen ablegend von jedermann bewundert wurden. Auch der finstere Kulchan schien aufgeheitert zu sein, er machte uns mit seinem Sohne bekannt, und nachdem Hadschi Bilal diesen gesegnet hatte, trennten wir uns, um den nächsten Morgen in Begleitung des Vaters, Sohnes und der geraubten Pferde von Gömüschtepe nach Etrek zu gehen.

Siebtes Kapitel

UNTER DEN TURKOMANEN
(Aus meinem Tagebuch)

13. April. – Voll von Verwunderung und Überraschung über die fremdartigen sozialen Verhältnisse, in denen ich mich heute zum erstenmal befand, saß ich in den frühen Vormittagsstunden mit Chandschan, meinem gastfreundlichen Wirt, auf einem und demselben Teppich und hörte mit gespannter Aufmerksamkeit seinen Schilderungen über Turkomanenleben und turkomanische Verhältnisse zu. Dieser sehr angesehene Nomadenchef, ein vom Grunde aus biederer Mann, wollte mich mit den Gebrechen und Vorzügen seiner Nation bekannt machen; denn fest überzeugt von meinem osmanischen und halboffiziellen Charakter, meinte er, durch mich beim Sultan, auf den die ganze Sunnitenwelt mit Zuversicht blickt, gegen Russen und Perser Hilfe zu erlangen. Er sprach mit Eifer, ohne es zu zeigen, und nachdem er mir die beste Lektion gegeben hatte, erhob er sich, um mir, wie er sagte, Haus und Hof vorzuführen, oder, nach unserer Redensart, um mich mit den Damen des Hauses bekannt zu machen. Es ist dies eine spezielle Auszeichnung bei Asiaten; doch ein vermeintlicher Agent des Großherrn verdient wohl eine solche Aufmerksamkeit, und ich bemühte mich auch, in Miene und Haltung derselben gemäß mich zu zeigen.

Nach wenigen Minuten hörte ich ein sonderbares Geklirr und Gerassel, der Vorhang des Zeltes hob sich empor, und herein trat ein ganzer Haufen von Frauen, Mädchen und Kindern, die, von einer wohlbeleibten, ziemlich alten Matrone angeführt, auf meinen Sitz zuschritten. Die ganze Szene frappierte mich ebenso sehr wie die Hereintretenden, die scheu nach mir blickten, und während die jüngeren Damen ihre Augen niederschlugen, sah ich, wie die Kinder mit einer merklichen

Bangigkeit sich an die Kleider der Älteren anklammerten. Die Matrone, welche mir von Chandschan als seine sechzigjährige Mutter vorgestellt wurde, trug auf dem primitiven Anzug des rotseidenen langen Hemdes, rechts und links über die Brust geworfen, mehrere große und kleine silberne Etuis, in denen ebenso viele wirksame Talismane bewahrt wurden; einige waren sogar mit Edelsteinen verziert; so auch eine beträchtliche Anzahl von Arm-, Hals- und Fußbändern, welche als der erbliche Schmuck des Hauses von mehreren Generationen herstammten und, dem Äußeren nach zu urteilen, wirklich die Spuren hoher Antiquität an sich trugen. Auch die übrigen Frauen und Kinder waren, je nach ihrem Range und gegenwärtiger Stellung in der Gunst des Herrn, mit gleichartigen Schmuckgegenständen behängt. Die Kleidungsstücke, mitunter zerrissen und schmutzig, werden als Nebensache betrachtet, und eine Turkomanin ist nur dann recht fein, wenn sie ein oder zwei Pfund Silber mehr auf sich herumschleppen kann.

Zuerst reichte mir die alte Frau ihre gerunzelten Hände zum üblichen Gruß dar, dann folgten die übrigen, und nachdem mich die Mädchen und Kinder umarmt hatten, denn so erheischt es der gute Ton, hockte alles in einem Halbkreis um mich herum, und es begannen die Ausfragungen über Gesundheit, Wohlbefinden und glückliche Ankunft. Jeder redete mich drei- oder viermal über denselben Gegenstand an, ich mußte ebenso oft antworten; und es kommt nicht nur in Europa vor, daß ein Damenzirkel einen unerfahrenen Salonmann in Verlegenheit bringen kann, sondern selbst in der Wüste Mittelasiens kann uns derartiges begegnen. So wie die Damen bei allen Nomaden des mohammedanischen Ostens, je mehr sie im Alter vorwärts schreiten, desto weniger die moralischen oder physischen Attribute beibehalten, so hatte ich auch bei meinem ersten Eintreten den jüngeren die delikatesten Fragen zu beantworten, während die älteren nur über Religion, Kriege und innere Verhältnisse der benachbarten Stämme diskutierten. Ich hatte mich in

Ein Harem

acht zu nehmen, weder von der einen noch von der anderen Manier überrascht zu werden; den jüngeren Damen mußte ich mit der Quintessenz meiner Mollah-Tugend imponieren, den älteren reichlichen Segen spenden. Während der Visite hatten sich auch einige Männer, Nachbarn und Anverwandte, eingefunden, die aber den Frauen keine Störung verursachten; denn wie ich später auch bemerkte, genießen die Frauen der Turkomanen, trotzdem sie die ausschließlich arbeitende Klasse der Gesellschaft sind, eine gewisse Achtung, die sie übrigens auch verdienen, denn gleiche exemplarische Tugend, Aufopferung für die Familie und unermüdlichen Fleiß wie bei ihnen habe ich nirgends im Orient angetroffen.

Am Ende der Visite, die beinahe eine Stunde dauerte, hatte ich einige Talismane zu schreiben, wofür ich hingegen mit kleinen Geschenken, Handarbeiten der Frauen, vergütet wurde. Die alte Dame hat mich später mehrere Mal besucht, einmal begleitete ich sie sogar zum Tumulus ihres Gemahls, um für die Seele des Verewigten zu beten. Das gute Einverständnis, das zwischen uns beiden herrschte, war selbst den Nomaden auffallend; doch ist mir dessen Ursache heute sehr einleuchtend. Das Fremdartige meiner Erscheinung, der Frömmigkeitsschimmer, der mich umgab, hatte sie angezogen; dabei lieh ich noch stets ihrer Konversation ein geduldiges Ohr, hörte mit Aufmerksamkeit ihre Gespräche über die Fehler der persischen Sklavinnen in der Haushaltung, über die Ungeschicklichkeit der jetzigen Frauen im Weben der Teppiche, in der Zubereitung der Filze usw., ja, ich machte manchmal selbst eine oder die andere Bemerkung, als ob ich von Jugend auf an den Stoff gewöhnt sei und für die Nomadenwirtschaft mich besonders interessierte.

Ja, und dennoch muß der Reisende, wenn er etwas lernen will, überall eine ähnliche Lebensphilosophie verfolgen. Hier z. B. war Geschmeidigkeit von bedeutendem Nutzen; denn die Neigung der alten Hausfrau hat viel dazu beigetragen, meinen Aufenthalt unter den Turkomanen angenehm zu machen, bei einem Volke, unter welchem nicht nur kein Europäer, ja selbst kein ausländischer Asiate sich frei bewegen kann.

16. April. – Nach dem Morgengebet ins Zelt Chandschans tretend, fand ich eine ganze Gesellschaft, die der Erzählung eines mit Staub und Schmutz bedeckten jungen Turkomanen, dessen Gesicht merkliche Spuren der Aufregung und erlittener Strapazen trug, mit besonderer Aufmerksamkeit Gehör schenkte. Er schilderte mit leiser Stimme, aber lebhafter Farbe den Raubzug, an dem er am vergangenen Abend gegen die Perser teilgenommen hatte. Während er sprach, hatten sich Weiber, Diener und Sklaven (die Armen, was müssen sie sich wohl gedacht haben?) um den Kreis niedergehockt, und letztere erhielten auch bald einige Flüche, weil das Rasseln der Ketten an ihren Füßen die Ruhe zeitweise störte. Merkwürdig erschien mir, daß die Zuhörer im selben Grade, als der Redner den hartnäckigen Widerstand der überfallenen Unglücklichen schilderte, auch ihre Empörung steigerten über die Verwegenheit der Perser, sich nicht gleich ohne Widerstand ausplündern zu lassen.

Als man mit der Erzählung der Waffentat zu Ende war, erhob sich alles, um die mitgebrachte Beute zu besehen, deren Anblick beim Turkomanen ein gemischtes Gefühl von Neid und Wohlgefälligkeit hervorruft. Auch ich folgte dem Haufen, und schrecklich war das Bild, welches sich meinen Augen im Zelt darbot. In der Mitte lagen zwei totenbleich aussehende, mit getrocknetem Blut, Schmutz und Staub bedeckte Perser, deren gebrochenen Gliedern man eben Eisen anlegte, und da bei einem die Ringe der Fesseln zu eng waren, so schrie er wild auf, als der grausame Turkomane sie ihm gewaltsam auf die Knöchel befestigen wollte. In dem einen Winkel saßen zwei junge Kinder bleich und zitternd auf der Erde, mit wehmutsvollen Augen auf den gepeinigten Perser hinblickend, denn der Unglückliche war ihr Vater; sie wollten weinen, doch sie wagten es nicht; ein Blick des Räubers, den sie zuweilen zähneklappernd ansahen, genügte, um ihre Tränen zu unterdrücken. In dem anderen Winkel hockte ein Mädchen von 15 bis 16 Jahren, mit wirr aufgelösten Haaren, zerrissenen Kleidern und beinahe ganz mit Blut bedeckt. Dasselbe ächzte und schluchzte, das Gesicht in die Hände verbergend. Einige Turkomaninnen, durch Mitleid oder Neugierde bewegt, fragten es, was ihm fehle und ob es verwundet sei? »Ich bin nicht verwundet«, rief das Mädchen in einer tiefkläglichen Stimme. »Dieses Blut ist das Blut meiner Mutter, meiner einzigen, seelenguten Mutter. O, ana dschan, ana dschan! (teure Mutter!)« So klagte es und schlug sich den Kopf an das gitterartige Holzwerk des Zeltes, daß dieses beinahe umstürzte. Ein dargereichter Trunk Wasser löste des Mädchens Zunge noch mehr, und dasselbe erzählte, wie es (natürlich als wertvolle Beute) neben dem Räuber im Sattel sitzend, die Mutter aber zu Fuß, an den Steigbügel gebunden, den Weg hierher machen mußte. Nach einem einstündigen Ritt wurde die Mutter so müde, daß sie jeden Augenblick zusammensank. Der Turkomane versuchte, letztere erst durch Peitschenhiebe anzutreiben, doch da er so nichts erreichte und von der Truppe nicht zurückbleiben wollte, wurde er wütend, zog sein Schwert, und hieb er ihr den Kopf ab. Das aufspritzende Blut hatte Tochter, Reiter und Pferd bedeckt, und als sie auf die roten Flecken ihres Kleides hinsah, weinte sie laut und bitterlich.

Während dies im Innern des Zeltes vorging, waren draußen die Familienmitglieder des heimgekehrten Räubers mit Besichtigung der erbeuteten Gegenstände beschäftigt. Die älteren Weiber griffen mit Gier nach dem einen oder anderen Hausgerät, die lustig umherspringende Jugend versuchte das eine oder andere Kleidungsstück anzulegen, was oft ein tolles Gelächter hervorrief.

Hier jauchzte und frohlockte alles, nicht weit davon das Bild des tiefsten Kummers und Schmerzes. Doch fällt niemand der Kontrast auf, denn man findet es ganz naturgemäß, daß der Turkomane durch Raub und Plünderung sich bereichere.

112

Ein Alaman (Raubzug) der Turkomanen

Und diese schrecklichen sozialen Verhältnisse sind über Petersburg, Nischnei-Nowgorod und Astrachan kaum vierzehn Tage weit entfernt von Europa!

6. Mai. – Oraz-Dschan, ein junger verwegener und wild aussehender Turkomane von ungefähr 18 Jahren, der seit seinem zwölften Lebensjahr schon mit Raubzügen beschäftigt war, ein täglicher Gast in unserem Zelt zu Etrek, um den Pir (geistliches Oberhaupt) der Sklavenräuber in seinem Vortrage über Religion und Moral anzuhören. Einmal war auch Omer Achond, ein Mollah von der Nachbarschaft, zugegen, der seines großen Wissens, aber noch mehr wegen des Besitzes eines vorzüglich guten Pferdes berühmt war. Als man die Eigenschaften des letzteren zu rühmen anfing, kam der junge Turkomane ins Feuer und sagte halb im Spaß, halb im Ernst: »Achond, ich gebe dir drei Esel und einen Perser für dein Pferd. Schade, daß es im Stall ruht, während die Perser so frei auf ihren Feldern herumgehen. Willst du aber nicht, so merke wohl auf, in einigen Tagen wird es dir gestohlen werden!« Der Mollah und der Pir gaben ihm einen strengen Verweis, doch er lachte wild auf, und die Konversation ging weiter.

Es waren kaum vier Tage verflossen, als der Mollah eines Morgens mit betrübtem Aussehen und tränenvollen Augen in unser Zelt eintrat. »Mein Pferd ist mir gestohlen worden!« rief er seufzend. »Kulchan, nur du kannst es mir wieder zurückgeben. Um die Liebe der Tschiharjar (die vier ersten Chalifen) bitte ich dich, tue das Mögliche.« – »Das ist das Werk vom Haramzade (Bastard) Oraz«, murrte Kulchan; »ich werde ihm schon die schwarze Seele aus dem schmutzigen Leib herausreißen.«

Zur Zeit des Abendgebetes fand der gute Oraz unter den übrigen Rechtgläubigen auf der terrassenartigen Erhöhung, welche die Moschee der Wüste bildet, sich ein, und sein frommes Aussehen beim Gebet hätte gewiß nicht verraten können, daß er erst heute einen Kirchenvater beraubt hatte. Als man nach dem Namar in den

114

üblichen Zirkel (Chalka) sich begab, war Oraz auch dabei. Kulchan redete ihn sogleich an, sagend: »Bursche, das Pferd des Mollahs ist gestohlen worden, du weißt, wo es ist; morgen früh soll es wieder in seinem Stall sein, hast du mich gehört?« Diese Anrede machte den jungen Räuber nicht im mindesten verlegen. Mit der einen Hand im Sande spielend, mit der anderen den schweren Pelzhut auf die Seite biegend, erwiderte er: »Das Pferd ist bei mir, zurückgeben werde ich es aber nicht; wer es haben will, soll es von mir abholen.« Diese Worte, glaubte ich, würden bei jedem Entrüstung hervorrufen; doch keine Spur davon in den Zügen der Gesellschaft. Kulchan sprach im früheren gelassenen Ton fort, der Räuber blieb bei seiner Weigerung; als von den Graubärten einige Drohworte angewendet wurden, kam auch er ins Feuer, und zu seinem geistlichen Oberhaupt sagend: »Hast du es mit der Stute des Hadschis besser gemacht?«, erhob er sich von der Gesellschaft, und die Refrains, die er aus dem Gedicht Körogli in den stillen Abendstunden widerhallen ließ, beurkundeten genügend seine Freude über den errungenen Sieg.

Es verging einige Zeit mit Beratschlagungen. Ihn angreifen mochte man nicht, denn sein Chan, der der Sitte gemäß trotz des abscheulichen Lasters ihn dennoch in Schutz genommen hätte, war zu mächtig, um angegriffen zu werden. Man mußte zu geistigen Mitteln seine Zuflucht nehmen; und ist es nicht wunderbar, daß diese sogleich ihre Wirkung hatten? Nach dem Deb ist es die größte Strafe, die einen Lebenden trifft, wenn man ihn bei den Manen seines verstorbenen Vaters oder Ahnen anklagt, was dadurch geschieht, daß man eine Lanze auf der Spitze des Grabhügels umkehrt, nämlich mit der Schärfe in die Erde steckt, und auf solcher, wenn es sich um einen Mord handelt, einige blutige Fetzen, bei einem anderen Verbrechen aber einen gebrochenen Bogen aufhängt. Ein solcher Appell vereinigt alle Turkomanen gegen den sündigen Stamm, und wie schwer es der Betreffende empfindet, hatte ich am besten hier wahrgenommen; denn kaum sah Oraz die Lanze auf der ziemlich hohen Joska (Grabhügel) seines Großvaters aufgepflanzt, als er in der Stille der Nacht das Pferd in das Zelt des Mollahs zurückführte und an dem früheren Ort anband. Die Zurückerstattung wird ihn, wie ich von ihm selbst hörte, lange schmerzen. Doch ist es besser, in der schwarzen Erde zu liegen, als die Ruhe der Ahnen gestört zu haben.

Achtes Kapitel

»Die Tschil menzili Turkestan oder die 40 Stationen durch die Wüsten Turkestans«, so hörte ich immer meine asiatischen Freunde sagen, »sind weit mühsamer, weit härter als die Tschil menzili Arabistan oder die 40 Stationen, die man durch die Wüste von Damaskus nach Mekka zu machen hat. Auf diesen finden die Pilger jeden Tag frische Zisternen, die Tausende reichlich mit Wasser versehen; man findet warmes Brot, gekochte Speisen, wohl auch kühle Schatten, ja alle Bequemlichkeiten. Auf jenen hat menschliche Fürsorge der armen Reisenden noch gar nicht gedacht. Die stete Gefahr zu verdursten, gemordet, ausgeraubt oder von den Sandstürmen lebendig begraben zu werden, ist ihr Begleiter. Gutgefüllte Schläuche und Mehlsäcke, die besten Pferde und Waffen werden sehr häufig nutzlos, und nur »Allah, Allah!« rufend, muß man seinem Ziele entgegenstreben.«

Während der ersten drei Tagesmärsche hatte die unendlich vielsagende Todesstille der Wüste den mächtigsten Zauber auf meine Seele ausgeübt. Oft starrte ich stundenlang vor mich hin, ohne ein Wort zu reden, und da meine Gefährten mich in religiöser Anschauung glaubten, so wurde ich auch selten gestört. Nur halb und halb bemerkte ich, wie einige Mitglieder der Karawane während des Marsches sich schlafend auf ihren Kamelen schaukelten und durch ihre possierlichen Bewegungen und fortwährendes Auffahren die Gesellschaft aufs köstlichste unterhielten. Der vom Schlummer Überwältigte pflegt sich mit beiden Händen fest am hohen Sattelknopf anzuhalten, doch dies hindert nicht, daß er entweder durch Vorwärtsbewegung sich das Kinn so stark anschlägt, daß die Zähne klappern, oder durch die Rückwärtsbewegung mit einem Purzelbaum herabzufallen droht. Manchmal verwirklicht sich auch letzteres unter hellem Gelächter der ganzen Karawane. Der Gefallene wird für den Helden des Tages erklärt und muß die derbsten Witze wegen seiner Ungeschicklichkeit anhören.

Den wahrlich unerschöpflichen Born des Frohmuts bildete ein junger Turkomane, namens Nijaz birdi, der ebenso staunenswürdig geistesrege als körperlich behend war und durch jede Bewegung und jedes Wort den ehrwürdigen Mollahs selbst so manches Lächeln entlockte. Obwohl Inhaber mehrerer beladener Kamele, pflegte er dennoch großenteils zu Fuß zu gehen, dabei nach rechts und links hinzurennen, um jede Gruppe wilder Esel, die sich etwa zeigte, durch Gebärden oder Geschrei zu erschrecken. Einmal gelang es ihm auch, ein junges wildes Eselchen, das wegen Mattigkeit von der Schar zurückblieb, zu erhaschen. Das junge scheue Tier wurde an einem Seil mitgeführt, und es gab wirklich drollige Szenen, als er demjenigen, der es zu besteigen wagte, einen Preis von drei Löffeln Schafsschwanzfett aussetzte. Drei Löffel Schafsfett ist ein starkes Reizmittel für Hadschis in der Wüste; es fanden sich auch viele angelockt. Doch mit dem unzivilisierten »Gaul« war nichts auszurichten, und die armen Hadschis waren kaum aufgesessen, als sie rechts oder links auf dem Sande ausgestreckt lagen.

Nur nach einem mehrstündigen Marsch macht sich allgemeines Erschlaffen bemerkbar. Aller Augen sind dann auf den Kervanbaschi gerichtet, der in solcher Zeit seinen Blick überall herumschweifen läßt, um einen passenden Stationsplatz auszuspähen, das heißt einen Ort, wo mehr oder besseres Futter für die Kamele zu finden ist oder wo Karawanen auf demselben Wege schon einmal Rast gehalten haben. Sobald ein solcher gefunden ist, eilt er voraus, auch die jüngeren Mitglieder der Karawane zerstreuen sich nach rechts und links, um dürre Wurzeln und Stauden oder sonstiges Brennmaterial zu sammeln. Das »Niederlassen« wird in sehr kurzer Zeit bewerkstelligt. Die Hoffnung auf Ruhe erfrischt die erschöpften Kräfte. Schnell sind die Stricke gelöst, schnell die schwersten Ballen in kleine Haufen zusammengelegt. Im Schatten pflegt der ermüdete Reisende sich niederzulassen, und kaum haben die hungrigen Kamele, die der Marsch und die schwere Last am meisten mitgenommen hat, sich der Weide zugewandt, so tritt in der Karawane eine feierliche Stille ein. Diese Stille ist wie eine Art Rausch oder Betäubung, möchte ich sagen; denn alles schwelgt nur im Genuß der Ruhe und Erholung.

Das Bild einer frischgelagerten Karawane in Sommermonaten, und dazu noch auf den Steppen Mittelasiens, bietet einen wahrhaft interessanten Anblick dar. Während die Kamele in sichtbarer Ferne begierig grasen oder die saftigen Disteln brechen, sitzen die Reisenden, auch die ärmsten unter ihnen, mit der Schale Tee in der Hand und schlürfen das teure Naß mit begierigen Zügen. Es ist bloß ein grünliches, zuckerloses, warmes Wasser, manchmal auch sehr trübe, doch hat menschliche Kunst noch keine Speise erdacht, noch keinen Nektar erfunden, der so geschmackvoll, so erquickend wäre wie dieser anspruchslose Trank auf der Station in der Wüste! Ich erinnere mich noch ganz der wundervollen Wirkung. Mit den ersten Tropfen fließt ein sanftes Feuer in die Adern, welches belebt, ohne besonders zu reizen. Die späteren dringen in Herz und Kopf; das Auge wird besonders hell und fängt zu strahlen an. Ich fühlte in solchen Momenten unbeschreibliche Wonne und Wohlmut; meine Gefährten versanken in Schlaf, ich aber konnte mich wach erhalten und war so glücklich, mit offenen Augen zu träumen.

Nachdem der Tee die Kräfte wiederhergestellt hat, wird die Karawane allmählich bewegter und geräuschvoller. Sie ist gewöhnlich in verschiedene Gruppen oder Zirkel, hier Koosch genannt, eingeteilt, welche die einzelnen Häuser der wandelnden Stadt vorstellen. Überall gibt es etwas zu tun, und überall sind es die Jüngeren, welche ans Werk sich begeben, während die Älteren ruhen. Hier ist man mit Brotbacken beschäftigt. Ein zerlumpter Hadschi knetet ganz rüstig mit seinen schmutzigen Händen den schwarzen Teig durch; er knetet schon eine halbe Stunde lang, und doch sind seine Hände noch nicht rein, da ein mehrtägiger Schmutz von einem einzigen Teig nicht absorbiert werden kann. Dort kocht man. Um zu wissen, was gekocht wird, braucht man sich gar nicht umzusehen, da der Geruch des ranzigen Schafsfettes, besonders aber das Aroma des ein wenig zu pikanten Kamel- oder Pferdekoteletts sich selbst ankündigt. Fürs Auge haben die Speisen wenig Anlockendes, doch in der Wüste kümmert man sich nicht darum, der Riesenappetit deckt alle Fehler zu, und Hunger ist bekanntermaßen der beste Koch.

Auch an Unterhaltung fehlt es nicht in der lagernden Karawane, wenn die Rastzeit etwas verlängert werden kann. Die beliebteste Zerstreuung ist das Zielschießen, wobei als Preis immer eine gewisse Quantität Pulver und Blei ausgesetzt ist. In unserer Karawane war diese Belustigung nur selten möglich, denn durch die geringe Zahl waren wir steter Gefahr ausgesetzt und durften uns wenig hörbar machen.

Beim Abendgebet pflegte die ganze Karawane eine einzige lange Linie zu bilden und, an der Spitze einen Imam, gegen die im Untergehen begriffene Sonne gewandt, das Gebet zu verrichten. Die weit und breit umher herrschende Todesstille erhöht die Feierlichkeit des Moments, und wenn die Strahlen der sinkenden Sonne meinen wild und doch so vergnügt aussehenden Gefährten ins Gesicht leuchteten, dann schien es, daß sie im Besitz aller irdischen Bequemlichkeit schon gar nichts zu wünschen mehr hätten. Da dachte ich mir oft, wie würden diese Leute in einem weichgepolsterten Erster-Klasse-Coupé oder in einem Gasthof ersten Ranges sich ausnehmen? Wie unendlich weit weg sind die Vorzüge der Zivilisation noch von diesen Ländern!

So viel vom Karawanenleben bei Tage. Bei Nacht wird die Wüste romantischer, aber auch gefährlicher. Da die Macht des Auges gebrochen ist, so beschränkt sich der Kreis der Sicherheit nur auf die nächste Umgebung, und während des Marsches sowohl als auch auf der Station sucht alles nahe beieinander zu bleiben, alles fest aneinander sich zu schmiegen. Bei Tage bildet die ziehende Karawane nur eine einzige lange Kette, bei Nacht wird diese in sechs bis acht kleinere geteilt, die eng zusammen ein festes Viereck bilden, dessen äußerste Teile immer von den Beherzteren eingenommen werden.

Bei Mondschein gewährt der lange Schatten der dahinziehenden Kamele einen eigentümlichen Anblick. In der sternlosen finsteren Nacht ist alles grauenvoll, und einen Schritt weit aus der Reihe sich zu entfernen, heißt so viel als aus der heimischen Wohnung in die öde Verlassenheit zu stürzen.

Auf der Tagesstation wählt jeder denjenigen Ort, der ihm am meisten gefällt, bei Nacht wird unter Aufsicht des Kervanbaschis ein festes Lager geschlossen. In der Mitte befinden sich die Warenballen, um diese herum liegen die Menschen, und als Schutzmauer werden die Kamele in einem Kreise dicht aneinander niedergelegt. Ich sage gelegt, denn diese wundervollen Tiere hocken auf Befehl nieder, bleiben die ganze Nacht bewegungslos an ihrem Platz und erheben sich am nächsten Morgen, wie die Kinder, nur auf Befehl wieder. Sie werden mit dem Kopf gegen das Äußere, mit dem Rücken gegen das Innere der Karawane gelegt, denn sie wittern aus der Ferne schon den Feind, machen durch ein dumpfes Geröchel auf die Gefahr aufmerksam, und selbst in ihren Ruhestunden dienen sie als Schildwache. Die im Innern des Rayons schlafenden Menschen befinden sich in der nächsten Umgebung der Kamele, die bekanntlich den übelsten Geruch der Welt haben, nicht am allerbequemsten. Oft ereignet es sich, daß das salzige Futter und Wasser, das diese Tiere bei Tage genießen, bei den in Schußweite Liegenden handgreifliche Folgen haben. Sehr oft erwachte ich mit einem derartigen Frescogemälde, doch man kümmert sich kaum darum, denn wer könnte diesem Tiere grollen, das so garstig in Gestalt, aber so geduldig, so mäßig, so sanft und so nützlich ist.

Kein Wunder, wenn der Reisende in der Wüste das Kamel hoch über alle Tiere preist und es bis zur Anbetung liebt. Von einigen Disteln genährt, welche die übrigen Vierfüßler verschmähen, durchzieht es, ohne zu ermüden, wochen-, ja monatelange Strecken. In jenen öden verlassenen Regionen ist die Existenz des Menschen an die jenes Tieres geknüpft, und dabei ist es noch so geduldig, daß ein Kind eine ganze Schar von diesen hohen starken Tieren mit einem »Tschuch!« niederhokken, mit einem »Berr!« aufstehen läßt.

Angenehm und erquickend wirkt das Kommandowort zum Lagern auf Reisende und Tiere; störend und unmutig dagegen wirkt das Signal zum Aufbruch. Zuerst erhebt sich der Kervanbaschi von seinem Sitz. Auf seinen Ruf oder auf ein Zeichen wird alles reisefertig, auch die armen Kamele auf der Weide verstehen denselben und eilen oft, ohne getrieben zu werden, der Karawane zu. Ja, was noch mehr wundernehmen kann, sie finden sich ganz in der Nähe jener Warenballen oder Reisenden ein, mit denen sie vorher belastet waren. In einer Viertelstunde hat alles in der Marschkette seine Stelle eingenommen, auf der Station bleiben nur die abgenagten Knochen und die Brandstätten der improvisierten Herde zurück.

Diese Spuren von momentanem Leben in der Wüste vergehen oft so schnell, wie sie entstanden sind; manchmal aber bleiben sie durch klimatische Zufälle längere Zeit erhalten, und wie freut sich der nachfolgende Reisende, wenn er auf eine verlassene Feuerstätte stößt. Dieser verbrannte schwarze Fleck erscheint als eine prachtvolle Karawanserei, als der lieblichste Rosenhain in seinen Augen, und der Gedanke, daß hier Menschen waren, daß hier Leben existierte, macht die große Einsamkeit der Wüste für Augenblicke anheimelnd.

Ich habe von Brandstätten gesprochen und kann nicht umhin, mich an jene, auf Tagereisen weit sich erstrekkenden, abgebrannten Ebenen zu erinnern, denen ich in der Wüste zwischen Persien und Chiwa begegnete und über welche ich aus dem Munde der Nomaden soviel Wunderbares hörte.

In der heißen Jahreszeit, wenn die sengende Sonne das Gras und die Stauden gleichsam zu Zunder gedörrt hat, ereignet es sich, daß ein unvorsichtigerweise geworfener Funke, vom Winde angefacht, die Steppe in Brand stecken kann. Die ohne Unterbrechung genährte Flamme greift mit einer derartigen Schnelligkeit um sich, daß man selbst zu Pferde sich nur schwer retten kann; über das dürre Gras rollt sie gleich einer ausströmenden Flut hin, bei dichteren Gebüschen fährt sie mit wildlodernder Wut empor, und große Strecken in kurzer Zeit durchfahrend, kann nur ein Fluß oder See ihren ungestümen Lauf hemmen. Bei Nacht muß es einen schrecklichen Anblick gewähren, wenn der Horizont weit und breit durch dieses Flammenmeer beleuchtet ist, und selbst beherzte Männer verlieren dann den Mut. Der Zaghafte ist bald verloren; wer aber genug Geistesgegenwart besitzt, kann sich wohl retten, wenn er, solange das Feuer noch in der Ferne ist, das in seiner nächsten Umgebung befindliche Gras in Brand steckt. Die neue Glut läßt einen verwüsteten Boden zurück, auf dem das heranrollende Feuer keine Nahrung findet. So ist ein Zufluchtsort gewonnen worden. Nur so kann der Mensch mit Feuer gegen Feuer sich wehren.

Oft wird dies als eine Waffe von einem Stamm gegen den anderen angewandt, und die Verwüstung soll eine schreckliche sein. Oft bedient sich auch desselben ein fliehendes Liebespaar, um sich gegen Verfolgung zu schützen. Solange kein Wind weht, kann man vor der langsam um sich greifenden Flamme sich retten, doch oft wird diese von dem kleinsten Lüftchen vorwärts getrieben, und die Fliehenden finden den vereinten Tod in ihrem eigenen Schutzmittel.

Merkwürdig ist es, daß das imposante Aussehen und die allerhäufigsten Naturerscheinungen der Wüste selbst

dem dort heimischen Nomaden nicht gleichgültig bleiben. Als wir auf dem hohen Plateau von Kaflankir, welches einen Teil des nordöstlich sich erstreckenden Ust-
jurt bildet, uns befanden, war der Horizont sehr oft mit
der schönsten Fata-Morgana geschmückt. Eine Luftspie-
gelung in der großen Wüste Mittelasiens, in jener heißen
und doch klaren Atmosphäre, gibt unstreitig das aller-
schönste optische Gaukelspiel, das man sich nur vorstellen kann. Diese in der Luft tanzenden Städte, Türme und
Schlösser, diese Bilder von großen Karawanen, kämp-
fenden Reitern und einzelnen Riesengestalten, die an
einem Orte verschwinden und bei einem anderen wieder
emportauchen, haben mich stets ergötzt. Meine Gefährten, besonders die Nomaden, sahen nur mit einer stillen
Ehrfurcht nach jenen Gegenden. Ihrer Meinung zufolge
sind dies die Schatten der einst dort vorhandenen und
untergegangenen Städte und Menschen, die nun gespen-
sterartig zu gewisser Zeit des Tages in den Lüften sich
herumtummeln. Ja, unser Kervanbaschi wollte sogar
behaupten, daß er schon jahrelang an gewissen Orten
immer ein und dieselben Figuren gesehen und daß auch
wir, wenn wir in der Wüste untergingen, nach einer
gewissen Reihe von Jahren über dem Orte unseres
Unterganges in der Luft herumhüpfen und herumtanzen
würden.

Diese bei den Nomaden so oft auftauchende Sage von
vergangener Zivilisation in der Wüste ist nicht fern von
jener neueren europäischen Behauptung, nach welcher
jene Strecken, die wir Wüste nennen, nicht so sehr durch
Naturgesetze als vielmehr durch soziale Umstände in
solche verwandelt worden wären. Als Beispiel wird die
Sahara in Afrika oder die große Wüste Mittelarabiens
angeführt, wo es eher an fleißigen Händen als an urba-
rem Boden fehlen soll (12). Was letztere Orte anbelangt,
mag die Behauptung wohl richtig sein, doch auf die Steppen Mittelasiens ist sie nicht anzuwenden. An einzelnen
Punkten, wie Merw, Mangischlak, Görgen und Otrar, hat
es in vergangenen Jahrhunderten wohl auch Kultur gege-

ben wie heute, im ganzen aber ist die Wüste Mittelasiens, soweit Menschengedenken zurückreicht, immer eine schreckliche Wüste gewesen. Die tagelangen Strecken ohne einen Tropfen Trinkwasser, die oft hundert Meilen weit sich erstreckenden Landstriche tiefen, grundlosen Sandes, die ungestüme Wut der klimatischen Extreme sind derartige Hindernisse, mit denen Kunst, Wissenschaft oder sonstige geistige Errungenschaften es nur schwer würden aufnehmen können. »Turkestan und seine Einwohner«, so sagte mir einst ein Mittelasiate, »hat Gott in seinem Zorn erschaffen, denn solange der bittersalzige Geschmack von den Quellen in der Wüste nicht weichen wird, so lange werden die Turkestaner Groll und Bosheit aus ihrem Herzen nicht entfernen.«

Ja, Groll und Bosheit der Menschen sind es, welche dem Reisenden in der Wüste weit gefährlicher sind als die Wut der entfesselten Elemente! Sengende Hitze, brennender Sand, quälender Durst, Hunger, Mattigkeit, ja, das alles wäre zu ertragen, wenn nur die stete Gefahr vor den Lanzen einer umherirrenden Räuberhorde oder, was noch ärger ist, die Furcht vor den Banden einer ewigen Sklaverei nicht den Geist dauernd umschweben würden. Was ist das Grab einer dichten Sandwolke im Vergleich zu dem langsamen Foltertode einer turkomanischen Gefangenschaft?

Neuntes Kapitel

Am folgenden Tage in der Mittagsstunde verließ ich mit meinen vertrautesten Gefährten Gömüschtepe, von Chandschan und allen meinen Freunden begleitet. Letztere gingen mit uns beinahe eine Stunde weit, wie es unter den Nomaden Sitte ist, wenn man einem sehr geliebten Gast das Geleit gibt. Ich bat Chandschan mehrmals, umzukehren, aber umsonst, er wollte die Regeln turkmanischer Gastfreundschaft pünktlich erfüllen, damit ich in der Zukunft mich nicht über ihn beklagen möchte. In der Tat wurde mir das Herz schwer, als ich mich seiner letzten Umarmung entwand, denn ich hatte in ihm einen der edelsten Menschen kennengelernt, der ohne eigennützige Zwecke nicht nur mich mit fünf anderen Pilgern in seinem Hause so lange bewirtete, sondern mir auch alle möglichen Aufklärungen gab, wenn ich dies oder jenes wissen wollte. Es schmerzte mich, daß ich ihm seine Güte nicht vergelten konnte, noch mehr aber, daß ich einen so aufrichtigen Freund durch meinen angenommenen Charakter täuschen mußte.

Unser Weg ging nordöstlich sich mehr und mehr vom Meeresufer entfernend in der Richtung der zwei großen Wälle, deren einer Köresofi, der andere Altin Tokmak genannt wird. Außer diesen Erhöhungen entdeckt man hier und da noch viele Joska, d.h. turkmanische Grabhügel, sonst aber bildet die ganze Gegend eine unabsehbare Fläche. Kaum eine Viertelstunde weit von Gömüschtepe gingen wir durch prangende Wiesen, deren kniehohes wohlriechendes Gras hier nutzlos verdorrt, da die Bewohner Gömüschtepes Tschomru, d.h. nicht Viehzucht treibend, sind. Wie viele Dörfer könnten auf diesem so gut bewässerten Boden blühen, welch reges Leben hier herrschen anstatt dieser Todesstille! Unsere kleine Karawane, die aus den Kamelen Ilias und aus sechs Pferden bestand, hielt sich ziemlich dicht aneinander, da Kulchan sagte, daß es hier Karaktschi gebe, die nicht unter seinen Befehlen stünden und ihn selbst, wenn sie sich kräftig genug fühlten, angreifen würden. Diesmal wollte mich Ilias noch mit dem Kamelritt verschonen, er nahm von Kulchan eins der gestohlenen Pferde, das ich bis nach Etrek reiten sollte. Zu meinem Unglück war Emir Mehemmed, der afghanische Opiumesser von Karatepe, der sich schon an unsere Karawane angeschlossen hatte, zu Fuß geblieben, und sobald wir eine Pfütze oder andere feuchte Stelle zu passieren hatten, mußte ich ihn in den Sattel nehmen, und dabei klammerte er sich so fest an meine Kleider, daß ich vom Pferde gerissen zu werden fürchtete. Ernste Gefahr lief ich durch diesen gemeinsamen Ritt, als wir die großen Rohrsümpfe durchschneiden mußten, die von unabsehbaren Rudeln wilder Schweine wimmelten. Kulchan und Ilias ritten voran, um Umwege zu finden, damit wir diesen Hunderten von Bestien ausweichen könnten, deren Nähe sich durch das Grunzen, besonders aber durch das Gekrache, welches ihr Gehen im Rohr verursachte, deutlich kundgab. Während ich nun mit aufmerksamem Ohr dahinritt, wurde plötzlich mein Gaul scheu, machte einen mächtigen Seitensprung, und ich hatte kaum Zeit, mich nach der Ursache umzusehen, als ich mit meinem Genossen ausgestreckt auf dem Boden lag. In das laute Gelächter der einige Schritt entfernten Gefährten mischte sich ein sonderbares Geheul; ich drehte mich um und sah, daß ich auf zwei ganz junge Wildschweine gefallen war, deren Mutter unser Pferd scheu gemacht hatte, die aber nun, durch das Geheul ihrer Säuglinge wild geworden, die Zähne fletschend nicht weit von uns stehen geblieben war und gewiß auf uns zugerannt wäre, wenn nicht Schirdschan, der Vetter von Ilias, dies früh genug gemerkt und ihr mit gehobener Lanze den Weg verrannt hätte. War es die Tapferkeit des jungen Turkmanen oder das Stillschweigen der aus ihrer drückenden Lage befreiten Ferkel, genug, die wütende Mutter wich, indem sie rücklings ihrem Lager zueilte, das wir in aller Eile verlassen hatten. Der Sohn Kulchans hatte unterdessen unser davongelaufenes Pferd ergriffen und übergab es mir mit der Bemerkung, daß ich von Glück sagen könnte, da der durch das Wildschwein verursachte Tod selbst den frömmsten Muselmann nedschis, d.h. unrein, in die andere Welt schicke und ein fünfhundertjähriges Brennen im Fegefeuer ihn nicht rein machen könne.

Nachdem wir ungefähr vier Stunden in der erwähnten Richtung durch Sümpfe und Wiesen vorwärts gedrungen waren, bemerkte ich, daß wir uns auf dem Abhange des sich von Gömüschtepe aus nördlich erstreckenden Plateaus befanden, da nicht nur die Erhöhungen, sondern auch die persischen Grenzgebirge allmählich zu verschwinden anfingen. Nur einzelne Zeltgruppen, in deren Umgebung Kamele weideten, waren in großer Entfernung sichtbar, und obwohl nach allen vier Seiten das Auge vom schönsten Grün erfreut wurde, so fand ich doch die östliche Gegend, die ich mit Kisil Achond besuchte, weit bewohnter. Die Ursache davon ist, daß der Görgen fehlt und die Leute sich mit dem hier vorhandenen Brunnenwasser nur so lange begnügen, bis ihre Schafe auf der fetten Weide gemästet sind. Zelte sind daher nur im Mai und Juni hier anzutreffen. Eine dieser Zeltgruppen, von den Angehörigen Kulchans bewohnt, sollte uns diese Nacht beherbergen, da Etrek noch sechs Meilen, für unsere schwerbepackten Kamele eine ganze Tagereise, entfernt war. Man war hier schon von unserer Ankunft benachrichtigt, und meine hungrigen Hadschigefährten sahen in dem aufsteigenden Rauch schon den Vorboten eines guten Nachtmahls. Obwohl Gömüschtepe von hier nur vier Meilen entfernt ist, waren wir doch beinahe acht Stunden unterwegs gewesen, und der erste Ritt hatte sowohl uns als auch die Tiere ziemlich ermüdet.

Ungefähr 10 Schritt vor den Zelten kam uns der junge Neffe Kulchans, Tadschibay, entgegen, um uns zu bewillkommnen, und während Ilias mit dem Afghanen der Gast Kulchans wurde, ward ich mit den Hadschis in dem engen Zelte Allah Nasrs einquartiert. Dieser alte, ganz unbemittelte Turkmane war außer sich vor Freude, daß ihm der Himmel Gäste zugeschickt hatte, und immer wird mir die Szene rührend und unvergeßlich bleiben, wie er trotz unserer allgemeinen Weigerung eine Ziege, die einzige, die er besaß, zu unserer Bewirtung schlachtete. Zur zweiten Mahlzeit, die wir den nächsten Tag bei ihm einnahmen, konnte er auch etwas Brot auftreiben, ein Artikel, der schon wochenlang in seiner Wohnung fehlte, und als wir uns über die Fleischschüssel hermachten, setzte er sich mit seiner alten Ehehälfte uns gegenüber und weinte im strengsten Sinne des Wortes Freudenträncn. Allah Nasr wollte nichts von der geopferten Ziege behalten; Hörner und Klauen, die zu Pulver gebrannt für die wundgeriebenen Stellen der Kamele verwendet zu werden pflegen, gab er unserm Ilias, das Fell aber, das in einem Stück abgezogen wurde, bestimmte er zu meinem Wasserschlauch und übergab es mir, nachdem er es gut mit Salz eingerieben und an der Sonne hatte trocknen lassen.

Die Ankunft eines Sklaven, und zwar eines der fünf, die auf so verräterische Weise in die Schlinge gerieten, hielt Kulchan und uns hier einen Tag auf. Dieser arme Perser ward nämlich meinem Schutzherrn zur Züchtigung übergeben, weil er den Ruf hatte, am besten aus dem Gefangenen herauspressen zu können, ob er genug Mittel habe, um von seinen Verwandten losgekauft zu werden, oder ob er verlassen und unbemittelt sei und nach Chiwa geschickt werden müsse. Der erste Fall ist den Turkmanen lieber, weil sie dann eine beliebige Summe verlangen können. Da nun der selbst im Unglück schlaue Perser seine wahren Verhältnisse immer zu verheimlichen sucht, wird er so lange mißhandelt, bis durch seine nach Hause geschickten Jammerreden ein möglichst hohes Lösegeld erpreßt und angelangt ist. Der zweite Fall ist für beide Teile schlimm. Der Räuber bekommt dann nach vielen Unkosten nur den im Skla-

venhandel gewöhnlichen Preis, und der unglückliche
Perser wird einige hundert Meilen weit von seinem
Vaterlande entfernt, das er nur selten wiedersieht. Kulchan hatte, wie gesagt, große Erfahrungen in diesem
Geschäft; sein neues Opfer kam gegen Abend an, und
den folgenden Tag wurde die Reise fortgesetzt, nachdem
mich der brave Allah Nasr, der ebenso sehr Turkmane
war wie Kulchan, herzlich umarmt hatte. Heute saß ich
das erste Mal in meinem Holzkorbe auf dem Kamel,
mein Gegengewicht waren einige Mehlsäcke, da sich
Hadschi Bilal für diesmal noch das Vergnügen versagen
wollte. Unser Weg ging immer nördlich, und kaum hatten wir zwei Stunden Wegs zurückgelegt, als das Grün
aufhörte und wir uns zum ersten Mal auf dem traurigen,
stark riechenden Salzboden der Wüste befanden. Was
wir zu Gesicht bekamen, konnte übrigens als Muster dienen. Ein niedriges Vorgebirge, Kara Senger (schwarzer
Wall) genannt, erhebt sich ungefähr acht Meilen nördlich
von Gömüschtepe. Je näher wir diesem kamen, desto
lockerer wurde der Boden; nahe an seinem Fuße gerieten
wir in einen förmlichen Morast, der Weg in diesem
schlüpfrigen Kot war mit den größten Schwierigkeiten
verbunden, und die Kamele, die mit ihren schwammigen
Füßen bei jedem Schritt ausglitten, drohten mich samt
meinen Körben in den Kot zu werfen. Ich zog es daher
vor, freiwillig abzusteigen, und langte nach anderthalb-
stündigem Kotstampfen am Kara Senger an, von wo aus
wir auch bald die Owa Kulchans erreichten.

Bei meiner Ankunft war ich ganz überrascht, daß Kulchan mich sogleich in sein Zelt hineinführte und mir
sehr dringend auftrug, dasselbe nicht zu verlassen, bis er
mich rufen würde. Ich fing schon an, Schlimmes zu mutmaßen, als ich hörte, wie er auf seine Weiber fluchte,
warum sie immer die Ketten verlegten, und ihnen
befahl, sie schnell herbeizuschaffen. Finster umherse-
hend kam er selbst mehrmals ins Zelt, ohne mich anzu-
reden, meine Ahnung wurde stärker, besonders befrem-
dend war mir, daß Hadschi Bilal, der mich doch selten

allein ließ, sich nicht zeigte. In die ängstlichsten Gedanken versunken, hörte ich das Kettengerassel immer näher kommen und sah endlich den mitgekommenen Perser ins Zelt treten, den eigentlich dies alles anging und der mit seinen verwundeten Füßen die schweren Ketten nach sich schleppte. Ihm folgte Kulchan, der schnell Tee bereiten ließ, und nachdem wir solchen eingenommen hatten, mich aufstehen hieß, um mich in ein Zelt zu führen, das während dieser Zeit aufgeschlagen war. Er wollte mich damit überraschen, und das war auch der Grund seines ganzen Benehmens. Ich konnte ihm dessen ungeachtet nie zugetan werden, und wie sehr er sich von Chandschan unterschied, kann man am besten daraus ersehen, daß während der zehn Tage, die ich sein Gast war, dieser Tee der einzige Genuß war, den ich seiner Gastfreundschaft verdankte. Später unterrichtete man mich von seinen verräterischen Plänen, die er gewiß ausgeführt hätte, wenn Kisil Achond, den er besonders fürchtete, ihm nicht streng aufgetragen hätte, mich mit aller möglichen Achtung zu behandeln.

Das Zelt, das ich nun in Gesellschaft von zehn anderen Reisegefährten bewohnte, war nicht Kulchans, sondern eines anderen Turkmanen Eigentum, der sich uns anschloß, um mit seiner Frau, einer früheren aus dem Stamme Karakalpak geraubten Sklavin, nach Chiwa zu gehen, damit letztere, die in einem nächtlichen Überfall geraubt und hierher gebracht war, sich erkundigen könne, ob ihr früherer Gemahl, den sie schwer verwundet zurückgelassen hatte, am Leben geblieben sei, wer ihre Kinder gekauft habe und wo diese jetzt lebten. Besonders war sie begierig zu wissen, was aus ihrer zwölfjährigen Tochter geworden sei, deren Schönheit sie mit tränenvollen Augen beschrieb. Die arme Frau hatte durch besondere Treue und Arbeitsamkeit ihren neuen Gebieter so fesseln können, daß er sie auf ihrer traurigen Untersuchungsreise begleitete. Ich fragte ihn immer, was er denn tun würde, wenn der erste Gemahl sich wiederfände, darüber war er jedoch ohne Sorgen, da das Gesetz ihm seinen Besitz sicherte. »Der Nasib (Fatum)«, sagte er, »hat Heidgul* (so hieß seine Frau) mir bestimmen wollen, und dem können sich Menschen nicht widersetzen.« Ferner gehörte noch zu unseren neuangekommenen Gefährten, die unter Ilias die Reise mitmachen wollten, ein Derwisch namens Hadschi Siddik, ein äußerst geschickter Heuchler, der beinahe halbnackt einherging, auf dem Wege in der Wüste den Kamelhüter machte und dabei, wie wir erst in Bochara erfuhren, 60 Dukaten bares Geld in seinen Fetzen eingenäht hatte.

Diese ganze Gesellschaft bewohnte gemeinschaftlich das Zelt in der Erwartung, daß der Kervanbaschi des Chan möglichst bald eintreffen und wir dann unsere Reise durch die Wüste antreten würden. Das Warten wurde uns allen peinlich. Ich war am meisten über das Abnehmen meines Mehls besorgt und fing schon an, meine tägliche Portion um zwei Hände voll zu verringern, auch buk ich es lieber ungesäuert in der heißen Asche, weil das so gebackene schwerer verdaulich ist, länger im Magen bleibt und so das schnelle Hungrigwerden verhütet. Zum Glück konnten wir kleine Bettelausflüge machen und hatten uns nicht im mindesten über den Wohltätigkeitssinn der Turkmanen von Etrek zu beklagen, obwohl sie die verrufensten Räuber sind und wir nur an wenigen Zelten vorbeikamen, ohne zwei bis drei mit schweren Ketten belastete Perser zu sehen.

Eben hier in Etrek im Zelte eines vornehmen Turkmanen, namens Kotschak Chan, war es, wo ich einem Russen, früher Matrosen auf der Schiffsstation zu Aschura, begegnete. Wir kehrten bei diesem Häuptling zur Mittagsruhe ein, und kaum war ich als Rumi (Osmanli) vorgestellt, als der Hausherr bemerkte: »Nun will ich dir einen Genuß verschaffen. Wir kennen euer Verhältnis zu den Russen, und du sollst einen deiner Erzfeinde in Ketten sehen.« Ich mußte mich stellen, als wäre ich höchst erfreut darüber. Der arme Russe wurde in schweren Ket-

---

* Eigentlich Eidgul, d.h. die Rose des Festes.

ten herbeigeführt, sein kränkliches, sehr betrübtes Aussehen rührte mich tief, und ich fürchtete durch äußere Zeichen dieses Eindrucks mich zu verraten. »Was möchtest du mit diesem Efendi machen«, sagte Kotschak Chan, »wenn du ihn in Rußland treffen würdest? Nun geh' und küsse ihm die Füße.« Der arme Russe wollte sich mir schon nähern, ich verbat es mir aber mit der Bemerkung, daß ich erst heute mein Gusl, d.i. große Waschung, vorgenommen habe und mich nun durch Berührung dieses Ungläubigen nicht verunreinigen wolle. Ja, es wäre mir angenehmer, wenn er mir bald aus den Augen ginge, da diese Nation mir aufs äußerste zuwider sei. Man gab ihm ein Zeichen hinauszugehen, er warf einen scharfen Blick auf mich und entfernte sich. Wie ich später vernahm, war dies einer von zwei russischen Matrosen aus der Staatsmarine, die vor einigen Jahren den Karaktschis auf einer nächtlichen Alaman in die Hände gefallen waren. Der andere war vor ungefähr einem Jahr in der Gefangenschaft gestorben. Die Regierung wollte sie loskaufen, die Turkmanen forderten aber einen übertriebenen Preis (500 Dukaten für jeden), und da gerade während der Unterhandlungen Tscherkes Bay, der Bruder Kotschak Chans, von den Russen nach Sibirien geschickt wurde und daselbst starb, so wurde die Befreiung der unglücklichen Christen noch schwieriger, und so wie sein Gefährte wird auch dieser bald der harten für seinen geliebten Zaren und sein Vaterland erduldeten Gefangenschaft erlegen sein.*

Das sind die immer wechselnden Eindrücke, welche die Gastfreundschaft mit den sie begleitenden Tugenden und die unerhörte Barbarei dieser Nomaden auf den Reisenden machen. Gesättigt und überhäuft mit Wohltaten kam ich oft nach Hause und wollte schon ein Lob

---

* Man suchte sich später, als ich die Russen auf diesen Fall aufmerksam machte, damit zu entschuldigen, daß die russische Regierung die Turkmanen nicht an reiche Lösegelder gewöhnen dürfe, sonst würden diese kühnen Räuber Tag und Nacht auf solchen Raub ausgehen.

Persischer Sklave der Turkomanen

anstimmen, da bat mich der obenerwähnte persische
Sklave Kulchans heftig weinend um einige Tropfen Wasser, da man ihm schon zwei Tage lang, wie er mir erzählte, in Salz getrocknete Fische statt Brot gegeben, und
obwohl er den ganzen Tag auf dem Melonenfelde arbeiten mußte, jeden Tropfen Wasser verweigert hatte. Zum
Glück war ich allein im Zelt, der Anblick des bärtigen
Mannes in Tränen ließ mich alle Gefahr vergessen, ich
reichte ihm meinen Schlauch, und während ich mich an
die Tür stellte, löschte er seinen Durst. Dann entfernte er
sich eiligst mit innigem Dank. Dieser Unglückliche litt
im Hause von jedermann, doch am meisten quälte ihn
die zweite Frau Kulchans, eine frühere persische Sklavin,
um ihren Eifer für die neue Sekte recht deutlich zu
beweisen.

Schon in Gömüschtepe war ich dieser grausamen Szenen überdrüssig; wie empörte sich daher mein Inneres,
als ich jenen Ort im Vergleich mit Etrek als den Sitz der
Humanität und Zivilisation ansehen mußte. Das Zelt
und seine Bewohner wurden mir sehr verhaßt, und wie
gern hätte ich mich schon in der Wüste, im Schoße dieser großartig schrecklichen Natur befunden.

Die Nachrichten über die Ankunft des Kervanbaschi ließen noch immer auf sich warten, obwohl alle Reisende, die sich unserer Karawane anschließen wollten, beisammen waren. Bald wurde die gegenseitige Bekanntschaft gemacht, und häufig hörte ich die Frage berühren, welche Straße eigentlich der Kervanbaschi zu nehmen gedächte. Man war eben in einem solchen Gespräche, als ein Etreker uns die freudige Botschaft brachte, daß die Tekkes, deren Feindseligkeiten die Karawanen auf dem größten Teil ihres Weges nach Chiwa fürchten, einen Friedensboten zu den Jomuten geschickt hatten mit dem Vorschlage, sich nun endlich auszusöhnen und mit vereinten Kräften die Perser, den gemeinsamen Feind, anzugreifen. Diese politischen Transaktionen werden wir in der zweiten Abteilung dieses Werks (13) berühren, für den Augenblick genügt es, zu bemerken, daß dieser Zufall für uns von großem Nutzen war. Wie man mir erklärte, gibt es von Gömüschtepe nach Chiwa drei verschiedene Wege, die von den Karawanen je nach der Personenzahl gewählt werden. Die Wege sind folgende: 1) Der erste, der hinter dem Großen Balkan am Ufer des Kaspischen Meeres entlang führt; diese nördliche Richtung verfolgt man von letzterem Gebirge aus noch zwei Tage lang und lenkt erst nach einer Entfernung von sechs Tagen dem östlich gelegenen Chiwa zu. Diese Straße ist nur für eine geringe Anzahl von Reisenden gangbar, da sie wenig Wasser, aber auch weniger Gefahren von Überfällen bietet, wenn nicht durch besondere Umstände die Kasaks (Kirgisen) oder Karakalpaks bis hierher Alamane senden. 2) Die mittlere Straße, welche die nördliche Richtung nur bis zum ehemaligen Flußbett des Oxus verfolgt, daher zwischen dem Großen und Kleinen Balkan hindurchgeht und sich dann nordöstlich nach Chiwa wendet. 3) Die dritte Straße ist die gerade und kürzeste, denn während für die erste 24, für die zweite 20 Tage erforderlich sind, kann diese in 14 zurückgelegt werden. Schon von Etrek an schlägt man die nordöstliche Richtung ein, passiert die Göklen und Tekketurkmanen und hat auf jeder Station Brunnen mit gutem, trinkbarem Wasser. Natürlich muß die Karawane entweder mit diesen Stämmen auf gutem Fuß stehen oder 2–3000 Männer zählen, sonst ist die Passage unmöglich. Wie groß war daher meine Freude, als uns eines Abends ein Bote von Atabay die Nachricht brachte, daß der Kervanbaschi am folgenden Morgen von seinem Lager aufbrechen und zu Mittag des zweiten Tags am jenseitigen Ufer des Etrek mit uns zusammentreffen wollte, von wo aus wir dann vereint ohne weiteres unseren großen Weg durch die Wüste antreten sollten. Ilias erteilte sogleich den Befehl, daß wir uns schnell reisefertig machen sollten. Wir bereiteten daher noch denselben Abend unser Brot, salzten noch einmal die großen Stücke Kamelfleisch ein, die uns die Nomaden für gespendeten Segen gegeben hatten, und wer war glücklicher als ich, als ich den nächsten Morgen mit Hadschi Bilal die Kedschewe bestieg und in meinem knarrenden Sitz, getragen von den wellenartigen Schritten des Kamels, mich langsam aus Etrek entfernte. Der Sicherheit halber hielt es Kulchan für notwendig, uns diesen Tag zu begleiten; denn obwohl wir 15–20 mit Luntengewehren bewaffnete Leute hatten, konnten wir doch von einer überlegenen Zahl von Räubern angegriffen werden, und in diesem Fall die Gegenwart Kulchans von großem Nutzen sein, da der größte Teil der etrekischen Banditen unter seiner geistigen Leitung steht und ihm blindlings gehorcht. Ich habe nämlich vergessen zu sagen, daß unser Kulchan nicht nur als Graubart der Karaktschi, sondern auch als Sofi (Asket) berühmt war. Diesen Beinamen führte er in seinem Siegel und war nicht wenig stolz darauf. Ich hatte das grellste Charakterbild unverschämter Heuchelei vor Augen, als ich Kulchan, den Urheber so vieler Greueltaten, inmitten seiner Zöglinge sitzen sah, wie er ihnen, deren grausame Hände schon so viel Familienglück zerstört hatten, die Vorschriften für die heiligen Waschungen oder die Regeln über das Kurzschneiden des Schnurrbarts vortrug. Lehrer und Schüler schienen gleich begeistert zu sein, und wie viele dieser Räuber träumten im Bewußtsein ihrer Frömmigkeit schon von den süßen Belohnungen im Paradiese!

Unser Weg ging, um den durch die Überschwemmungen des Etrek gebildeten Sümpfen auszuweichen, bald nordwestlich, bald nordöstlich durch größtenteils sandigen Boden, auf dem nur wenige Zelte zu sehen waren. Am Rande desselben trafen wir gegen 150 Zelte des turkmanischen Stammes Kem. Man erzählte mir, daß dieser seit undenklicher Zeit von den Jomutturkmanen, zu denen er eigentlich gehört, getrennt sei und den Rand der Wüste bewohne. Der große Hang dieser Turkmanen zum Diebstahl ist schuld daran, daß sie von allen angefeindet und bekriegt werden und ihre Anzahl daher nie zunimmt. Nahe bei ihrem Aufenthaltsort trafen wir mehrere Nachzügler unserer Karawane, die es nicht wagten, ohne uns hier vorbeizuziehen. Allen Anschein nach hätten die Kemiten uns auch angegriffen, wenn sie nicht an der Spitze unseres Zugs Kulchan, diesen mächtigen Popanz, gesehen hätten. Eine Viertelstunde nördlich von dem Lager überschritten wir einen schmalen Arm des Etrek, dessen Wasser schon jetzt einen sehr salzigen Geschmack hatte, ein Zeichen, daß er dem Austrocknen nahe war. Vom jenseitigen Ufer bis zu einem zweiten, noch kleineren Arm wechselte der Salzboden ab mit einer schönen Wiese, die dicht mit Fenchel bewachsen war und sich beinahe eine Stunde weit ausdehnte. Der grabenartige Bach machte wegen seines lehmigen Ufers den Übergang schwierig, mehrere Kamele stürzten mit ihrer Last ins Wasser. Dies war zwar seicht, tränkte aber die Ballen und machte sie schwerer, so daß es viel Mühe kostete, bis wir zu dem jenseitigen Hügel, Delili Burun genannt, gelangten. Im ganzen hatten wir vom frühen Morgen bis 2 Uhr nachmittags nur vier Meilen Weg zurückgelegt; dennoch wurde beschlossen, hier Station zu machen, da wir den Kervanbaschi erst morgen um Mittag jenseits des Etrek treffen sollten.

Der genannte Hügel, der eine Art Vorgebirge zu einer

langen südöstlich sich erstreckenden, unbedeutenden Gebirgskette bildet, bietet eine weite und schöne Aussicht. Am westlichen Horizont ist das Kaspische Meer gleich einem blauen Wolkenstrich zu sehen, auch die persischen Gebirge sind noch wahrnehmbar, besonders interessant aber ist der Anblick der südlich liegenden, unabsehbaren Ebene, wo die zerstreut liegenden Zeltgruppen an vielen Orten wie Maulwurfshügel erscheinen. Etrek und sein Fluß sind beinahe ganz übersehbar und die Stellen, wo er sich über beide Ufer ausbreitet, kommen dem Auge in der Ferne wie einzelne Seen vor. Da wir nahe bei dem Lager der Kem waren, riet uns Kulchan, der diese Nacht noch bei uns zu bleiben gedachte, strenge Wachsamkeit an; am Abend stellten wir daher an verschiedenen Punkten Wachen aus, die bis zum nächsten Morgen einander ablösend jede Bewegung rings um uns her beobachteten.

Da ich hörte, daß diese Station den letzten Vorposten der Großen Wüste bildete, verwandte ich den Nachmittag, während meine Kameraden schliefen, zum Schreiben einiger Briefe, um sie durch die von hier zurückkehrenden Begleiter besorgen zu lassen. Außer den kleinen zu Noten bestimmten Papierstückchen, die ich in der Wolle meines bochariotischen Kleides sorgfältig verbarg, hatte ich noch in dem Koran, den ich in einem Säckchen trug, zwei Blätter reines Papier, auf die ich zwei Briefe schrieb, einen an Haydar Efendi nach Teheran, den zweiten an Chandschan mit der Bitte, den ersten für mich abzuschicken.* Wie mir zu Mute war, als ich an Teheran, diesen mir nächsten und doch so fernen Punkt europäischen Lebens dachte, wird man sich leicht denken können, wenn man überlegt, welche Gefahr mir hier unter den Nomaden drohte, hätten sie nur im mindesten

---

* Bei meiner Rückkehr fand ich dieses Schreiben, das meinen Freunden den Anfang der Reise in die Wüste meldete, sowie andere, die ich von Gömüschtepe expedierte, richtig auf der türkischen Gesandtschaft vor. Der gute Chandschan hatte sie mit wahrem Eifer besorgt.

mein Inkognito geahnt, und welchen Vorgeschmack mir mein fünfwöchentlicher Aufenthalt unter den Turkmanen von dem Leben gegeben hatte, dessen Hauptsitz ich nun besuchen sollte.

Den nächsten Morgen hatten wir nur vier Stunden zu marschieren, um an die Ufer des eigentlichen Etrek zu gelangen. Lange wurden Untersuchungen angestellt, um die seichteste Stelle ausfindig zu machen. Dies war übrigens nicht so leicht, denn obwohl die gewöhnliche Breite dieses Flusses nur 12–15 Schritt ist, so war er jetzt durch seine überschwemmten Ufer zweimal so breit und sein weicher lehmiger Grund für die Kamele eine wahre Marter, so daß unsere Turkmanen wegen ihres Zögerns wohl zu entschuldigen waren. Die Strömung war zwar nicht sehr stark, doch ging das Wasser den Kamelen bis über den Bauch, und bei dem schwankenden Schritt der mühsam watenden Tiere wurde unsere Kedschewe bald rechts, bald links in die schmutzigen Wellen des Etrek getaucht, ja, nur ein kleiner Fehltritt und ich hätte, in Kot und Schlamm gebadet, mit nicht geringer Gefahr schwimmend das jenseitige Ufer erreichen müssen. Glücklicherweise setzte alles in bester Ordnung über, und kaum hatten wir halt gemacht, als die so lange und heiß ersehnte Karawane des Kervanbaschi sich zeigte, an ihrer Spitze drei Büffel (zwei Kühe und einen Ochsen) führend, deren Gesundheit versprechende Ankunft der kranke Herrscher von Chiwa gewiß kaum mit größerer Ungeduld erwartete, als wir getan hatten.

Der Leser wird sich erinnern, daß ich in Gömüschtepe mit Hadschi Bilal, Hadschi Jusuf und einigen Fußgängern mich von dem Gros der Derwischkarawane trennen mußte, weil die übrigen nicht so leicht Mietkamele auftreiben konnten wie wir. Da wir in Etrek keine Nachricht von ihnen erhielten, waren wir schon sehr besorgt, daß diese Armen aus Mangel an Gelegenheit uns nicht folgen könnten. Groß war daher unsere Freude, als wir sie alle wohlbehalten mit der erwarteten Karawane ankommen sahen. Wir umarmten und küßten uns mit einer Herzlichkeit, als wenn wir alle Brüder wären, die nach jahrelanger Trennung sich nun wiedersähen. Am meisten war ich bewegt, als ich Hadschi Salih und Sultan Mahmud, ja alle meine Bettlergefährten um mich herum versammelt sah, denn obwohl ich Hadschi Bilal als meinen nächsten Freund betrachtete, so muß ich doch gestehen, daß ich mich allen ohne Unterschied innigst zugetan fühlte. Da die trüben Gewässer des Etrek uns das letzte süße Wasser bieten sollten, bis wir uns nach zwanzigtägiger Reise an den Ufern des Oxus laben könnten, so riet ich, die Gelegenheit nicht ungenutzt zu lassen und uns zum letzten Mal an Tee satt zu trinken. Wir stellten daher die größten Teegefäße auf, ich bot mein frischgebackenes Brot an, und noch lange erinnerten wir uns an die Üppigkeit des bei unserem Wiedersehen gefeierten Festes.

Unterdessen langte auch der Kervanbaschi an, unser Führer und Beschützer in der Wüste. Da mir viel daran gelegen war, vor ihm in gutem Lichte zu erscheinen, so ging ich auch bald zu ihm in Begleitung von Hadschi Salih und Hadschi Messud, die meine Person auf dem Wege schon erwähnt hatten. Man stelle sich meine Verwunderung und zugleich Bestürzung vor, als Amandurdi (das war sein Name), dieser wohlbeleibte und gutmütige Turkmane, meinen Freunden mit großer Auszeichnung, mir aber mit auffallender Kälte begegnete. Je mehr Hadschi Salih sich bemühte, das Gespräch auf mich zu lenken, desto gleichgültiger wurde er; alles, was er sprach, beschränkte sich auf die Worte: »Ich kenne diesen Hadschi schon.« Ich faßte mich, um meine große Verlegenheit nicht zu verraten; schon wollte ich gehen, als Ilias, der auch zugegen war, einen zornigen Blick auf den neben ihm sitzenden Emir Mehemmed, den berüchtigten Opiumesser, warf und ihn damit als Urheber dieses Vorfalls anklagte. Wir entfernten uns, und kaum war diese Szene Hadschi Bilal mitgeteilt, als er zornig wurde und ausrief: »Dieser elende, betrunkene Afghane äußerte schon in Etrek, daß unser Hadschi Reschid, der im Koran und Arabischen sein Lehrer sein könnte, ein verkappter Frengi wäre« (dazu fügte er ein dreimaliges Estagfarullah! d.h. Gott verzeihe meine Sünde), »und obgleich ich ihm versicherte, daß wir ihn aus den Händen des Gesandten unseres großen Sultans empfangen, daß er einen Reisebrief (Paß) mit dem Siegel des Chalifen* bei sich hat, so will er dennoch nicht glauben und verharrt in seiner Lästerung. Wie ich sehe, hat er auch dem Kervanbaschi den Kopf verdreht, aber er wird es bereuen, wenn wir nach Chiwa kommen, denn dort, wo es Kadis und Ulemas gibt, werden wir ihn lehren, was es heißt, einen frommen Muselman für einen Ungläubigen auszugeben.«

Nun fing ich an, das ganze Geheimnis zu verstehen. Emir Mehemmed, von Geburt ein Kandaharer, der nach der englischen Okkupation eines Verbrechens halber aus seiner Vaterstadt geflohen war, hatte häufig Gelegenheit gehabt, Europäer zu sehen und mich an meinen Zügen als solchen erkannt. Er hielt mich daher vom ersten Augenblick an für einen geheimen Abgesandten, der in seinem Bettlerinkognito mit verborgenen Schätzen reiste, die er nach Belieben würde ausbeuten können, da er sich einer mächtigen Drohung, nämlich der Denunziation, bedienen konnte. Er wollte mich oft überreden, diese Bettler zu verlassen und mit ihm in Gesellschaft zu treten; ich bemerkte darauf immer, daß Derwisch und Kaufmann als sehr heterogene Elemente nicht zusammenpassen möchten und daß von wahrer Freundschaft nur dann die Rede sein könnte, wenn er sich von dem Laster des Opiumessens lossagen und mit frommen Waschungen und Gebeten abgeben würde. Der hartnäckige Widerstand, den ich übrigens leisten mußte, machte ihn wütend, da er aber seiner Gottlosigkeit halber von den Hadschis gehaßt wurde, konnte ich seine öffentliche Feindschaft als ein besonderes Glück ansehen.

Ungefähr zwei Stunden nach diesem Vorfall ließ der Kervanbaschi, der nun das Kommando der Karawane

---

* Nachfolger Mohammeds, d.h. der Sultan von Konstantinopel.

übernahm, uns anzeigen, daß jeder seinen Schlauch hier mit Wasser füllen sollte, da wir erst nach drei Tagen wieder einen Brunnen antreffen würden. Ich nahm daher mein Ziegenfell, ging mit meinen übrigen Gefährten nach dem Fluß, und da ich die Qualen des Durstes bis jetzt nur wenig erfahren hatte, füllte ich meinen Schlauch nur nachlässig an. Meine Kollegen machten mich auf meinen Fehler aufmerksam, indem sie sagten, daß jeder Tropfen Wasser in der Wüste Leben wäre, und der Schlauch, diese Quelle des Lebens, von jedermann wie sein Augapfel gehütet würde. Nach getroffenen Vorbereitungen wurden die Kamele bepackt, der Kervanbaschi ließ alle zählen, und es fand sich, daß unsere Karawane aus ungefähr 80 Kamelen und 40 Reisenden bestand. Von diesen waren 26 wehrlose Hadschis, die übrigen ziemlich gut bewaffnete Jomutturkmanen, mit einem Ösbegen und einem Afghanen. Wir bildeten also eine jener kleinen Karawanen, die nach echt orientalischer Art alles den Schicksalslaunen überlassend sich auf den Weg begeben. Nachdem alles aufgesessen war, sollten wir von den turkmanischen Begleitern, die uns bis zum Rande der Wüste gebracht hatten, Abschied nehmen. Die Fatiha des Lebewohls wurde einerseits von Hadschi Bilal, andererseits von Kulchan angestimmt, und wirklich bange mußte mir werden, wenn ich von dem Segen des letzteren günstige Aussichten für unser gefährliches Unternehmen hoffen sollte. Nach dem letzten Amen, dem das unvermeidliche Streichen des Bartes folgte, brachen beide Parteien in entgegengesetzter Richtung auf; unsere früheren Begleiter, als sie den Etrek überschritten und uns aus den Augen verloren hatten, schickten uns durch einige Schüsse den letzten Gruß zu. Wir nahmen von hier die gerade Richtung gegen Norden.

Zehntes Kapitel

13. Mai 1863. – Ohne das mindeste Anzeichen eines etwa an den Spuren von Kamelen oder anderen Tieren zu erkennenden Weges ging unsere Karawane nach Norden, bei Tage sich nach der Sonne richtend, bei Nacht nach dem Nordstern, den die Turkmanen seiner Unbeweglichkeit halber Temir Kasik, den eisernen Pflock, nennen. Die Kamele waren in einer langen Reihe aneinander gebunden und von einem Fußgänger geleitet, und obwohl es keinen besonderen Ehrenplatz gab, sah man doch eine gewisse Auszeichnung darin, sich nahe bei dem Kervanbaschi zu befinden. Die Strecke jenseits des Etrek, die den Vordergrund der Großen Wüste bildet, wird mit dem Namen Bogdayla bezeichnet. Bis zwei Stunden nach Sonnenuntergang gingen wir auf einem sandigen Boden, der nicht besonders locker war und nur kleine wellenartige Erhöhungen hatte. Allmählich hörte der Sand auf, und gegen Mitternacht hatten wir einen festen glatten Lehmboden unter uns, so daß die regelmäßigen Schritte der fernen Kamele in der stillen Nacht gleich Taktschlägen widerhallten. Die Turkmanen nennen diese Stellen Takir, und da die, auf der wir uns befanden, eine rötliche Farbe hatte, führte sie den Namen Kisil-Takir. Wir marschierten ununterbrochen bis nahe vor Tagesanbruch, hatten im ganzen aber kaum sechs Meilen zurückgelegt, weil man die Kamele am Anfang nicht anstrengen wollte, besonders aber weil die Büffeltiere, die Hauptpersonen unserer reisenden Gesellschaft, von denen noch dazu eines in interessanten Umständen war, mit ihren schwerfälligen Körpern selbst dem Schritt der Kamele nicht folgen konnten. Es war daher Raststunde bis 8 Uhr morgens des 14. Mai, und während die Kamele sich an Disteln und anderen Pflanzen der Wüste sättigten, hatten wir Zeit, unser Frühstück

143

zu nehmen, das heute noch luxuriös war, da unsere
Schläuche noch reichlich mit süßem Wasser versehen
waren. Wir konnten so unser schweres ungesäuertes Brot
unter süßen Schlucken hinabgleiten lassen. Da wir nahe
aneinander gelagert waren, bemerkte ich, wie der Kervanbaschi mit Ilias und den Chefs meiner Gefährten
immer auf mich blickend sich unterhielt. Ich konnte den
Gegenstand ihrer Unterhaltung leicht erraten, tat aber,
als ob ich gar nichts merkte, und nachdem ich eifrig im
Koran herumgeblättert hatte, stand ich auf und machte
Miene, an der Gesellschaft Anteil zu nehmen. Als ich
mich einige Schritte genähert hatte, kamen mir der brave
Ilias und Hadschi Salih entgegen, riefen mich auf die
Seite und sagten mir, daß der Kervanbaschi Schwierigkeiten mache, mich auf die Reise nach Chiwa mitzunehmen, da ihm mein Aussehen sehr verdächtig erscheine;
er fürchte besonders den Zorn des Chan, da er vor einigen Jahren einen frengischen Gesandten nach Chiwa
gebracht habe, der während dieser einzigen Reise eine
genaue Aufnahme des ganzen Weges vorgenommen und
mit seiner Teufelskunst keinen Brunnen, ja keinen Hügel
auf dem Papier vergessen hätte. Der Chan sei hierüber
sehr aufgebracht gewesen, habe zwei der Nachrichtenge-
ber hinrichten lassen, und er selbst, der Kervanbaschi,
habe nur durch besondere Fürsprache sein Leben retten
können. »Nach vielen Einwendungen, daß wir dich doch
hier in der Wüste nicht zurücklassen könnten«, sagten
meine Freunde, »haben wir ihn so weit überredet, daß er
dich mitnimmt unter der Bedingung, daß du dich erstens
untersuchen läßt, ob du keine Zeichnungen oder hölzerne Federn (Bleistifte), wie die Frengis zu haben pflegen,
bei dir hast, und zweitens, daß du versprichst, keine
geheimen Notizen von den Bergen und Wegen zu
machen; widrigenfalls mußt du gleich in der Mitte der
Wüste zurückbleiben.«

Ich hörte dies alles ganz geduldig an, nachdem man
aber geendet hatte, stellte ich mich höchst aufgebracht,
wandte mich an Hadschi Salih und sagte ihm so laut,

daß es der Kervanbaschi selbst hören konnte: »Hadschi, du hast mich in Teheran gesehen, du weißt, wer ich bin, sage Amandurdi (so hieß der Führer unserer Karawane), daß es sich für ihn als redlichen Mann durchaus nicht geziemt, auf die Worte eines trunkenen Binamas (ein Mensch, der sein Gebet nicht verrichtet), wie der Afghane ist, zu achten. Mit Religion läßt sich nicht spaßen, er soll mich nicht wieder in diesem gefährlichen Punkte angreifen, denn in Chiwa wird er wissen, mit wem er es zu tun hat.« – Ich schrie die letzten Worte so laut, daß sie in der ganzen Karawane gehört wurden und meine Kollegen, besonders die ärmeren, in Eifer gerieten und, hätte ich sie nicht zurückgehalten, alle über Emir Mehemmed, den böswilligen Afghanen, hergefallen wären. Am meisten war von diesem Auftritt der Kervanbaschi selbst betroffen, und ich hörte, wie er den von vielen Seiten ihm gemachten Vorhaltungen immer mit einem Chudaïm bilir, d.h. Gott weiß!, antwortete. Er war ein äußerst redlicher, gutmütiger Mann, doch Orientale, der nicht so sehr aus Bosheit als aus Vorliebe für das Mysteriöse mit aller Gewalt in mir einen verkappten Fremdling entdecken wollte, obwohl er andererseits sich in manchen Religionsfragen (Messele) von mir Unterricht geben ließ und schon in Gömüschtepe gehört hatte, daß ich in vielen Büchern bewandert wäre.

Der Kunstgriff hatte, wie gesagt, für diesmal meine Gefahr vermindert, doch sah ich zu meinem größten Bedauern, daß der Verdacht mit jedem Schritt größer wurde und es bei mir viel Mühe kosten würde, über unseren Weg auch nur die kleinsten Notizen zu machen. Sehr besorgt machte es mich, daß ich nicht nach den Namen der einzelnen Stationen fragen durfte. In der Wüste, wie groß sie auch immer sei, haben die Nomaden, die deren einzelne Oasen bewohnen, jedem Ort, jedem Hügel und jedem Tal einen besonderen Namen gegeben, so daß ich, wenn ich genauen Nachweis bekommen hätte, jeden Punkt auf der Karte von Mittelasien bezeichnen könnte. List gegen List mußte angewendet werden, und die spärlichen Notizen, die ich über diese Wege sammeln konnte, sind die karge Frucht eines Kunstgriffs, mit dessen Beschreibung ich den Leser nicht langweilen will. Wie bitter ist es für den Reisenden, wenn er nach langen Kämpfen und großen Gefahren den ersehnten Quell erreicht hat und seine lechzende Seele doch nicht laben kann!

Nach 8 Uhr begaben wir uns wieder auf den Weg, doch wurde unser Marsch, nachdem wir zwei Stunden ununterbrochen gegangen waren, immer langsamer. Einige Turkmanen stiegen ab und waren sehr beschäftigt, die kleinsten Hügel rechts und links sorgfältig zu untersuchen. Wie ich nachher erfuhr, wollte einer unserer Reisegefährten, Eid Mehemmed, das Grab seines im vergangenen Jahre bei einem Angriff hier gefallenen Bruders auffinden; er hatte auch einen Sarg mitgebracht, um die Leiche nach Chiwa zu transportieren. Es mag ungefähr 2 Uhr nachmittags gewesen sein, als wir anhielten und man sich anschickte, das glücklich gefundene Grab zu öffnen. Nachdem man unter Rezitierung der üblichen Gebete und Koranstellen, woran auch ich eifrigen Anteil nehmen mußte, die halbverweste Leiche in den Sarg gelegt und in Filz gepackt hatte, gab uns ein Augenzeuge die Einzelheiten des Kampfes zum besten. Er wollte damit den Verstorbenen verherrlichen, was ihm auch wirklich gelang, denn die gepriesene Tat verdiente das edelste Lob. »Wir hatten in unserer Karawane«, sagte der Erzähler, »mehrere Perser, die von Chiwa nach Astrabad gingen, unter diesen einen sehr reichen Kaufmann, namens Mollah Kaßim, aus letzterer Stadt, der jahrelang von Persien nach Chiwa Geschäfte trieb und sowohl in Chiwa Gast des Verstorbenen war, als auch auf dem Wege unter seinem Schutze stand. Das Schicksal fügte es so, daß er sich vergangenes Jahr mit einer größeren Summe nach seiner Heimat begab, und obwohl er als Turkmane gekleidet und unserer Sprache ganz mächtig war, wurde er dennoch von den Haramsadeh (Bastarden) von Etrek entdeckt, die unserer Karawane sogleich entgegen-

146

kamen und uns angriffen. Sie waren uns an Zahl weit überlegen, trotzdem unterhielten wir einen achtstündigen Kampf, und als wir zwei von ihnen getötet hatten, riefen sie, wir möchten den fetten persischen Hund (was auf Mollah Kaßim zielte) ihnen ausliefern, dann würden sie das Gefecht abbrechen, da sie mit uns nichts zu tun hätten. Daß keiner von uns, am allerwenigsten der Selige, hierein einwilligen konnte, ist leicht zu begreifen, und obwohl der Perser die umherzischenden Kugeln fürchtend um Aufhören bat und sich schon gefangen geben wollte, mußte der Kampf doch fortgesetzt werden. Bald darauf wurde er (auf die Leiche zeigend) von einer Kugel durchbohrt. Er stürzte vom Pferde, und die wenigen Worte, die er reden konnte, waren, daß er seinen Gast, den aus Furcht wie ein Kind weinenden Perser, seinem Bruder Eid Mehemmed übergab, unter dessen Kommando wir den Kampf bis zum nächsten Morgen fortsetzten, wo die Räuber sich mit Verlust zurückzogen. Nachdem wir den Seligen hier begraben hatten, zogen wir weiter, und drei Tage darauf wurde der Perser unversehrt nach Astrabad gebracht.«

Zur Trauerfeier ließ Eid Mehemmed noch an diesem Orte Brot backen, das er an uns verteilte, worauf wir aufbrachen, durch eine dürre, große Ebene gegen Norden haltend. Um unseren Zeitverlust wieder einzubringen, sollten wir, so hieß es, die ganze Nacht ununterbrochen reisen. Es war ein überaus liebliches Wetter, und in meinem Korbe zusammengekauert, ergötzte ich mich lange an dem schönen Sternenhimmel, dessen Glanz in der Wüste noch weit erhabener ist. Endlich überfiel mich der Schlaf, und ich mochte kaum eine Stunde geruht haben, als ich unsanft aufgeweckt wurde und von allen Seiten rufen hörte: »Hadschi, sieh doch auf deine Kiblenuma* (Kompaß), wir scheinen uns verirrt zu haben.« Ich

---

* Kiblenuma heißt eigentlich Kible (die Stelle, wo Mekka liegt, anzeigend) und besteht aus einem unserer gewöhnlichen Kompasse, auf dem die südwestliche Seite mit besonderem Zeiger markiert ist.

erwachte und sah beim Lichte eines glühenden Stücks Schwamm, daß wir uns statt in nördlicher in östlicher Richtung befänden. Der Kervanbaschi erschrak, weil er fürchtete, daß wir in die Nähe der gefährlichen Sümpfe geraten wären, und beschloß, bis Tagesanbruch hier zu warten. Zum Glück waren wir erst seit einer halben Stunde, während der Himmel sich umwölkt hatte, von der Richtung abgekommen und erreichten trotz des Verzugs die festgesetzte Station, wo die ermüdeten Tiere zu ihrem Dornen- und Distelfutter losgelassen wurden. Auf der Stelle, wo wir lagerten, sah ich mit Erstaunen, daß meine Gefährten in großer Menge gelbe Rüben sammelten, die einen halben Fuß lang, daumendick und besonders schmackhaft und süß waren; nur der innere Teil war hart wie Holz und ungenießbar, wie auch der wilde Knoblauch (14), der sich hier reichlich vorfand. Ich benutzte die Gelegenheit, mich satt zu essen, indem ich eine gute Portion gelbe Rüben zum Frühstück kochte, eine andere gesotten in meinem Gürtel aufbewahrte.

15. Mai. – Heute ging unser Weg durch eine wilde, von langen Gräben durchschnittene Gegend, von der ich hörte, daß sie jedesmal eine andere Gestalt annimmt, jedesmal der vielen steilen Stellen halber andere Schwierigkeiten bietet. Die armen Kamele, von denen einige große Lasten hatten, litten unendlich, weil der leichte Sand unter ihren Füßen wegglitt und sie, da ein beständiges Auf- und Absteigen stattfand, nur mühsam festen Fuß fassen konnten. Auffallend ist es, daß man hier diese Tiere mit einem Seil aneinander bindet, dessen eines Ende am Schweif des vorangehenden, das andere in der durchbohrten Nase des folgenden befestigt ist. So ist es recht grausam anzusehen, wenn ein Tier in dieser verketteten Linie ein wenig stehen bleibt und vom vorderen oft so lange nachgezogen wird, bis der Strick unter gräßlichen Schmerzen des folgenden abreißt. Um diese armen Geschöpfe zu schonen, stieg alles ab, wo der Weg schlecht wurde; auch heute geschah dies, und obwohl ich in dem tiefen Sande sehr zu leiden hatte, mußte ich vier

Stunden, wenngleich langsam, ununterbrochen zu Fuß gehen. So begegnete ich mehrmals dem Kervanbaschi, der mich seit dem letzten Auftritt mit Höflichkeit überhäufte.

Bis jetzt war noch gar nicht bekannt, welchen von den drei Wegen unsere Karawane eigentlich einschlagen würde. Die Verheimlichung des Plans ist hier, wo man keinen Augenblick vor einem Überfall sicher ist, äußerst notwendig. Obwohl man uns nichts sagte, war es doch vorauszusehen, daß der Mittelweg gewählt werden würde, da unser Wasser schon zur Neige ging und wir notgedrungen morgen zu einer Zisterne kommen mußten, die nur dann zugänglich ist, wenn Friedensverhältnisse den Jomutschäfern von Atabay bis dahin vorzudringen erlauben. Unser Abendmarsch war heute ein glücklicher, nur einigemal riß die Kamelkette, einige Minuten später wurde dies bemerkt, und es mußten dann Leute nachgeschickt werden, um die zurückgebliebenen Tiere aufzusuchen. Die Karawane setzt während dieser Zeit ihren Weg fort, und damit der in der finsteren Nacht Ausgeschickte sich nicht verirre, wird einer in der Karawane dazu bestimmt, mit ihm aus der Ferne ein Zwiegespräch zu unterhalten. Die traurig klingenden Worte sind in der düsteren Nacht seine Wegweiser; doch wehe dem Armen, wenn ein Gegenwind diese unhörbar macht!

Am nächsten Morgen (16. Mai) wurde in nordöstlicher Richtung die Gebirgskette des Kören-tagi entdeckt. Die trächtige Büffelkuh nötigte uns zu langsamen Schritten, und erst nachmittags kamen wir so nahe, daß wir die Umrisse der niederen Teile des Gebirges unterscheiden konnten. In Etrek hörten wir, daß wir bei der herrschenden Friedensstimmung hier Jomuts antreffen würden, man war aber der Sache nicht sicher, und alles war höchst gespannt, ob der freudige Umstand sich wirklich bestätigen würde oder ob die Berge verlassen wären und wir fürchten müßten, von einem feindlichen Schwarm überrumpelt zu werden. Ein beherzter Turkmane wurde zur Untersuchung ausgeschickt, und alles begleitete ihn mit erwartungsvollen Blicken. Als wir uns allmählich dem Gebirge näherten, wurden auch einzelne Zelte entdeckt, die Furcht verschwand und man war nur neugierig, welchem Stamme die Kampierenden angehörten.

Heute war unsere Karawane von Haufen der hier wohnenden Nomaden besucht, auch Geschäfte wurden abgeschlossen zwischen den Kaufleuten und Mietern unserer Karawane, und zwar auf Kredit. Dabei forderte man mich zur Schreibung eines Schuldscheins auf, und ich war sehr erstaunt, zu sehen, daß der Schuldner seinen Wechsel, anstatt ihn dem Gläubiger zur Sicherung zu übergeben, selbst einsteckte und die Sache so nach turkmanischer Sitte richtig abgemacht war. Als ich den Gläubiger nach diesem sonderbaren Verfahren fragte, antwortete er: »Was geht mich das Schreiben an, das muß der Schuldner bei sich behalten, damit er sich an seine Schuld erinnere.« Abends, als wir zur Abreise fertig waren, beschenkte uns Madame Büffel mit einem gesunden Kalb, was den Kervanbaschi sehr erfreute. Diesem fiel aber erst ein, als wir schon unterwegs waren, daß das schwache Kalb den Marsch zu Fuß nicht mitmachen konnte und er für einen bequemen Platz auf irgendeinem Kamele sorgen mußte. Da nur ich und Hadschi Bilal eine Kedschewe hatten, so fielen aller Augen auf uns, und man ersuchte uns, unseren einen Platz dem neugeborenen Kalb abzutreten. Mein Freund war klug genug, sich dienstfertig zu zeigen, mit der Bemerkung, daß er aus Freundschaft zu mir, da ich mit meinem lahmen Fuße nicht überall sitzen könnte, gern die Kedschewe mit jedem anderen Platz vertausche. Doch kaum war sein Platz dem jungen Kalb übergeben, als der höchst üble Geruch meines neuen vis-à-vis mir den wahren Beweggrund meines Freundes zeigte. Bei Nacht ging es leidlich, denn da wurde nur mein Schlummer durch das häufige Blöken gestört, bei Tag aber, besonders wenn es heiß wurde, war es kaum auszuhalten. Glücklicherweise endete meine Qual bald, da das Kalb schon am zweiten Tag der Wüstenreise erlag.

150

Von heute an (18. Mai) rechneten wir zwei Tage bis zum Großen Balkan und von da noch 12 Tage bis nach Chiwa, also im ganzen 14 Tage, während welcher Zeit wir vier Brunnen mit bitterem Salzwasser finden und keiner Seele begegnen sollten. Da wir Mitte Mai hatten, so hofften unsere Führer, daß wir in den bekannten Niederungen einiges Regenwasser (Kak genannt) finden würden. Die Schläuche hatten wir mit dem lehmigen Wasser der zwei schlechten Zisternen von Kören-tagi gefüllt, das Rütteln auf den Kamelrücken hatte es in förmlichen Schlamm verwandelt, und es bekam einen sehr widerlichen Geschmack; noch dazu mußten wir sparsam damit umgehen, weil man erst eine Station nach dem Großen Balkan das erste Kak zu treffen glaubte. Unser Marsch begann, da alles schon eingeübt war, ganz regelmäßig zu werden. Täglich machten wir gewöhnlich dreimal halt, jedesmal anderthalb oder zwei Stunden lang, vor Sonnenaufgang, wo wir unser Brot für den ganzen Tag zu backen pflegten, zu Mittag, um den Tieren und Menschen bei der sengenden Hitze ein wenig Ruhe zu vergönnen, und vor Sonnenuntergang, um unser karges Abendmahl zu verzehren, welches aus dem oft erwähnten Brot und einigen abgezählten Tropfen Wasser bestand. Meine Freunde sowie auch die Turkmanen hatten jeder etwas Schaffett mit, das sie zum Brot aßen und vom dem sie mir auch antrugen, ich nahm es aber nicht an, weil ich überzeugt war, daß nur große Mäßigung die Qualen des Durstes vermindern und den Körper für alle Mühen abhärten konnte. Die Gegend, die wir durchzogen, bestand aus festem Lehmboden, der nur hier und da einige armselige Kräuter hatte, meistens aber jene kahlen Stellen bildete, die von der Dürre geborsten durch die aderartigen Risse die buntesten Formen darboten. Und wie ermüdend wirkt diese traurige Ebene, aus der jede Spur des Lebens verbannt ist, auf den Reisenden, und wie wohl tut es ihm, wenn er die Station erreicht und von der wellenartigen Bewegung des Kamels sich auf einige Minuten ausruhen kann!

Den nächsten Mittag (19. Mai) entdeckten wir eine dunkelblaue Wolke gegen Norden. Es war der Kleine Balkan, den wir schon morgen früh erreichen sollten und von dessen Größe, Schönheit und Reichtum an Mineralien die Turkmanen mir soviel erzählten. Unglücklicherweise wurde an diesem Abend unser sonst wachsamer Kervanbaschi vom Schlafe überwältigt, und der an die Spitze gestellte Kamelführer brachte uns in eine Gefahr, die uns allen das Leben hätte kosten können. Es gibt nämlich am Fuße des Kleinen Balkan viele jener gefährlichen Salzsümpfe (15), die, mit einer dicken weißen Kruste überzogen, vom übrigen festen Land nicht unterschieden werden können, da alles in gleichem Maße von der oft fingerdicken Salzlage bedeckt ist. So waren wir schon so weit auf jenen Stellen vorgedrungen, daß die Tiere durch das Schwanken des Bodens unter ihren Füßen trotz allen Antreibens zum Stehen gebracht wurden. Wir sprangen ab, und man denke sich meinen Schrecken, als ich, auf der Erde stehend, mich wie in einem schwankenden Rachen fühlte. Die Bestürzung war allgemein. Der Kervanbaschi rief, daß alles an seinem Platze stehen bleiben sollte, da nur bei Tagesanbruch an einen Ausweg zu denken wäre. Der starke Sodageruch war fast unerträglich, und wir mußten drei Stunden warten, bis die ersten Strahlen der befreienden Morgenröte erschienen. Der Rückweg hatte viele Beschwerden, doch waren wir alle froh, denn der Himmel war uns gnädig gewesen. Wären wir nur etwas weiter hineingekommen, so hätte leicht der lockere Boden sich öffnen und einen Teil, ja vielleicht die ganze Karawane mit Mann und Maus verschlingen können. So wenigstens sagten mir die Turkmanen.

Es war 10 Uhr morgens (20. Mai), als wir den von Südwest nach Nordost sich erstreckenden Kleinen Balkan erreichten und, mit dessen nördlichem Ende parallel laufend, auch ein Vorgebirge des Großen Balkan, aber nur in schwachen Umrissen, entdeckten. Der Kleine Balkan, an dessen Fuß wir nun lagerten, bildet eine ziemlich ununterbrochene Kette von gleichmäßiger Höhe, die ungefähr 12 Meilen lang ist; sie ist zwar nicht so dürr und nackt wie die Gebirge Persiens, auf manchen Stellen ist Gras zu finden, im übrigen hat sie größtenteils eine blaugräuliche Farbe. Die Höhe des Gebirges ist nach dem Augenmaß auf 2–3000 Fuß anzugeben.* Unser Weg ging diesen und den folgenden Tag (21. Mai) immer an demselben entlang, bis wir gegen Abend am Fuße des Vorgebirges des Großen Balkan ankamen. Diesen, obwohl ich nur einen Teil in der Nähe sehen konnte, fand ich mit Recht zum Unterschiede den Großen benannt, weil er sich durchschnittlich, soweit er dem Auge erreichbar ist, durch größeren Umfang und größere Höhe auszeichnet. Wir befanden uns an einem östlich liegenden Teil desselben, die eigentliche Kette des Großen Balkan, die bis an die Ufer des Kaspischen Meeres ausläuft, hat mehr die Richtung von Süden nach Norden und soll, wie ich in Chiwa und unter den Turkmanen hörte, reich an edlen Mineralien sein, was aber nur dann glaubwürdig wäre, wenn das Urteil von kompetenteren Richtern käme.

Im ganzen war unser heutiges Abendlager nicht ohne Reiz, denn als die untergehende Sonne auf die lieblichen Täler des Kleinen Balkan ihre letzten Strahlen warf, war ich nahe daran, mir einzubilden, ich sei in einer Gebirgsgegend. Die Gegend wäre schön zu nennen, wenn nicht die schreckliche Öde, die große Verlassenheit sie in einen Trauerschleier hüllte. Das Auge blickt immer in größter Furcht umher, ob es nicht einen fremden Menschen gewahr wird, denn jedes menschliche Wesen, dem man in der Wüste begegnet, muß mit gespannter Waffe empfangen werden.

Eine Stunde nach Sonnenuntergang wurde der Aufbruch beschlossen. Der Kervanbaschi zeigte uns an, daß wir eigentlich erst von hier in die wahre Wüste gelangen würden, und obwohl wir dem Aussehen nach alle

---

* Der Große Balkan erreicht 1880 m.

erprobte Wanderer waren, hielt er es dennoch für unumgänglich notwendig, uns darauf hinzuweisen, daß wir lautes Reden und Geschrei bei Tag und bei Nacht möglichst vermeiden sollten, daß von nun an jeder sein Brot vor Sonnenuntergang backen sollte, da man hier bei Nacht kein Feuer anzünden dürfe, um nicht seine Stellung dem Feinde zu verraten, daß wir in unseren Gebeten stets um Amandschilik, d.h. Sicherheit, beten und zur Zeit der Gefahr auch nicht wie Weiber zittern sollten. Einige Schwerter, eine Lanze und zwei Flinten, natürlich mit Lunten versehen, wurden unter uns verteilt, und weil man mich als einen der Beherzten ansah, erhielt ich ein Feuergewehr mit ziemlich viel Pulver und Blei, muß aber offen gestehen, daß diese Vorbereitungen mir nicht die rosigsten Hoffnungen einflößten.

Nachdem wir die Balkangebiete verlassen hatten, zeigte mir der Kompaß trotz aller Verheimlichung, daß wir die mittlere Straße gewählt hatten. In Kören-tagi hatten wir die Nachricht erhalten, daß 50 Karaktschi aus dem Stamme Tekke sich in der Umgegend der Gebirge herumtrieben; der Kervanbaschi berücksichtigte das aber nur so weit, daß er den Brunnen und Stationsort Dschenak kujußu umging, dessen Wasser ohnehin sehr salzig ist, und nur die Kamele, die erst drei Tage dursteten, erfrischen konnte. Es mag eben Mitternacht gewesen sein, und wir waren ungefähr zwei Meilen gegangen, als wir zu einem steilen Abhang gelangten. Man ließ uns hier alle absteigen, und es hieß, wir wären am Döden, wie die Nomaden dieser Gegend das alte Flußbett des Oxus nennen, und die Stürme und Regengüsse des vergangenen Winters hätten die vorjährigen, ziemlich gut erkennbaren Spuren des Weges nun wieder ganz verwischt. Das alte Flußbett wurde in einer langen, krummen Linie durchschnitten, um einen Aufgang auf das jenseitige, noch steilere Ufer ausfindig zu machen, und nur mit vieler Mühe wurde nahe vor Tagesanbruch das hohe Plateau erreicht.

Je mehr der Balkan hinter unserem Rücken in den

blauen Wolken verschwand, desto größer, desto schrecklicher wurde die Majestät der unabsehbaren Wüste. Ich war früher der Meinung gewesen, daß die Erhabenheit der Wüste nur dann auf unsere Seele einen Eindruck machen kann, wenn die Phantasie den Bildern Farbe und Bestimmtheit verleiht. Doch ich hatte mich geirrt. Ein Miniaturbild der Wüste hatte ich in den Niederungen meines teuren Vaterlandes gesehen, eine größere Skizze später, als ich in Persien einen Teil der Salzwüste (Deschti Kuwir) durchschritt; doch wie ganz anders waren hier meine Gefühle! Nicht Einbildung, wie man fälschlich behauptet, die Natur selbst zündet die Fackel der Begeisterung an. Ich versuchte es manchesmal, die düsteren Farben der Wüste dadurch zu verklären, daß ich mir Städte, reges Leben in der Nähe vorstellte, doch vergebens, die unabsehbaren Sandhügel, die schreckliche Todesstille, die gelbrötliche Farbe der Sonne beim Auf- und Untergang, alles verkündete, daß wir in einer großen, vielleicht der größten Wüste des Erdballs waren (16).

Gegen Mittag (22. Mai) lagerten wir bei Jeti siri, so genannt nach den sieben Brunnen, die hier einst existierten; von diesen gaben drei ein sehr salziges, übelriechendes Wasser, die anderen vier waren gänzlich versiegt. Da der Kervanbaschi die Hoffnung aussprach, am Abend etwas Regenwasser anzutreffen, so wollte ich den kleinen Überrest in meinem Schlauch, obwohl mehr Lehm als Wasser, doch nicht mit der bitteren, widrigen Flüssigkeit der Brunnen vertauschen. Die Kamele wurden daraus getränkt, auch einige meiner Gefährten gebrauchten sie, und ich staunte, wie letztere mit den Vierfüßlern im Trinken wetteiferten, sie lachten über meine Ermahnungen zur Mäßigung, bereuten aber später sehr, sie mißachtet zu haben. Nach kurzem Halt brachen wir wieder auf und passierten eine unter den übrigen Sandhügeln hervorragende Erhöhung, auf der zwei leere Kedschewes standen. Man sagte mir, daß die Reisenden, die darin gesessen hatten, hier in der Wüste umgekommen seien, und daß jede Stelle, die einst Menschen zum Aufenthalt gedient habe, in Achtung stehe und deren Zerstörung als eine Sünde betrachtet werde. Sonderbarer Aberglaube! Menschen verkaufen und Länder verwüsten wird als Tugend angesehen, und ein Holzkorb steht in Achtung, weil darin ein Mensch gesessen hat! Die Wüste und ihre Bewohner sind sonderbar und auffallend, und der Leser wird sich noch mehr wundern, wenn ich ihm erzähle, was uns denselben Abend begegnete. Um Regenwasser aufzufinden, ging jeder von uns in eine andere Richtung. Ich folgte dem Kervanbaschi, der plötzlich auf Spuren im Sand aufmerksam wurde und ganz betroffen ausrief: »Hier muß es Menschen geben.« Wir zündeten unsere Lunten an und gelangten, von der Spur geleitet, zu einer Höhle. Da aus den Eindrücken im Sande zu schließen war, daß wir es nur mit einem Menschen zu tun hatten, drangen wir in die Höhle ein, und ich sah mit Grauen einen verwilderten Mann mit langem Haar und Bart in einer Kleidung aus Gazellenfell, der nicht minder betroffen aufsprang und mit gefällter Lanze uns entgegenstürzte. Während ich mit unaussprechlicher Ungeduld die Szene beobachtete, war in den Zügen meines Begleiters die größte Ruhe zu bemerken; als er den Halbwilden erblickte, senkte er seine Waffe und ein leises Amanbol, d. h. Friede über dich, murmelnd verließ er die grauenvolle Stätte. »Kanli dir« (ein Blutbehafteter), sagte der Kervanbaschi, ohne daß ich ihn zu fragen gewagt hätte. Erst später erfuhr ich, daß dieser Unglückliche, vor einer gerechten Blutrache* fliehend, schon jahrelang Sommer und Winter in der Wüste umherirrte. Menschen kann und darf er nicht sehen.

---

* Die Blutrache wird hier selbst von der Religion geduldet, und ich war in Etrek Augenzeuge, wie ein Sohn seinen Stiefvater in Gegenwart der Mutter und Gemahlin erschoß, weil es sich herausstellte, daß derselbe an dem Tode seines vor acht Jahren gestorbenen Vaters mitschuldig war. Sehr charakteristisch ist, daß die Leute, die sich zum Begräbnis einfanden, die Mutter trösteten, dem Sohn aber wegen der frommen Tat, die er vollführt hatte, gratulierten.

Betrübt vom Anblick dieses armen Sünders vergaß
ich, daß wir auf unserer Exkursion statt süßen Wassers
nur Blut entdeckten; auch unsere Gefährten kehrten leer
zurück, und der Gedanke, daß ich heute Abend die letzten Tropfen des süßen Schlammes trinken würde, machte mich zittern. O Wasser, teuerstes aller Elemente,
dachte ich, warum habe ich deinen Wert nicht früher
erkannt! Verschwenderisch gebraucht man deinen Segen,
ja in meinem Vaterlande fürchtet man ihn sogar, und
was möchte ich jetzt darum geben, wenn ich nur 20
Tropfen der göttlichen Flüssigkeit bekommen könnte!

Ich aß nur einige Bissen Brot, die ich in heißes Wasser
eintauchte, weil ich hörte, daß dasselbe nach dem Sieden
seinen bitteren Geschmack verliert. Ich war darauf vor-
bereitet, alles zu dulden, bis wir etwas Regenwasser
antreffen würden, so sehr schreckte mich der Zustand
meiner Gefährten, die alle an heftigem Durchfall litten.
Einige Turkmanen, besonders der Kervanbaschi, standen sehr in dem Verdacht, gutes Wasser verborgen zu
haben, doch in der Wüste gilt jede Absicht auf den
Schlauch für eine Absicht auf das Leben, und man würde
für wahnsinnig erklärt werden, wollte man von jemand
Wasser geliehen haben oder zum Geschenk verlangen.
Heute Abend verspürte ich nicht die mindeste Lust
mehr, auch nur den kleinsten Bissen Brot zu genießen
und fühlte große Mattigkeit, denn die Hitze des Tages
war unbeschreiblich. Als ich eben kraftlos ausgestreckt
dalag, sah ich, daß sich alles um den Kervanbaschi
drängte; man winkte auch mir, mit meinem Wassergefäß
herbeizukommen. Die Worte Wasser! Wasser! gaben mir
Kräfte, ich sprang auf und war freudig überrascht, als ich
sah, daß der Kervanbaschi jedem aus der Karawane
ungefähr drei Gläser reinen, süßen Wassers gab. Der brave Turkmane erzählte uns, daß es schon jahrelang seine
Gewohnheit in der Wüste wäre, eine gute Quantität
Wasser verborgen zu halten, um es zu einer Zeit auszuteilen, wo er wisse, daß es jedem erwünscht käme; dies
wäre eine große Sewab (fromme Tat), denn ein turkma-

nisches Sprichwort sagt: »Ein Tropfen Wasser, dem Durstigen in der Wüste gespendet, wäscht die Sünden von hundert Jahren ab.«

Den Grad dieser Wohltat zu ermessen, ist ebenso unmöglich, wie den Genuß zu beschreiben, den der Trunk süßen Wassers verschaffte. Ich fühlte mich vollauf gesättigt und dachte, es nun wieder drei Tage lang aushalten zu können. Mit dem Trunk war ich glücklich, aber mit meinem Brot ging es mir nicht so gut. Mattigkeit und Mangel an Appetit hatten mich etwas träge gemacht, und ich glaubte anstatt des Holzes, von dem wir etwas weit entfernt waren, den Kamelkot, unser gewöhnliches Brennmaterial, verwenden zu können. Aber auch von diesem hatte ich zu wenig gesammelt. Ich steckte den Teig in die heiße Asche und entdeckte nach einer halben Stunde, daß die Hitze nicht ausreichend war. Schnell eilte ich nach Holz, aber als ich es anzündete, wurde es dunkel und der Kervanbaschi schrie mir zu, ob ich denn die Karawane den Räubern verraten wollte. Ich mußte also das Feuer auslöschen und mein ungesäuertes Brot in halbgebackenem Zustande mitnehmen. Den nächsten Morgen (23. Mai) war unsere Station Koymat Ata, das einst einen jetzt versiegten Brunnen hatte; übrigens erwuchs daraus kein großer Schaden, da sein Wasser wie das der übrigen Brunnen dieser Gegend ungenießbar ist. Zu unserem Unglück wurde die Hitze, besonders in den Vormittagsstunden, wirklich unerträglich. Die Sonnenstrahlen erwärmen oft auf einen Fuß tief den dürren Sand, und der Boden wird so heiß, das selbst der wildeste Mittelasiate, der immer jede Fußbekleidung verschmäht hat, sich hier ein Stück Leder in der Form einer Sandale unter die Sohlen binden muß. Kein Wunder, daß mein gestriger Labetrunk bald vergessen und ich aufs neue den schrecklichen Qualen des Durstes überlassen war. Zu Mittag kündigte der Kervanbaschi uns an, daß wir dem berühmten Wallfahrts- und Stationsort Kahriman Ata nahe wären und zur Erfüllung der frommen Pflicht absteigen und eine Viertelstunde zu Fuß zum Grabe des Heiligen wandern sollten. Man stelle sich meine Pein vor, als ich, von Hitze und Durst kraftlos und ermattet, meinen Sitz verlassen und mich der Pilgerschar anschließen mußte, um eine gute Viertelstunde zu dem noch dazu auf einer Anhöhe liegenden Grabe zu gehen und mit ausgetrockneter Kehle Telkine und Koranzitate wie ein Besessener mitzubrüllen. O du grausamer Heiliger, dachte ich, hättest du dich nicht anderswo begraben lassen können, um mir die Höllenmarter deines Besuchs zu ersparen? Ganz außer Atem stürzte ich vor dem Grabe nieder, das 30 Fuß lang und mit Widderhörnern, einem Zeichen der Überordnung in Mittelasien, bedeckt war. Der Kervanbaschi erzählte uns, daß der darin Ruhende ein Riese, ebenso lang* wie sein Grab, war und daß er vor unzähligen Jahren die hier befindlichen Brunnen gegen die Angriffe der bösen Geister, die sie mit Steinen verstopfen wollten, verteidigte. Ringsherum waren mehrere kleine Gräber zu sehen, Ruhestätten armer Reisender, die an verschiedenen Orten der Wüste durch Räuber oder die Elemente der Natur umgekommen waren. Die Nachricht von den Brunnen, die unter der Obhut des Heiligen standen, erfreute mich, ich hoffte trinkbares Wasser zu finden und eilte dermaßen, daß ich zuerst an dem bezeichneten Orte anlangte. Ich sah bald die einer braunen Pfütze ähnliche Quelle und füllte meine Hände; es war, als hätte ich Eis angefaßt, ich führte die Nässe zu den Lippen, und welche Marter! keinen Tropfen konnte ich hinunterbringen, so bitter, so gesalzen, so übelriechend war das eiskalte Wasser! Meine Wut und Niedergeschlagenheit hatten keine Grenzen, ich war das erstemal ernstlich um mein Schicksal besorgt.

---

* Die Orientalen lieben es, ihre Heiligen auch durch körperliche Größe zu verherrlichen. In Persien habe ich mehrere Riesengräber gesehen, ja selbst in Konstantinopel am asiatischen Ufer des Bosporus, am sogenannten Josuaberge, existiert ein langes Grab, das die Türken als das des Josua der Bibel, die Griechen als das des Herkules verehren.

Elftes Kapitel

Ein Gewitter, erst einige Stunden lang in der Ferne hörbar, das um Mitternacht näher kam, schickte uns einige schwere Tropfen und war der Bote, der das nahe Ende unserer Qual ankündigte. Gegen Morgen (24. Mai) hatten wir das äußerste Ende des Sandes, durch den wir drei Tage lang uns durchgearbeitet hatten, erreicht und waren überzeugt, auf dem lehmigen Boden unseres heutigen Weges Regenwasser anzutreffen. Der Kervanbaschi hatte unterdessen aus den vielen Spuren von Gazellen und wilden Eseln unsere Hoffnung im voraus bestätigt gefunden, verheimlichte es aber, eilte voraus und war wirklich so glücklich, mit seinem Späherauge einen kleinen See von Regenwasser zuerst zu entdecken und der Karawane anzuzeigen. Su! Su! (Wasser! Wasser!) schrie alles vor Freude auf, und ohne noch getrunken zu haben, waren viele und auch ich von der bloßen Hoffnung gesättigt und beruhigt. Zur Mittagsstunde kamen wir bei der Stelle an, wo wir später außer den von fern gesehenen noch mehrere andere Gruben voll des allersüßesten Regenwassers entdeckten. Ich war einer der ersten, der mit Schlauch und Gefäßen herbeistürzte, nicht um zu trinken, sondern zu sammeln, ehe das Wasser von der Menge aufgerührt und in Schlamm verwandelt war. Nach einer halben Stunde saß alles in der größten Wonne bei seinem Frühstück, und es ist schwer, ja fast unmöglich, von unserer Freude einen Begriff zu geben. Von dieser Station, die den Namen Deli Ata führt, bis nach Chiwa hatten wir ununterbrochen unsere Schläuche mit süßem Wasser gefüllt, und von da an war unsere Reise in der Wüste, wenngleich keine angenehme, doch wenigstens eine ruhige zu nennen. Abends kamen wir an eine Stelle, wo ein förmlicher Frühling herrschte. Wir lagerten zwischen unzähligen kleinen Seen, die vom schönsten Wiesenkranz umgeben waren, und es erschien mir wie ein Traum, wenn ich an unsere gestrige Lage zurückdachte. Um unsere Freude vollkommen zu machen, wurde mitgeteilt, daß die große Furcht vor Überfällen auch schon vorüber war, nur des Abends sollten wir noch das Feueranzünden unterlassen. Es braucht kaum erwähnt zu werden, daß die Söhne der Wüste diese unerwartete Wasserfülle einzig und allein unserem frommen Hadschicharakter zuschrieben. Wir füllten hier die Schläuche und setzten frohen Mutes unseren Weg fort.

Diesen Abend erreichten wir den mit so vieler Sehnsucht erwarteten tiefen Graben, an dessen entgegengesetzter Seite das Plateau Kaflankir (Tigerfeld) liegt und von wo an das Territorium des Chanats von Chiwa beginnt. Das Hinaufsteigen auf den beinahe 300 Fuß hohen Rand des Plateaus war für Menschen und Tiere ziemlich ermüdend, ebenso steil und hoch soll, wie ich hörte, sein nördliches Ende sein. Das Ganze bietet einen sonderbaren Anblick dar; soweit das Auge reicht, scheint die Stelle, auf der wir uns befinden, wie eine Insel aus dem Sandmeere hervorzuragen. Die Grenzen des tiefen Grabens sind hier wie auf seinem nordöstlichen Ende, das wir in zwei Tagen (25. und 26. Mai) erreichten, dem Auge unerreichbar. Wenn den Aussagen der Turkmanen zu glauben ist, so sind die beiden Gräben alte Flußbette des Oxus, Kaflankir selbst aber eine ehemalige Insel, die von allen Seiten von den erwähnten Gräben umgeben ist. So viel ist gewiß, daß dieser ganze Landstrich von der übrigen Wüste sich sehr unterscheidet, sowohl in Bodenbeschaffenheit und Pflanzenreichtum als auch durch die Menge der Tiere, die sich hier herumtummeln. Wir waren wohl bis jetzt einzelnen Gazellen und wilden Eseln begegnet, aber wie erstaunte ich, hier Hunderte zu sehen, die in großen Scharen zusammen weideten. Es war, glaube ich, am zweiten Tag, den wir auf dem Kaflankir zubrachten, als wir gegen Mittag eine mächtige Staubwolke von Norden her sich erheben sahen. Der Kervanbaschi und die Turkmanen griffen zu den Waffen, und unsere Ungeduld wuchs in dem Maße, als die Staubwolke sich näherte. Endlich konnte man bemerken, daß das Ganze einer in Reih und Glied attackierenden Schwadron glich. Da ließen unsere Begleiter die Waffen sinken. Da ich Neugierde, einen antiorientalischen Fehler, nicht zeigen durfte, so hatte meine Ungeduld keine Grenzen; die Staubwolke kam mehr und mehr heran, und als sie ungefähr 50 Schritt entfernt war, hörten wir ein Geräusch, als wenn Tausende von gutgeübten Kavalleristen auf Kommando halt gemacht hätten. Wir sahen eine unzählige Menge wilder Esel, kräftig und lebhaft aussehende Tiere, die in einer gutgeschlossenen Linie stehen blieben, uns mit großer Aufmerksamkeit einige Augenblicke begafften, und als sie unsere Fremdheit entdeckten, auf einmal Reißaus nahmen und mit Pfeilgeschwindigkeit sich gegen Westen entfernten.

Von der Seite nach Chiwa zu gesehen, gleicht die Erhöhung des Kaflankir einer förmlichen Mauer, so horizontal ist der Rand und so glatt, als wenn das Wasser sich erst gestern zurückgezogen hätte. Wir machten von hier nur einen Tagemarsch und gelangten am 28. Mai morgens zu einem See, Schor Göl (Salzsee) genannt, der die Form eines Rechtecks und 12 englische Meilen im Umfang hat. Hier wurde beschlossen, eine sechsstündige Rast zu halten, damit jeder den schon lange notwendigen Gusl*, die von der Religion vorgeschrieben sind, vollziehe, besonders da heute eben Eidi Kurban, einer der angesehensten Feiertage des Islam, war. Meine Gefährten öffneten bei dieser Gelegenheit ihre Ranzen, jeder von ihnen hatte ein Hemd zu wechseln, nur ich nicht. Hadschi Bilal wollte mir eins borgen, doch ich schlug es ab, weil ich überzeugt war, daß, je ärmlicher mein Aussehen, desto größer meine Sicherheit sei. Lachen mußte ich, als ich hier zum ersten Mal in einen Spiegel sah und mein von fingerdicker Staub- und Sandkruste bedecktes Ge-

---

* Gusl ist die Waschung des ganzen Körpers, die nur in besonderen Fällen nötig ist.

sicht erblickte. An manchen Stellen in der Wüste hätte ich mich wohl waschen können, doch unterließ ich es absichtlich, um mich durch die Kruste vor der brennenden Sonne zu schützen. Das war mir freilich nur wenig gelungen, und viele Spuren davon werde ich lebenslänglich als Erinnerungszeichen behalten. Übrigens waren nicht nur ich, sondern alle meine Gefährten entstellt durch das Tejemmün, einen Ersatz für die Waschung, den der Prophet für die wasserlose Wüste befohlen hat, wo man sich mit Sand und Staub waschen muß und daher noch unreiner wird. Nach beendeter Toilette bemerkte ich, daß meine Freunde nun wirklich im Vergleich mit mir wie Herren aussahen. Man hatte Mitleid und wollte mir einige Kleidungsstücke borgen, ich dankte jedoch mit der Bemerkung, daß ich warten wollte, bis der Chan von Chiwa mich kleiden würde.

Unser Weg ging vier Stunden lang durch ein dürres Gehölz, hier Jilgin genannt, wo wir einem Ösbeg begegneten, der aus Chiwa kam und Neuigkeiten über die dortigen Verhältnisse mitteilte. Wenn der Anblick dieses Reiters uns freudig überraschte, so war das nichts im Vergleich mit meinen Gefühlen, als ich nachmittags einige verlassene Lehmhäuser erblickte, denn Mauern oder sonstige Anzeichen eines Hauses hatte ich seit Karatepe (Grenze Persiens) nicht gesehen. Diese Hütten waren vor einigen Jahren noch bewohnt gewesen und wurden zu dem östlich sich erstreckenden Medemin gerechnet. Unter diesem Namen versteht man den Landstrich des Chanats Chiwa, der sich am weitesten südlich in die Große Wüste, bei uns die Hyrkanische (17) genannt, erstreckt. Dieser Teil wurde erst vor 15 Jahren von einem Offizier namens Mehemmed Emin urbar gemacht (18), woher er auch die Benennung Medemin, eine Abkürzung seines Namens, führt. Seit dem letzten Krieg lagen diese Gegenden wieder wüst und öde, und so geht es vielen Orten Turkestans, wie wir oft sehen werden.

Heute früh (29. Mai) fiel mir auf, daß wir die nordöstliche Richtung, in der Chiwa liegt, mit einer ganz nördlichen vertauschten; ich forschte nach und erfuhr, daß wir der Sicherheit halber einen Umweg machten. Der Ösbeg, dem wir gestern begegneten, hatte gewarnt, wir möchten uns in acht nehmen, da die Tschaudors sich in offener Rebellion gegen den Chan befänden und ihre Alamane häufig diese Grenzorte überfielen. Wir marschierten diesen Abend noch mit einiger Vorsicht, und wer war glücklicher als wir, als wir am nächsten Morgen rechts und links Zeltgruppen sahen und überall, wo wir passierten, die freundlichsten »Aman geldingiz!« (Seid glücklich angekommen!) hörten. Da unser Ilias unter den hier Kampierenden Freunde hatte, ging er, um warmes Brot und andere Kurbangeschenke (Feiertagsbissen) zu holen. Er kam reich beladen zurück und verteilte Fleisch, Brot und Kimis (ein saures, scharfes Getränk aus Stutenmilch) unter uns. Obwohl wir nur eine knappe Stunde Rast hielten, so sahen wir dennoch viele gottesfürchtige Nomaden ankommen, um unseren Händedruck zu empfangen und so eine heilige Handlung auszuüben. Der Segen war hier ein guter Artikel, denn ich hatte für vier oder fünf Formeln eine Menge Brot und einige Stücke Kamel-, Pferde- und Schaffleisch bekommen. Wir überschritten mehrere Jap (künstliche Bewässerungsgräben) und gelangten mittags zu einer verlassenen Zitadelle namens Chanabad, deren quadratförmige hohe Mauer in einer Entfernung von drei Meilen sichtbar war. Hier brachten wir den Nachmittag und Abend zu; die Sonne war glühend, und es war sehr wohltuend, im Schatten der Mauer zu schlummern, obwohl ich auf bloßer Erde lag und einen Stein zum Kopfkissen hatte. Wir verließen Chanabad, das 25 Meilen von Chiwa entfernt ist, noch vor Tagesanbruch und waren sehr erstaunt, auf unserem ganzen Tagesmarsch (30. Mai) kein einziges Zelt zu sehen; abends befanden wir uns sogar zwischen hohen Sandhügeln, und ich glaubte aufs neue in die Wüste versetzt zu sein. Wir waren eben mit unserem Tee beschäftigt, als die auf die Weide geschickten Kamele wild umherzulaufen anfingen. Man hatte kaum vermutet, daß sie von jemand verfolgt würden, als fünf Reiter sichtbar wurden, die im Galopp auf unser Lager zueilten. Die Teeschalen mit Flinten vertauschen und eine gute Schußlinie aufstellen, war das Werk eines Augenblicks. Die Reiter kamen unterdessen langsam heran, und die Turkmanen erkannten bald an dem Schritt der Pferde, daß wir uns glücklicherweise geirrt hatten und statt Feinde ein befreundetes Geleit bekamen.

Den nächsten Morgen (31. Mai) kamen wir in ein ösbegisches Dorf, das zu Akjap gehörte; hier ist die Wüste zwischen Gömüschtepe und Chiwa ganz zu Ende. Die Einwohner des genannten Ortes, die ersten Ösbegen, die ich zu sehen Gelegenheit hatte, waren sehr gute Leute. Der Landessitte gemäß besuchten wir die Häuser und hielten eine reiche Ernte durch unsere Fatihas. Nach langer Zeit sah ich hier wieder einige Artikel, die aus dem teuren Westen kamen, und mein Herz pochte vor Freude. Wir hätten heute noch die Wohnung unseres Ilias erreichen können, denn hier beginnt schon ein von Jomuten aus Chiwa bewohntes Dorf namens Akjap, aber unser Freund war ein wenig eitel, er wünschte, daß wir nicht als unerwartete Gäste kämen; wir übernachteten daher zwei Stunden von seiner Wohnung entfernt bei seinem reichen Onkel Allahnasr Bay*, der uns mit besonderer Auszeichnung bewirtete. Unterdessen konnte Ilias seiner Frau unsere Ankunft anzeigen lassen, und wir hielten den darauf folgenden Morgen (1. Juni) unseren Einzug, indem uns unzählige Mitglieder seiner Familie und entferntere Verwandte zur Bewillkommnung entgegeneilten. Er bot mir ein zierliches Zelt zur Wohnung an, ich zog aber seinen Garten vor, da dieser Bäume hatte, nach deren Schatten meine Seele schmachtete. Lange hatte ich deren keine gesehen.

Während meines zweitägigen Aufenthalts unter den halb zivilisierten, d.h. halb ansässig gewordenen Turkmanen fiel mir am meisten auf, welchen Widerwillen

---

* Bay oder Bi, in der Türkei Bey, heißt ein vornehmer Herr.

diese Nomaden gegen alles haben, was Haus oder Regierung heißt. Obgleich sie einige Jahrhunderte lang neben den Ösbegen wohnen, hassen sie die Sitten und Gebräuche derselben, meiden ihren Umgang, und obwohl stammes- und sprachverwandt, ist der Ösbeg in ihren Augen ebenso fremd wie ein Hottentotte für uns. Nachdem wir uns ein wenig ausgeruht hatten, ging es der Hauptstadt zu, wir passierten Gasawat, wo eben Wochenmarkt war und der erste Anblick von chiwaischem Leben sich darbot, und übernachteten auf einer Wiese vor Scheichlar Kaleßi, wo ich die größten und unverschämtesten Mükken in meinem Leben angetroffen habe. Kamele und Reisende wurden die ganze Nacht gepeinigt, und es war mir nicht am besten zu Mute, als ich morgens, ohne auch nur ein Auge zugetan zu haben, mein Kamel besteigen mußte. Glücklicherweise wurde die Qual der Schlaflosigkeit unter dem Eindruck der schönsten Frühlingsnatur, die immer üppiger wurde, je mehr wir uns Chiwa näherten, bald vergessen. Ich glaubte früher, daß Chiwa mir deswegen so schön vorgekommen sei, weil es einen Kontrast gegen die Wüste bildete, deren Schreckensgestalt mir noch vor Augen schwebte. Aber ich finde Chiwas Umgebung mit seinen kleinen burgförmigen Hawlis*, die von hohen Pappeln beschattet sind, mit seinen schönen Wiesen und Äckern selbst heute, nachdem ich die reizendsten Teile Europas wiedergesehen habe, noch immer schön. Hätten die Dichter des Orients ihre Leier hier ertönen lassen, so hätten sie würdigeren Stoff gefunden als in dem schrecklich wüsten Persien.

Auch die Hauptstadt Chiwa selbst, wie sie mitten in diesen Gärten mit einigen Kuppeln und Türmen sich erhebt, macht aus der Ferne gesehen einen ziemlich günstigen Eindruck. Charakteristisch ist es, daß eine schmale Zunge der Großen Sandwüste von Merw bis auf eine

---

* Hawli, dessen wörtliche Bedeutung Strahl ist, wird hier im Sinne unseres Wortes Hof genommen. In dem Hawli sind Zelt, Stallungen, Fruchtkammer und sonstige Räume, die zur Behausung eines Ösbeg (Landbewohner) gehören.

halbe Stunde der Stadt nahe kommt, um hier noch einmal den grellen Kontrast von Leben und Tod hervorzuheben. Die Erdzunge ist unter dem Namen Töjesitschti bekannt, und wir waren schon vor den Stadttoren, als wir noch die Sandhügel sahen.

Wie mir am 3. Juni vor den Toren Chiwas zu Mute war, wird der Leser sich vorstellen können, wenn er an die Gefahr denkt, der irgendein Verdacht, so leicht hervorgerufen durch meine auffallenden europäischen Züge, mich aussetzte. Ich wußte sehr wohl, daß der Chan von Chiwa, dessen Grausamkeit selbst die Tataren mißbilligten, bei einem solchen Verdacht viel strenger verfahren würde als die Turkmanen. Ich hörte, daß der Chan alle verdächtigen Fremden zu Sklaven machte, daß er dies erst unlängst mit einem Hindustaner von angeblich fürstlicher Abkunft tat, der jetzt wie die übrigen Sklaven zum Schleppen der Kanonenwagen bestimmt war. Mein Inneres war aufgeregt, aber bange war mir durchaus nicht. Ich war durch die stete Gefahr abgehärtet, der Tod, der so leicht die Folge meiner Abenteuer sein konnte, schwebte mir schon drei Monate lang vor Augen, und anstatt zu zittern, dachte ich selbst in den bedrängtesten Augenblicken an Mittel, die Wachsamkeit des abergläubischen Tyrannen zu täuschen. Unterwegs hatte ich genaue Erkundigungen eingezogen über alle vornehmen Chiwaer, die in Konstantinopel gewesen waren. Man nannte mir am häufigsten einen Schükrullah Bay, der sich 10 Jahre lang als Gesandter am Hofe des Sultans aufgehalten hatte. Ich erinnerte mich auch dunkel, ihn im Hause Ali Paschas, jetzigen Ministers des Äußeren, mehrmals gesehen zu haben. Dieser Schükrullah Bay, dachte ich, kennt Stambul und seine Sprache, Sitten und Vornehmen; ob er will oder nicht, ich muß ihm meine frühere Bekanntschaft aufdrängen, und da ich in der Rolle eines Stambuli selbst den Stambuli täuschen kann, so wird der frühere Gesandte des Chans von Chiwa mich nicht entlarven können und muß meinen Zwecken dienen.

Am Eingang des Tores erwarteten uns schon mehrere Chiwaer, die uns Brot und gedörrte Früchte auf die Kamele hinaufreichten. Schon seit Jahren war keine so große Truppe von Hadschis in Chiwa angekommen, alles starrte uns mit Verwunderung an, und die Ausrufungen: »Aman esen geldingiz!« (Seid wohlbehalten angekommen!), »Ha Schahbazim! Ha Arslanim!« (du mein Falke, du mein Löwe!) tönten uns von allen Seiten entgegen. Im Bazar angekommen stimmte Hadschi Bilal einen Telkin an, ich ließ meine Stimme lauter als alle hören und war wirklich gerührt, als mir die Leute Hände und Füße, ja die herabhängenden Fetzen meiner Kleidung mit einer Andacht küßten, als wäre ich ein Erzheiliger und eben vom Himmel herabgekommen. Der Landessitte gemäß stiegen wir in der zum Zollhaus bestimmten Karawanserei ab, wo die angekommenen Ballen und Menschen streng untersucht werden, wobei natürlich die Aussage des Chefs der Karawane am meisten gilt. Das Amt eines Oberzöllner versieht in Chiwa der erste Mehrem (eine Art Kammerherr und Vertrauter des Chans); kaum hatte dieser an unseren Kervanbaschi die üblichen Fragen gestellt, als der Afghane sich hervordrängte und laut ausrief: »Wir haben nach Chiwa drei interessante Vierfüßler und einen nicht minder interessanten Zweifüßler gebracht.« Da er mit der ersten Anspielung auf die in Chiwa noch nicht gesehenen Büffel, mit der zweiten aber auf mich deutete, so war es kein Wunder, daß viele Augen sogleich auf mich fielen und aus dem Geflüster auch bald die Worte Dschansis* (Spion), Frengi und Urus (Russe) hörbar wurden. Ich bemühte mich, nicht zu erröten, und war schon im Begriff, mich aus der Menge zurückzuziehen, als der Mehrem mich stehen bleiben hieß und mit äußerst unhöflichen Ausdrücken sich anschickte, mich zu verhören. Eben wollte ich antworten, als Hadschi Salih, dessen Äußeres Achtung einflößte, herzutrat und, des Vorgefallenen unkundig, mich mit

---

* Eine Verdrehung des arabischen Wortes Dschasus.

Bewohner aus Chiwa

den schmeichelhaftesten Ausdrücken dem Nachforschenden vorstellte, so daß dieser ganz betroffen mir zulächelte und mich neben sich sitzen lassen wollte. Obwohl Hadschi Salih mir zuwinkte, der Einladung zu folgen, tat ich doch sehr beleidigt, warf einen zornigen Blick auf den Mehrem und entfernte mich.

Mein erster Gang war zu Schükrullah Bay, der ohne irgendeine Funktion damals in der Medresse von Mehemmed Emin Chan, dem schönsten Gebäude Chiwas, eine Zelle bewohnte. Ich ließ mich bei ihm als ein aus Stambul angekommener Efendi melden, mit der Bemerkung, daß ich ihn dort kennen gelernt habe und nun auf der Durchreise gern meine Aufwartung machen möchte. Die Anwesenheit eines Efendi in Chiwa, ein noch nicht vorgekommener Fall, erregte die Verwunderung des alten Herrn, er kam mir daher selbst entgegen und war sehr erstaunt, einen furchtbar entstellten Bettler in Lumpen gehüllt vor sich zu sehen. Dessenungeachtet ließ er mich eintreten, und ich hatte nur im Dialekt von Stambul einige Worte mit ihm gewechselt, als er sich mit immer wachsendem Eifer nach seinen zahlreichen

Freunden in der türkischen Hauptstadt und den Verhältnissen des osmanischen Reichs unter dem neuen Sultan
erkundigte. Wie gesagt, war ich meiner Rolle ziemlich
sicher; Schükrullah Bay war einerseits außer sich vor
Freude, als ich ihm über seine dortigen Bekannten
genaue Auskunft gab, andererseits ergriff ihn ein Staunen, und er sagte zu mir: »Aber um Gottes willen, Efendi, was hat dich bewogen, in diese schrecklichen Länder
zu kommen und noch dazu von Stambul her, diesem
irdischen Paradiese?« Ich antwortete mit einem tiefen
Seufzer: »Ja Pir!« (O Pir, d. h. geistliches Oberhaupt),
indem ich die Hand auf die Augen legte, was ein Zeichen
des schuldigen Gehorsams ist, und der gute Alte, ein
ziemlich gebildeter Muselman, konnte so leicht erraten,
daß ich irgendeinem Derwischorden angehörte und von
meinem Pir auf die Reise geschickt war, eine Pflicht, die
selbst mit Lebensgefahr jeder Murid (Zögling eines Derwischordens) erfüllen muß. Diese Aufklärung machte
ihm Freude, er fragte nur noch nach dem Namen des
Ordens, und als ich ihm Nakischbendi nannte, wußte er
schon, daß Bochara das Ziel meiner Reise war. Er wollte
mir sogleich in der genannten Medresse eine Wohnung
geben lassen, ich lehnte dies aber auf meine Gefährten
hinweisend ab und entfernte mich mit dem Versprechen,
ihn recht bald wieder zu besuchen.

Als ich in die Karawanserei zurückkehrte, sagte man
mir, daß meine Reisegefährten schon in einem Tekkie,
einer Art Kloster und Absteigequartier reisender Derwische, namens Töschebas*, ein Unterkommen gefunden
hätten; ich ging also dahin und fand, daß man auch für
mich eine Zelle bereit gehalten hatte. Kaum war ich
unter meine guten Freunde getreten, als sich alle wegen
meines Ausbleibens erkundigten und ihr Bedauern aus-
drückten, daß ich nicht zugegen gewesen war, wie der

---

* So genannt von Tört Schahbas, d.h. die vier Falken oder Helden, wie
man die vier Könige nennt, deren Grab sich hier befindet und die
Veranlassung zu der frommen Stiftung waren.

elende Afghane, der mich kompromittieren wollte, nicht nur von ihnen, sondern auch von den Chiwaern mit Fluch verfolgt sich zurückziehen mußte. Sehr gut, dachte ich, wenn der Verdacht unter dem Volke gehoben ist, mit dem Chan kann ich leicht fertig werden, denn Schükrullah Bay wird ihm gewiß meine Ankunft anzeigen, und da die Regenten Chiwas immer die größte Achtung gegen den Sultan bewiesen haben, so wird der jetzige Herrscher es gewiß versuchen, einen Efendi heranzuziehen, ja, sehr möglich, daß ich, der erste Konstantinopolitaner, der nach Charesm (politischer Name Chiwas) kommt, sogar mit Auszeichnung behandelt werde.

Meine Ahnung täuschte mich nicht. Am folgenden Tage kam ein Jasaul (Offizier des Hofs) zu mir, der ein kleines Geschenk vom Chan überbrachte, mit dem Befehl, ich möchte heute Abend in den Ark (Palais) kommen und dem Chan meine Fatiha geben, da dem Hasret (Titel der Herrscher in Mittelasien, unserem Majestät entsprechend) viel daran gelegen sei, von einem aus dem heiligen Lande gebürtigen Derwisch gesegnet zu werden. Ich versprach Gehorsam und begab mich eine Stunde früher zu Schükrullah Bay, der, da er bei der Audienz zugegen sein sollte, mich zu dem nahen Schlosse des Königs begleitete und mir unterwegs einige kurze Anweisungen im Betreff der Zeremonien gab, die ich dem Herrscher gegenüber zu beobachten hätte. Er erzählte mir auch von seinem gespannten Verhältnis zu dem Mehter (einer Art Minister des Innern), der in ihm einen Rivalen fürchtete, ihm überall zu schaden suchte, und vielleicht auch mir, als von ihm eingeführt, nicht zum besten begegnen würde. Da der Kuschbegi (erster Minister) und der ältere Bruder des Königs auf einem Feldzuge gegen die Tschaudors waren, so war provisorisch der Mehter der erste Beamte des Chans. Es war von der Sitte her geboten und für mich notwendig, mich zuerst ihm vorzustellen, da er in einem Vorhofe am Eingang des Tors, das direkt zum Chan führte, sein Büro unter einer Halle aufgeschlagen hatte.

Da eben zu dieser Stunde fast jeden Tag Ars, d. h. öffentliche Audienz, gehalten wurde, so waren der Haupteingang sowie alle Räume der königlichen Wohnung, die wir durchschritten, mit Bittstellern jeder Klasse, jedes Geschlechts und Alters angefüllt, die im allergewöhnlichsten Hausanzuge, viele Weiber sogar mit Kindern auf dem Arm, der Audienz gewärtig waren; eingeschrieben wird niemand, und derjenige wird zuerst vorgelassen, der sich am besten vordrängen kann. Die Menge machte uns überall Platz, und ich war höchst erfreut, als die Weiber, mit Fingern auf mich zeigend, einander sagten: »Sieh, das ist der Derwisch aus Konstantinopel, er wird jetzt unseren Chan segnen; Gott möge seine Worte erhören!«

Ich fand den Mehter, wie mir bezeichnet worden war, unter einer Halle, umgeben von seinen Schergen, die jedes seiner Worte mit einem Lächeln der Billigung begleiteten. Man sah an seinem gebräunten Teint und seinem langen bis auf die Brust herabfallenden dichten Bart, daß er Sarte, d. h. persischen Ursprungs, war. Sein plumper Anzug, besonders seine große Pelzmütze, paßten sehr zu seinen plumpen Zügen. Als er mich kommen sah, redete er lächelnd zu seiner Umgebung. Ich ging dreist auf ihn zu, grüßte ihn mit ernster Miene und nahm, wie es den Derwischen gebührt, den Ehrenplatz in der Gesellschaft ein. Nachdem ich die üblichen Gebete gesprochen hatte, worauf alles Amen sagend den Bart strich, wurden mit dem Mehter die gewöhnlichen Höflichkeitsformeln gewechselt. Der Minister wollte geistreich sein und bemerkte, daß in Konstantinopel auch die Derwische eine gute Bildung hätten und Arabisch sprächen (obwohl ich mich nur des Stambuler Dialekts bediente). Er sagte mir ferner, daß der Hasret (hier erhob sich alles von seinen Sitzen) mich zu sehen wünschte, und daß es ihm lieb sein würde, wenn ich vom Sultan oder dessen Gesandten in Teheran einige Zeilen mitgebracht hätte. Ich bemerkte darauf, daß meiner Reise keine irdischen Zwecke zu Grunde lägen, daß ich von niemand etwas wünsche und nur meiner persönlichen Sicherheit halber einen Ferman mithabe, der mit der Tugra (Siegel des Sultans) versehen sei. Ich übergab ihm damit meinen gedruckten Paß, und nachdem er genanntes großherrliches Zeichen ehrerbietig geküßt und auf seiner Stirn gerieben hatte, erhob er sich, um dem Chan den Paß auszuhändigen, kam bald darauf zurück und hieß mich in die Audienzhalle eintreten.

Schükrullah Bay trat zuerst ein, ich mußte einige Augenblicke warten, bis die nötigen Vorbereitungen getroffen waren, denn obwohl ich als Derwisch angekündigt wurde, so versäumte der mich Einführende doch nicht zu bemerken, daß ich in Konstantinopel alle vornehmen Paschas kenne und man daher bei mir einen möglichst guten Eindruck zurücklassen möge. Nach einigen Minuten wurde ich von zwei Jasauls ehrfurchtsvoll am Arm gefaßt, der Vorhang rollte auf und ich sah vor mir Seid Mehemmed Chan Padischahi Charesm oder Chan von Chiwa, wie wir ihn prosaischer nennen wollen, auf einer terrassenartigen Erhöhung sitzen, seinen linken Arm auf ein rundes seidensamtenes Polster stützend, mit der Rechten ein kurzes goldenes Szepter haltend. Dem vorgeschriebenen Zeremoniell gemäß erhob ich die Hände, was der Chan und die übrigen Anwesenden auch taten, rezitierte eine kleine Sura des Koran, dann zwei Allahumu Sella und ein übliches Gebet, welches mit Allahumu Rabbena anfängt, und schloß mit dem lauten Amen und dem Bartstreichen. Während der Chan sich noch den Bart hielt, rief jeder »Kabul bolgaj!« (Dein Gebet sei erhört!), ich näherte mich dem Herrscher, er reichte mir die Hände, und nachdem wir ein Musafeha* gemacht hatten, zog ich mich einige Schritte zurück, und das Zeremoniell war zu Ende. Nun fing der Chan an mich auszufragen über den Zweck meiner Reise, über den Eindruck, den die Wüste, die Turkmanen und Chi-

---

* Musafeha heißt der vom Koran vorgeschriebene Gruß, wobei die Grüßenden sich gegenseitig die offenen Hände reichen.

Empfang beim gefürchteten Chan in Chiwa

wa auf mich gemacht hatten. Ich antwortete, daß ich viel
gelitten habe, nun aber meine Leiden durch den Anblick
der hasretischen Dschemal mubarek (gesegneten Schönheit) reichlich belohnt seien; ich danke Allah, daß ich
dieses hohen Glücks teilhaftig geworden sei, und glaube,
in dieser besonderen Gunst des Kismet (Fatums) ein
gutes Vorzeichen für meine fernere Reise zu sehen.
Obwohl ich mich bemühte, statt des hier unverständli-
chen Stambuler Dialekts den ösbegischen zu gebrauchen,
mußte der König sich doch manches übersetzen lassen.
Er fragte mich ferner, wie lange ich noch hier zu bleiben
gedenke und ob ich mit den nötigen Mitteln zur Reise
versehen sei. Ich antwortete, daß ich erst sämtliche Heiligen, die im gesegneten Boden des Chanats ruhten, besuchen und mich dann zur Weiterreise anschicken würde;
meine Mittel betreffend sagte ich, daß wir Derwische uns
mit irdischen Kleinigkeiten nicht abgeben. Der Nefes
(heilige Hauch), den mir mein Pir (Ordenschef) mitgegeben habe, könnte mich einige Tage ohne irgendeine Nahrung erhalten, und ich wünschte gar nichts, als Gott
möge Se. Majestät 120 Jahre leben lassen.

174

Meine Worte schienen gefallen zu haben, denn Se. königliche Hoheit geruhten anzuordnen, daß man mir zum Geschenk 20 Dukaten und einen rüstigen Esel geben möchte. Ich lehnte ersteres ab mit der Bemerkung, daß es bei uns Derwischen eine Sünde wäre, Geld zu besitzen, dankte aber innigst für das andere Zeichen der allerhöchsten Huld und erlaubte mir, auf das heilige Gesetz aufmerksam zu machen, welches einen weißen Esel zur Pilgerreise empfiehlt, den ich auch mir ausbat. Ich wollte mich schon entfernen, als der Chan mich ersuchte, wenigstens während meines kurzen Aufenthalts in der Hauptstadt sein Gast zu sein und zu meiner täglichen Verköstigung zwei Tenge (ungefähr 1 Fr. 50 Centim.) von seinem Hasnadar zu nehmen. Ich dankte herzlich, sprach einen Schlußsegen und entfernte mich. Als ich durch die wogende Menge der Vorhöfe und des Bazars nach Hause eilte, grüßte mich alles mit ehrfurchtsvollem Selam Aleïkum. Erst als ich mich zwischen den vier Wänden meiner Zelle allein befand, atmete ich frei auf und war nicht wenig zufrieden, daß der schrecklich wüst aussehende Chan, der in jedem Zuge seines Gesichts das treue Bild eines entnervten, blödsinnigen und wilden Tyrannen gibt, gegen mich ausnahmsweise gut war und ich ungestört, solange es meine Zeit erlaubte, im Chanat umherziehen durfte. Den ganzen Abend schwebte mir das Bild des Chans mit seinen tiefgesunkenen Augen, dem dünnbärtigen Kinn, den weißen Lippen und der zitternden Stimme vor. Welch glücklicher Zufall ist es für die Menschheit, dachte ich oft, daß der finstere Aberglaube der Macht und Blutgier solcher Tyrannen Grenzen setzt.

Da ich größere Ausflüge ins Innere des Chanats beabsichtigte, so wollte ich meinen Aufenthalt in der Hauptstadt möglichst abkürzen, das Sehenswerteste konnte bald gesehen sein, wenn nicht die wiederholten Einladungen des Chans, der Beamten und der vornehmen Kaufmannswelt mir viel Zeit geraubt hätten. Nachdem man gehört hatte, daß die königliche Gunst mir zuteil geworden war, wollte jeder mich in Gesellschaft aller Hadschis zu Gast haben, und qualvoll war es für mich, an einem Tage sechs bis acht Einladungen anzunehmen und der Sitte gemäß in jedem Hause etwas zu genießen. Meine Haare sträuben sich, wenn ich daran denke, wie oft ich vor Sonnenaufgang zwischen 3 und 4 Uhr morgens vor einer kolossalen Schüssel mit Reis, der in Fett von Schafschwanz gebadet war, sitzen und mit nüchternem Magen zugreifen mußte. Wie sehnte ich mich da nach dem trockenen, ungesäuerten Brot in der Wüste zurück, und wie gern hätte ich diesen tötenden Luxus mit der heilsamen Armut vertauscht. In Mittelasien ist es Sitte, selbst bei jeder einfachen Visite den Desturchan (eine meistens schmutzige bunte Serviette aus grober Leinwand, auf der sich Brot für zwei Menschen befindet) vorzulegen, und der Gast muß einige Bissen essen. »Nicht mehr essen können« ist ein Ausdruck, den der Mittelasiate für unglaublich, ja für recht ungezogen hält. Meine Hadschikollegen gaben immer glänzende Beweise von ihrem guten Benehmen, und ich staune, daß sie nicht geplatzt sind von dem schweren Pilow, denn eines Tages hatte ich ausgerechnet, daß jeder von ihnen ein Pfund Schafschwanzfett und zwei Pfund Reis (ungerechnet Brot, gelbe und weiße Rüben und Rettiche) genossen hatte und dazu ohne Übertreibung 15–20 große Suppenschalen voll grünen Tees. In solchen Heldentaten mußte ich natürlich zurückstehen, und jedermann staunte, daß ich trotz meiner Gelehrsamkeit in den Büchern nur eine halbe Bildung hätte.

Nicht minder gequält wurde ich von den Schöngeistern, nämlich den Ulemas der Stadt Chiwa. Diese Herren, die der Türkei und Konstantinopel vor allem anderen den Vorzug geben, wollten von mir, als einem Hauptvertreter türkisch-islamischer Gelehrsamkeit, Aufschluß haben über viele Mesele (religiöse Fragen). Wie warm machten mich die dickköpfigen Ösbegen mit ihren kolossalen Turbanen, wenn sie eine Unterhaltung anfingen über die Vorschriften, wie man sich Hände,

176

Füße, Vorder- und Hinterscheitel waschen, wie man der heiligen Religion gemäß sitzen, gehen, liegen und schlafen muß usw. Der Sultan (als anerkannter Nachfolger Mohammeds) und seine Großen werden in Chiwa für Muster in der Vollstreckung aller dieser wichtigen Gesetze gehalten. Se. Majestät der Kaiser der Türkei wird hier als ein Muselman bezeichnet, der einen wenigstens 50 Ellen langen Turban hat, dessen Bart bis über die Brust, dessen Kleider bis über die Fußzehen reichen, und man könnte sein Leben riskieren, wenn man erzählen wollte, daß er Kopf und Bart à la Fiesco geschoren hat, seine Kleider aber bei Dusetoye in Paris anfertigen läßt. Mir tat es wirklich leid, daß ich diesen oft gutmütigen und liebenswürdigen Menschen nicht die genügende Aufklärung geben konnte, aber wie hätte ich das bei dem schroffen Gegensatz unserer Anschauungsweisen wagen können! Wenn wir nach Bochara kommen, wird uns dieser Gegenstand ausführlicher beschäftigen, hier wurde er nur deswegen berührt, weil es der erste Punkt war, an dem ich der überaus interessanten Frage des Unterschieds zwischen ost- und westislamischer Zivilisation begegnete.

Da das Töschebas (Kloster), das uns beherbergte, infolge des großen Wasserbehälters und der Moschee, die es einschließt, als ein öffentlicher Platz betrachtet wurde, so wimmelte der Hof immer von Besuchern beiderlei Geschlechts. Der Ösbeg trägt einen kegelförmigen Pelzhut, große, plumpe Juchtenstiefel und dabei im Sommer nur ein langes Hemd. Ich nahm später ebenfalls diese Kleidung an, da es nicht für unanständig gehalten wird, solange das Hemd noch weiß ist, selbst im Bazar damit zu erscheinen. Die Weiber mit ihren langen kegelförmigen Turbanen, die aus 15–20 russischen Sacktüchern bestehen, müssen trotz der drückenden Hitze in ihre dichten Kleider vermummt und mit plumpen Stiefeln versehen die schweren Krüge mit Wasser nach Hause schleppen. Manchmal blieb eine an meiner Tür stehen und wünschte ein wenig Chaki Schifa (Gesundheitsstaub)* oder einen Nefes (heiligen Hauch), nachdem sie mir ihr wirkliches oder vorgetäuschtes Übel geklagt hatte. Ich konnte diesen armen Geschöpfen, unter denen viele frappante Ähnlichkeit mit den Töchtern Germaniens hatten, die Bitte nicht abschlagen; sie hockten vor meiner Tür nieder, ich betastete, die Lippen wie zum Gebet bewegend, den schmerzenden Teil des Körpers und hauchte dreimal stark darauf; dann ertönte ein tiefer Seufzer, und manche wollten gleich von dem Augenblick an eine Linderung des Übels verspüren.

Was für die Müßiggänger in Europa die Kaffeehäuser, das sind in Chiwa die Moscheehöfe, die meistens einen großen Wasserbehälter haben und von den schönsten Platanen und Ulmen beschattet sind. Obwohl wir erst Anfang Juni hatten, war die Hitze hier ungemein drückend, ich mußte aber trotzdem in meiner fensterlosen Zelle bleiben, denn sobald ich mich in den einladenden Schatten begab, ward ich gleich von einem Haufen umringt und mit den allerdümmsten Fragen geplagt. Einer wollte Religionsunterricht haben, der andere fragte, ob es auf der Welt noch mehr so schöne Orte wie Chiwa gebe, und der dritte wollte ein für allemal authentische Nachricht haben, ob denn der große Sultan wirklich sein tägliches Mittags- und Abendessen aus Mekka bekäme und dies von der Kaaba bis in das Palais zu Konstantinopel in einer Minute gelange. Wenn die guten Ösbegen wüßten, wie viel Château Lafitte und Margaux die großherrliche Tafel zur Zeit Abdul Medschids zierten! (19)

Interessant war mir von den Bekanntschaften, die ich hier unter den Platanen machte, die des Hadschi Ismael, den man mir als Konstantinopolitaner vorstellte und der einem solchen durch Sprache, Gebärden und Kleidung trotz seiner ösbegischen Abstammung so ähnlich war,

---

* Diesen bringen die Pilger von Medina aus einem Hause mit, wo, wie man behauptet, der Prophet gewohnt hat; derselbe wird von den Rechtgläubigen als Medizin gegen viele Krankheiten gebraucht.

daß ich ihn als meinen Landsmann zärtlich umarmen mußte. Hadschi Ismael hatte nämlich 25 Jahre in der türkischen Hauptstadt zugebracht, war in vielen vornehmen Häusern bekannt und behauptete, mich in N.N's. Hause dann und wann gesehen zu haben, selbst meines Vaters, der in Topchane* Mollah gewesen sein sollte, meinte er, sich erinnern zu können. Ich hütete mich sehr, ihn Lügen zu strafen, versicherte vielmehr, daß er in Stambul einen guten Namen zurückgelassen habe und daß alles ihn mit Sehnsucht zurückerwarte. Wie Hadschi Ismael mir selbst erzählte, hatte er am Bosporus das Handwerk eines Erziehers, Bademeisters, Riemers, Kalligraphen, Chemikers und daher auch Zaubermeisters betrieben. In seiner Vaterstadt hatte man eine große Meinung von ihm, besonders in betreff seines letzten Handwerks. Er hatte in seinem Hause mehrere kleine Destillationsapparate, und da er aus Blättern, Früchten und anderen Sachen Öl preßte, so ist leicht zu begreifen, daß seine Landsleute hunderterlei Elixiere von ihm verlangten. Die selbst in der Türkei und Persien beliebten Madschun (Absude) gegen Impotenz stehen hier in großem Ansehen. Hadschi Ismael hatte lange Zeit dem Chan mit seiner Kunst gedient, aber Se. Majestät hielt nicht die vorgeschriebene Diät ein, aus dem einfachen Grunde, weil er den Pfeilen Cupidos nicht widerstehen konnte. Die natürlichen Folgen, Erschlaffung und Gicht, traten bald ein, der Chan zürnte seinem Hofarzte, entließ ihn und setzte an seine Stelle eine Matrone, deren Wunderkuren sehr berühmt waren.

Die gute Dame hatte die glückliche Idee, dem kranken König 500 Dosen von jener Medizin zu verordnen, die auf den berühmten Psalmendichter und König der alten Geschichte heilsam gewirkt haben soll. Die Anfertigung eines solchen Rezepts wäre in Europa wohl etwas schwer, nach der Chiwaer Verfassung aber war sie leicht, und der arme Patient soll schon 50–60 dieser Pillen ein-

---

* Ein Stadtviertel Konstantinopels.

genommen haben, als er bemerkte, daß die Wirkung eine ganz entgegengesetzte war und die böse Ratgeberin mit ihrem Kopf dafür büßen ließ. Dies war kurz vor unserer Ankunft gewesen, und die letzte ärztliche Vorschrift war die Büffelkuhmilch, von der wir schon sprachen. Während meines Aufenthalts in Chiwa wollte der Chan Hadschi Ismael wieder in sein Amt als Zauberer, Arzt und Pulverfabrikant einsetzen, dieser aber schlug es aus, eine Kühnheit, die ihm gewiß den Kopf gekostet hätte, wenn der abergläubische Herrscher es gewagt hätte, dem wundertätigen Manne zu nahe zu treten.

In Chiwa ging es übrigens wie allen Hadschikollegen so auch mir glänzend mit dem Geschäfte des Segen- und Hauchspendens. Ich sammelte hier für diese göttliche Ware gegen 15 Dukaten Geld. Der Chiwaer Ösbeg ist schlicht und ungehobelt, aber der schönste Charakter in Mittelasien, und ich könnte meinen hiesigen Aufenthalt den angenehmsten nennen, wenn nicht die Rivalität zwischen dem Mehter und Schükrullah mich ein wenig gefährdet hätte. Ersterer suchte mir nämlich aus Feindschaft gegen meinen Beschützer immer Schaden zuzufügen, und da er meinen türkischen Charakter nicht bezweifeln konnte, begann er dem Chan einzureden, daß ich nur zum Schein den Derwisch spiele und wahrscheinlich in einer geheimen Mission vom Sultan nach Bochara geschickt sei. Ich war vom Gange der Intrigen unterrichtet und daher nicht im mindesten erstaunt, als ich bald nach meiner Audienz eine zweite Einladung vom Chan erhielt. Es war sehr heiß, mir war es leid, in meiner Ruhe gestört zu werden, besonders unangenehm aber war, daß ich den Platz der Burg durchschreiten mußte, wo die Gefangenen, die aus dem Feldzuge gegen die Tschaudors eingeschickt wurden, hingerichtet werden sollten. Der Chan, der in großer Gesellschaft war, sagte mir, er hätte gehört, daß ich auch in weltlichen Wissenschaften geübt sei und eine blumenreiche Inscha (Stil) habe, ich möchte ihm einige Zeilen nach Stambuler Weise schreiben, die er gern sehen möchte. Ich wußte, daß dies auf Veranlassung des Mehter geschah, der den Ruf eines Kalligraphen genoß und die Hadschis über mich ausgefragt hatte. Ich nahm also das angebotene Schreibzeug und schrieb folgende Zeilen: »Majestätischer, Mächtiger, Furchtbarer König und Herr! Der in deine königliche Huld getauchte ärmste und niedrigste Diener hat, (das arabische Sprichwort) ›Alle Schönschreiber sind Narren‹ vor Augen habend, bis heute mit kalligraphischen Studien sich wenig abgegeben, und nur eingedenk (eines persischen Sprichworts), ›Jeder Fehler, der dem König gefällt, ist eine Tugend‹, hat er es gewagt, diese Zeilen untertänigst einzureichen.«

Die schwindelnde Höhe der Titulaturen, die übrigens in Konstantinopel gebräuchlich sind, gefiel dem Chan sehr, und der Mehter war zu dumm, meine Anspielung zu verstehen. Man hieß mich sitzen, und nachdem man mir Brot und Tee gereicht hatte, lud mich der Chan zur Unterhaltung mit ihm ein, die sich heute ausschließlich über Politik verbreitete. Um meinem Derwischcharakter treu zu bleiben, ließ ich jedes Wort aus mir herauspressen. Der Mehter lauerte auf jeden Ausdruck, um seine Mutmaßungen bestätigt zu sehen, als aber endlich alle Bemühungen fruchtlos blieben, entließ mich der Chan wieder gnädig, und forderte mich auf, mein bestimmtes Tagegeld von dem Schatzmeister zu holen.

Ich sagte, daß ich dessen Wohnung nicht wisse, man gab mir daher einen Jasaul zur Begleitung, der auch andere Befehle zu vollstrecken hatte, und schrecklich ist die Erinnerung an die Szenen, die ich in seiner Gegenwart erlebte. Im äußersten Vorhof fand ich gegen 300 kriegsgefangene Tschaudors, die, in Fetzen gehüllt, von Todesfurcht und Hunger einige Tage lang gepeinigt, aussahen, als wären sie aus dem Grabe aufgestanden. Sie waren schon in zwei Abteilungen geteilt, nämlich in solche, die noch nicht das vierzigste Jahr erreicht hatten und als Sklaven verkauft oder verschenkt werden sollten, und in solche, die der Stellung oder des Alters wegen als Aksakale (Graubärte oder Rädelsführer) angesehen wur-

Blendung gefangener Feinde in Chiwa

den und die vom Chan verhängte Strafe erleiden sollten. Die ersteren wurden, je 10 –15 mit eisernen Halsringen aneinandergekettet, fortgeführt, die letzteren fügten sich geduldig in das über sie verhängte Urteil und erschienen wie gebundene Lämmer in den Händen ihrer Henker. Während man mehrere zum Galgen oder Block fortführte, sah ich ganz dicht neben mir, wie acht Greise auf einen Wink des Henkers sich mit dem Rücken auf die Erde niederlegten. Man band ihnen Hände und Füße, und der Henker stach ihnen der Reihe nach beide Augen aus, indem er, auf die Brust eines jeden niederknieend, nach jeder Operation das von Blut triefende Messer an dem weißen Barte des geblendeten Greises abwischte. Grauenvoll war die Szene, als nach dem schrecklichen Akte die Opfer, von ihren Stricken befreit, mit den Händen herumtappend aufstehen wollten! Manche schlugen mit den Köpfen aneinander, viele sanken kraftlos zu Boden und stießen ein dumpfes Gestöhn aus; die Erinnerung daran wird, so lange ich lebe, mich zittern machen.

Bestrafung von »Sündern« in Chiwa

Der Leser wird schaudern bei diesen Zeilen, doch müssen wir bemerken, daß diese Grausamkeit Vergeltung eines nicht minder barbarischen Akts war, den die Tschaudors im vergangenen Winter an einer ösbegischen Karawane begangen hatten. Eine reiche Karawane von 2000 Kamelen war auf dem Wege von Orenburg nach Chiwa überfallen und gänzlich geplündert worden. Die habgierigen Turkmanen, obwohl dadurch im Besitz vieler russischer Waren, nahmen den Reisenden (größtenteils Chiwaer Ösbegs) auch ihre Lebensmittel und Kleider ab, und so kam es, daß einige in der Wüste verhungerten, andere erfroren, und von 60 nur 8 ihr Leben retteten.

Übrigens ist diese haarsträubende Bestrafung von Kriegsgefangenen durchaus nicht als Ausnahme zu betrachten. In Chiwa sowie in ganz Mittelasien weiß man nicht, was Grausamkeit ist; dies Verfahren gilt für ganz natürlich, da Sitten, Gesetze und Religion damit übereinstimmen. Der gegenwärtige Chan wollte sich den Ruf eines Beschützers der Religion verschaffen, den er dadurch zu erlangen glaubte, daß er das kleinste Vergehen gegen die Religion mit großer Härte bestrafte. Einen Blick auf eine tiefverschleierte Dame zu werfen genügte, um durch Redschm, wie die Religion befiehlt, hingerichtet zu werden. Der Mann wird gehängt, die Frau nahe am Galgen bis zur Brust in die Erde eingegraben und gesteinigt. Da es in Chiwa keine Steine gibt, so gebraucht man Kesek (harte Erdschollen), das arme Opfer wird dadurch schon beim dritten Wurf ganz mit Staub bedeckt, und der von Blut triefende Körper gräßlich entstellt, bis der letzte Atemzug ihn von den Qualen befreit. Nicht nur Ehebruch, sondern auch andere Vergehen gegen die religiösen Vorschriften ließ der Chan mit dem Tode bestrafen, so daß in den ersten Jahren seiner Regierung die Ulemas seinen Religionseifer abkühlen mußten; doch vergeht kein Tag, an dem nicht jemand von der Audienz des Chans durch das verhängnisvolle »Alib barin« (nehmt ihn mit) weggeführt wird.

Ich hätte bald vergessen zu erwähnen, daß der Jasaul mich zum Schatzmeister führte, um mir mein Tagesgehalt auszahlen zu lassen. Ich wurde gleich befriedigt, fand aber diesen Herrn bei einer seltsamen Beschäftigung, die ich erzählen muß. Er sortierte nämlich die Chilat (Ehrenkleider), die zur Belohnung der Helden ins Lager geschickt wurden. Es waren vier Gattungen seidener Röcke mit grellen Farben und großen goldgewirkten Blumen, die ich als vierköpfige, zwölfköpfige, zwanzigköpfige und vierzigköpfige bezeichnen hörte. Da ich auf diesen Röcken keine gemalten oder gestickten Köpfe sah, fragte ich nach der Ursache der Benennung, und man sagte mir, daß einfache Röcke eine Belohnung für vier abgehauene Feindesköpfe, der schönste für vierzig wäre. »Übrigens«, redete mich einer an, »wenn das in Rum nicht Sitte ist, so komm morgen auf den Hauptplatz, und du sollst eine Verteilung mit ansehen.« Am nächsten Tage sah ich wirklich gegen 100 Reiter mit Staub bedeckt aus dem Lager ankommen. Jeder führte einige Gefangene, darunter auch Kinder und Weiber,

Ablieferung von Köpfen getöteter Feinde in Chiwa

entweder an den Schweif des Pferdes oder an den Sattelknopf gebunden, mit sich, außerdem hatte er einen großen Sack hinter sich aufgeschnallt, der die abgehauenen
Feindesköpfe, Zeugen seiner Heldentaten, enthielt. Auf
dem Platz angekommen, gab er die Gefangenen, die er
dem Chan oder einem Großen zum Geschenk brachte,
ab, band dann den Sack los, faßte ihn an zwei Enden,
und als wenn Erdäpfel ausgeschüttet werden, so rollten
die bärtigen und bartlosen Köpfe vor den Protokollfüh-
rer hin, dessen Diener sie mit den Füßen zusammen-
stieß, bis ein großer Haufe von einigen Hundert aufge-
häuft war. Jeder Held bekam eine Quittung über abgelie-
ferte Köpfe, und einige Tage später erfolgte die Auszah-
lung.

Trotz aller Rauhheit der Sitten, trotz all dieser Szenen
habe ich in Chiwa und seinen Provinzen in meinem Der-
wischinkognito die schönsten Tage meiner Reise verlebt.
War man gegen die Hadschis überhaupt freundlich, so
war man gegen mich besonders gütig, und wenn ich mich
nur öffentlich zeigte, warfen die Vorübergehenden mir,
ohne daß ich zu betteln brauchte, Geld, Kleidungsstücke
und andere Geschenke zu. Ich hütete mich, größere
Summen anzunehmen, verteilte vieles, was ich an Kleidungsstücken erhielt, unter meine minder glücklichen
Gefährten, indem ich das Schönste und Beste immer
ihnen gab, das Ärmste und Anspruchsloseste aber, wie es
einem Derwisch gebührt, für mich selbst behielt. Dennoch war eine große Veränderung in meinen Verhältnissen eingetreten, und offen gestanden sah ich mit Freude,
daß ich nun mit einem kräftigen Esel, Geld, Kleidern
und Lebensmitteln gut ausgerüstet meine Reise von hier
fortsetzen konnte.

Was ich auf meinen Ausflügen ins Innere, die sich bis
Kungrat erstreckten, erlebte, könnte reichlich Stoff geben, das Buch meiner Abenteuer um zwei neue Kapitel
zu vergrößern (20), doch will ich mit Einzelheiten, in
denen sich das schon gegebene Bild von Sitten, Charakter und Denkungsweise nur wiederholen möchte, meine

186

Leser nicht langweilen. In 4½ Tagen fuhr ich in Begleitung des Schwiegervaters von Schükrullah Bay den Oxus* hinab nach Kungrat, doppelt so viel Zeit brauchten wir, um zu Lande zurückzukommen. Die beiden Ufer, ausgenommen der Teil des linken, wo Kanli gegenüber das Oveïs Karaynegebirge sich erhebt, sind flach und im Durchschnitt gut bebaut und bewohnt. Zwischen Kanli und Kungrat ist eine Wüste, die drei Tagereisen erfordert, hingegen ist das jenseitige Ufer, besonders die Gegend, wo die Karakalpak wohnen, von Urwäldern bedeckt. Als ich nach Chiwa zurückkehrte, waren meine Freunde schon des Wartens müde und drangen in mich, am folgenden Tage Chiwa zu verlassen, da die ständig steigende Hitze sie für unsere Reise nach Bochara mit Recht besorgt machte. Ich ging zu Schükrullah Bay, dem ich in Chiwa so viel zu verdanken hatte, um Abschied zu nehmen, und war wirklich gerührt, als der edle Greis mich von meinem Vorhaben abzubringen suchte, indem er mir von Bochara Scherif (dem edlen Bochara) das schrecklichste Bild entwarf. Er schilderte mir die Politik des Emirs als mißtrauisch und verräterisch, nicht nur Engländer, sondern jeden Fremden behandle er feindselig. Als großes Geheimnis erzählte er mir, daß vor einigen Jahren sogar ein Osmanli, den der verstorbene Reschid-Pascha als militärischen Lehrer nach Bochara geschickt hatte, durch den Emir meuchlerisch ermordet worden sei, als er nach zweijährigem Aufenthalt nach Stambul zurückkehren wollte.

Dieses eifrige Abreden Schükrullah Bays, der anfangs vollen Glauben an meinen Derwischcharakter hatte, fiel mir äußerst auf, und ich kam auf den Gedanken, daß dieser Mann, wenngleich mich nicht erkannt, doch bei der öfteren Berührung mein Inkognito durchschaut hatte und nun wahrscheinlich etwas ganz anderes in mir mutmaßte. Dieser edle Greis war in seinen Jugendjahren einmal nach Herat zu Major Todd (1839) (21) und mehr-

---

* Flußaufwärts von Kungrat nach Chiwa braucht man 18 Tage.

mals nach St.Petersburg geschickt worden, auch in Konstantinopel, erzählte er mir, habe er häufig und gern den Umgang der Frengi gepflegt. Vielleicht hatte er da einen Begriff von unserer Denkungsweise und unseren wissenschaftlichen Bestrebungen erhalten und mich deswegen mit besonderer Freundlichkeit in seinen Schutz genommen. Als er mir die Hand zum Kusse darreichte, glänzte in seinen Augen eine Träne, wer weiß, aus welchem Gefühl entsprungen.

Auch der Chan wurde mit meinem Abschiedssegen beschenkt und forderte mich auf, meinen Rückweg über Chiwa zu nehmen, da er mit mir einen Gesandten nach Konstantinopel schicken wollte, um die übliche Bestätigung seines Amtes vom neuen Sultan zu erhalten. Ich antwortete, es sei eine Sünde, ans Zukünftige zu denken, wir wollten sehen, was das Schicksal (Kismet) verfüge. Allen Freunden und Bekannten sagte ich Lebewohl und verließ Chiwa, nachdem ich beinahe einen Monat dort zugebracht hatte.

Zwölftes Kapitel

VON CHIWA NACH KUNGRAT UND ZURÜCK

Der junge Mollah aus Kungrat, der sich unserer Karawane zur Weiterreise nach Samarkand anschloß, wollte unseren Aufenthalt in Chiwa benutzen, um seiner Vaterstadt und den dortigen Verwandten Lebewohl zu sagen. Er teilte uns sein Vorhaben mit, und groß war seine Freude, als er hörte, daß ich mit dem Gedanken umgehe, ihn dahin zu begleiten, um teils auf einer Betteltour etwas zusammenzubringen, teils um dem lästigen Übereinandersitzen in dem schwülheißen Chiwa zu entgehen. Er versprach mir goldene Berge, er malte mir alles mit den glänzendsten Farben aus, um mich in meinem Entschluß zu befestigen. Sein Aneifern war übrigens ganz überflüssig, denn die Gelegenheit kam mir erwünscht, und zwei Tage darauf fand ich mich schon auf dem Wege nach Jengi-Ürgendsch, um von hier den Oxus zu erreichen, wo ein halbbeladenes Fahrzeug bereit stand, um uns für ein bescheidenes Fahrgeld mitzunehmen.

Man reist von Chiwa nach Kungrat im Sommer großenteils zu Wasser, und die Reise dauert beim schnellen Laufe des Oxus stromabwärts nie länger als fünf Tage. Dies ist für die heißen Sommermonate anzunehmen, wenn das Wasser durch das Schmelzen des Schnees auf dem Hindukusch und auf den Gipfeln der bedachschanischen Gebirge seine größte Höhe erreicht. Im Herbst und im Frühjahr bei niedrigem Wasserstand dauert die Fahrt länger, und im Winter ist sie ganz unterbrochen, da der Oxus wohl nicht durchgängig, aber an vielen Stellen mit Eis bedeckt ist.

Am Ufer war eine glühende, fast unerträgliche Hitze, und als ich meine Besorgnis hierüber ausdrückte, beruhigten mich die Schiffer damit, daß diesem Übel stromabwärts sehr leicht durch eine Pescheschane (Gelsenhaus) abgeholfen werden könne, welche, da das Schiff nur von beiden Enden geleitet wird, niemand im Wege steht. Es wurde diese in der Form eines Baldachins sogleich aufgerichtet, bei Tage sollte sie gegen die Sonne, bei Nacht gegen gefährliche Gelsen schützen, und als die zum Aufbruch nötigen Fatihas (Segenssprüche) verrichtet wurden, stießen wir in Begleitung von vier Schiffern und zwei anderen Reisenden vom Ufer ab.

Am Anfang war die Fahrt höchst monoton. Die beiden Schiffsleute am oberen und am unteren Teil des Fahrzeugs lenkten immer jenen Stellen des Flusses zu, wo das Wasser am trübsten und gelblichsten war, da, wie man mir erklärte, die Strömung dort am stärksten sei. Die Steuerruder bestehen aus langen Stangen, deren Enden flach geschnitzt sind; und die Steuermänner, denn beide leiten das Schiff zusammen, pflegen dort, wo nicht besondere Aufmerksamkeit erforderlich ist, ihrem Amte sitzend zu obliegen. Ungefähr alle zwei Stunden wechselten sie einander ab. Die Ermüdeten, oder besser gesagt, die von der Sonne Ausgedörrten, begaben sich dann in unsere Gesellschaft unter das Obdach, streckten sich zu unserer großen Unannehmlichkeit der Länge nach aus, schnarchten bald ihr Duett, bis sie wieder abgelöst wurden. Was unsere zwei Reisegefährten betrifft, war glücklicherweise nur der eine sehr gesprächig, und wie freute es mich, als ich sah, daß er meinem Tataren öfters den einen oder anderen Punkt erklärte, ihm immer verbessernd in die Rede fiel und meine Neugierde mit weitläufigen Ausführungen befriedigte.

Am rechten Ufer, gegenüber dem Ort, wo wir uns einschifften, befindet sich die große Ruine Sahbaz-Veli (der heilige Held), welches in der Vorzeit eine starke Festung gewesen sein soll und von den Kalmücken zerstört wurde.

Weiter landeinwärts befindet sich eine andere, weitausgedehnte Ruine mit Überresten von Steingebäuden, Gaur Kalissi (die Festung der Gaurs) genannt. Unter Gaur glaubte ich anfangs die Gebrs oder Feueranbeter der Vorzeit zu verstehen, doch hörte ich zu meinem

Der Saxualstrauch, der bis zu sechs Meter hohe Wälder bildet

größten Staunen, daß man unter diesem Namen in ganz Mittelasien Armenier oder, besser gesagt, Nestorianer (22) verstehe, die in den vorislamischen Zeiten bis zum Verfall der Mongolenherrschaft dort bedeutende Kolonien hatten, die vom Aralsee bis weit nach China sich erstreckten. Von erstgenannter Ruine abwärts erstreckt sich am rechten Ufer, drei Stunden weit, ein ziemlich dichter Wald (Togaj) namens Chitaibegi. Die Bäume sind nicht besonders hoch, doch vermag die Sonne nicht die vom Oxus genährten Sümpfe auszutrocknen, und der Wald ist nur an wenigen Stellen von den Rindviehzucht treibenden Karakalpaks bewohnt. Am linken Ufer, welches als der eigentliche Wald anzusehen ist, ist die Kette von Havlis nur wenig unterbrochen, hier und da zeigen sich größere Dörfer ganz nahe am Ufer, so das özbegische Dorf Taschkale, welches auf einem hohen Ufergestade gelegen ist, und das kleine Dorf Vezir, in dessen Nähe der Kanal Kilidschbaj mündet oder, besser gesagt, einbricht, um sich dann hinter Jilali im Sande zu verlieren.

Tee kochen, Pilaw bereiten und heilige Märchen erzählen oder hören, war die sich stets abwechselnde Beschäftigung des Tages. Mitunter verfielen sämtliche Gefährten, die Steuermänner ausgenommen, dem Schlafe, welche Pause mir eine süße Abwechslung gewährte, und auf die gelben Fluten des alten Oxus hinblickend, schweifte die Phantasie so gern im klaren Spiegel mancher europäischen Flüsse, deren Gewässer Hunderte von Schiffen durchfurchen, deren blühende Gestade voll strotzenden Lebens sind – welch riesenhafter Unterschied! Der Oxus ist der leibhaftige Repräsentant der Gegend, die er durchzieht. In seinem Laufe ist er wild und unbändig wie das Naturell der Mittelasiaten, seine Untiefen und seichten Stellen sind ebenso schwer zu bezeichnen wie die guten und schlechten Eigenschaften des Turkestaners; er bricht sich täglich neue Kanäle, denn wie der Nomade nicht lange in einer Gegend weilen kann, so scheint ihm auch sein altes Bett verpönt zu sein.

Am zweiten Tage in der Frühe passierten wir vor der Stadt Görlen, die vom Ufer etwas entfernt und der eigentliche Landungsplatz ist, ein Dorf namens Ischimdschiran. Diesem gegenüber, am rechten Ufer, ist das Fort Rehmiberdi-Beg, das wir nur deswegen erwähnen, weil von hier das von Südost gegen Nord sich ziehende Gebirge Oveiß Karajne beginnt. Dem ersten Anschein nach hat es sowohl an Höhe als auch in Formation viel Ähnlichkeit mit dem Großen Balkan in der Wüste zwischen Chiwa und Astrabad; doch in der Nähe wird man bald gewahr, daß sein Umfang größer ist, besonders sind es die üppige Vegetation und die Waldungen, mit denen mehrere Gipfel bedeckt sind, welche angenehm überraschen.

Wenn man von Görlen aus vier Stunden lang abwärts gefahren ist, gelangt man zu dem vom Ufer anderthalb Stunden entfernten Jengi jap, welches ein mit Erdmauern umringter unbedeutender Flecken ist, und ungefähr zwei Stunden weiter erreicht man den Distrikt von Chitaji, der dort beginnt, wo der Jumalak, ein kegelförmiger Hügel, nahe am linken Ufer sich erhebt. Auf der rechten Seite nähert sich unterdessen das Oveiß-Gebirge immer mehr dem Oxus, man passiert den hoch aufragenden Gipfel Jampuk, der mit den Ruinen eines alten Kastells gekrönt ist, und Jumalak gegenüber bildet die von Ost gegen West sich erstreckende Gebirgskette Scheich-Dscheli schon einen Engpaß (hier Kisnak genannt), der viel schmäler ist als das Eiserne Tor an der Donau und bei der Gewalt des zwischen zwei Felsen eingeklemmten Stromes den Schiffern oft gefährlich wird. Das Wasser verursacht hier ein dumpfes Getöse, es scheint, als murre der Oxus über die harten Steine, daß sie ihn, den unbändigen Vagabunden, so eingekerkert haben. Die engste Strecke ist übrigens sehr kurz, am linken Ufer endet der Berg plötzlich, am rechten hingegen nimmt die Erhöhung stufenweise ab, und nachdem man das links gelegene Tama passiert hat, ist die Gegend überall flach.

Mit der gebirgigen Gegend verschwindet auch jede

romantische Seite der Oxusufer. Nach zweitägiger Fahrt
hatten Phantasie und Auge sich gesättigt, und wenn die
Morgen- und Abendstunden noch etwas Liebliches darboten, so wurden bei Tage die Hitze, bei Nacht die Gelsen und Fliegen, neben welchen die Golumbacz an der
unteren Donau als zarte Schmetterlinge gelten mögen,
beinahe unerträglich. Sobald die Sonne unterging, ver-
kroch sich alles sorgfältig unter das aus grober Leinwand
verfertigte Gelsenhaus, und bitter war die Qual, daß ich
die von meinen Reisegefährten verpestete Luft mit der
frischen nicht vertauschen konnte. Gegen Abend erreichten wir endlich den Distrikt Mangit, dessen gleichnamige
Stadt vom Ufer zwei Stunden weit entfernt und vom
Wasser aus, eines kleinen Waldes halber, unsichtbar ist.
Wir blieben hier eine längere Zeit am Ufer liegen, und
nachdem wir, statt auf dem schmalen Herd des Schiffs,
im Freien gemächlich abgekocht hatten, wurde die Reise
fortgesetzt.

Früh morgens hatten wir schon Kiptschak passiert,
welches als die zweite Station bezeichnet wird. Es erhebt
sich im Oxus an jedem Teile, dem gegenüber sich die
Stadt befindet, ein der Breite nach hinlaufender Felsen,
der beinahe durch die Hälfte des Bettes sich erstreckt
und den Schiffen nur auf der andern, d.h. freien Hälfte
den Vorübergang gestattet. Bei niederem Wasserstande
sind einige Spitzen sichtbar, und Kinder pflegen, einen
Fuß tief im Wasser watend, im Spiele auf dieser Klippe
herumzuspazieren. Den Schiffern aber flößt diese Stelle
große Furcht ein, und sie wagen diese nur bei Tage zu
passieren. Kiptschak selbst ist ein bedeutender Ort, von
dem gleichnamigen Stamme der Özbegen bewohnt, mit
mehreren Moscheen und Schulen, unter welch letzteren
das am rechten Ufer gelegene, von Chodscha Niaz
gegründete durch dessen reiche Stiftungen am meisten
berühmt ist.

Von Kiptschak aufwärts beginnt am rechten Ufer
jener Wald, der sich mit wenigen Unterbrechungen den
Fluß entlang noch weit über Kungrat ausdehnt. Wie tief

194

sich seine Breite gegen Osten erstreckt, konnte ich vom Wasser aus nicht sehen, doch wie man mir versicherte, ist das Maximum 8 –10 Stunden weit. Der ans Ufer grenzende Teil ist durchgängig mit Sümpfen und Morästen bedeckt und auch nur an einigen Punkten zugänglich. In den weniger dichten Teilen desselben weiden Hunderte von Rinderherden der Karakalpaks, auch mangelt es nicht an Wild, doch unter den zahlreichen wilden Tieren hat man namentlich von den Panthern, Tigern und Löwen viel zu leiden. Das linke Ufer des Stroms, der von hier bis Görlen die meisten seichten Stellen hat, so daß wir ununterbrochen auffuhren, bildet von genanntem Punkt ein weit gegen Nordwest sich erstreckendes Plateau, welches die Eingeborenen Jilankir (Schlangenfeld) nennen, und auf einer westlichen Grenze der Wüste einen ebenso steilen Abhang wie der Kaflankir oder das ganze Plateau von Üst-Jurt. Die Bevölkerung dieses Teiles des Oxusufers besteht aus Jomutturkomanen und aus Tschaudors; erstere nomadisieren in der Nähe des Flusses, in der Umgebung von Porsu und Jilali, letztere am Saum der Wüste und an den Oasen des Üst-Jurts, und leben, wie sich leicht denken läßt, in ewiger Fehde miteinander, was ebenso sehr zu ihrem Nachteil als zum Vorteil der Özbegen dient, da die unmittelbare Nähe eines vereinten starken Nomadenvolks den Ansässigen stets gefährlich ist.

Am Abend des dritten Tages hielten wir vor Chodschaili, welche Stadt vom Ufer zwei Stunden weit entfernt ist. Die Mehrzahl der Bewohner behauptet, Abkömmlinge von Chodscha zu sein, und sie sind nicht wenig stolz darauf gegenüber den übrigen Özbegen. Der ganze Distrikt ist dicht bevölkert, und das linke Ufer bildet bis weit gegen Nöks* eine ununterbrochene Kette von Waldungen und bebautem Land. Der Oxus hat hier

---

* In der Karte zu meinen »Reisen in Mittelasien« ist aus Versehen Nöks mit Chodscha-ili verwechselt worden, auch ist ersteres eine Stunde weiter entfernt von Kungrat, als dort angegeben ist.

Am Amu-Darja (Oxus)

eine seiner allergefährlichsten Stellen, nämlich einen Wasserfall, der zur Zeit unserer Reise beinahe 3 Fuß hoch mit einem schrecklichen Gebrause, das eine Stunde weit schon hörbar wird, und mit Pfeilesschnelle sich herabstürzte. Die Eingeborenen nennen ihn Kazankitken, d. h. dort, wo die Kessel zu Grunde gegangen sind, indem hier ein Fahrzeug mit genanntem Kochgeschirr verunglückt sein soll; und die Schiffe werden schon eine Viertelstunde vor dem Wasserfall nahe ans Ufer gebracht und mit Schlepptauen sorgfältig hinabgeleitet. Von hier abwärts hat der Strom durch Überschwemmungen beträchtliche Seen gebildet, die miteinander durch kleine Naturkanäle in Verbindung stehen, im Frühling wohl klein sind, aber nur selten gänzlich austrocknen.

Nöks wurde am vierten Tage passiert. Selbst am linken Ufer nimmt die Kultur immer mehr ab. Der Fluß ist von beiden Seiten mit Wäldern bekränzt und bildet auf dem halben Wege nach Kungrat einen ziemlich breiten und tiefen Kanal namens Ögüzkitken, der eine südwestliche Richtung nimmt und sich in den See Schorkatschi

196

stürzt, welch letzteren durch Errichtung von Dämmen vom großen Strom abzuschneiden man sich vergebens bemühte; denn durch allzu große Ausbreitung der Wassermassen ist die Schiffahrt eben hier die beschwerlichste. Beim Grabmal eines Heiligen, genannt Afakschodscha, endet der Wald, es beginnt der Distrikt von Kungrat, welcher, soweit das Auge reicht, von Gärten, Äckern und Haolis bedeckt ist. Die Stadt selbst wurde erst gegen Abend des fünften Tages sichtbar, nachdem wir an der Ruine einer Festung, die der Rebell Törebeg zur Zeit Mehemmed-Emins erbaute, und an einem nahe befindlichen Wirbel vorüber waren.

Unser Aufenthalt in dieser nördlichsten Stadt des Chanats von Chiwa war von sehr kurzer Dauer, da mein junger Gefährte, der seine Eltern schon ein Jahr vorher verloren hatte, von einem hier wohnenden Verwandten sich bald verabschiedete und selbst auf schleunige Rückreise drang. Die Stadt hat ein weit armseligeres Aussehen als die südlich gelegenen Orte und ist meistens wegen ihrer großen Märkte berühmt, auf denen eine große Anzahl von Rindern, Butter, Filzteppichen, Kamelhaaren und Wolle durch die in der Nachbarschaft hausenden Nomaden feilgeboten wird. Auch mit Fischen, namentlich mit gedörrten, welche vom Ufer des Aralsees hierher gebracht werden, wird ein beträchtlicher Handel nach den übrigen Teilen des Chanats betrieben. Als Merkwürdigkeit muß ich anführen, daß ich hier auch zwei zum Islam übergetretene Russen fand, die sich eines gutbestellten Hauses und Hofs und einer zahlreichen Familie erfreuten. Sie waren Gefangene aus der Perowskyschen Armee (23) und erhielten von Mehemmed-Emin-Chan ihre Freiheit unter der Bedingung, daß sie den Islam annahmen. Der eine ist mit einer persischen Sklavin beschenkt worden, die braune Iranerin und der blonde Sohn des Nordens leben in gutem Einvernehmen, und obwohl letzterem die Rückkehr in die Heimat schon mehrere Male ermöglicht wurde, hat er sich dennoch nicht entschließen können, das neue angenommene Vaterland am Ufer des Oxus zu verlassen. Schließlich will ich noch die kargen Notizen erwähnen, die ich hier über den weiteren Lauf des Oxus von Kungrat bis zur Mündung am Aralsee hörte. Von letztgenannter Stadt zwei Stunden abwärts teilt sich der Fluß in zwei mächtige Arme, die sich voneinander nur wenig unterscheiden. Der rechte, welcher den Namen Amu-Derja beibehält, erreicht früher den See, ist aber infolge seiner häufigen Verzweigung zu seicht und bei niedrigem Wasserstande höchst beschwerlich für die Schiffahrt. Der linke Arm, welcher den Namen Tarlik (Enge) führt, ist schmal, aber durchgängig tief und wird nur deswegen seltener befahren, weil er auf seinem Wege zum See einen bedeutenden Umweg macht. Was den Verkehr auf dem untersten Lauf des Oxus betrifft, so ist dieser nicht zu vergleichen mit jenem, der auf der Strecke zwischen Tschardschuj und Kungrat, welche die kommerzielle Hauptstraße zwischen Bochara und Chiwa bildet, stattfindet. Im Herbst ist es vorzüglich die Fischerei, welche die Özbegen zum See treibt, und der Handel mit gedörrten Seefischen ist in den drei Chanaten ein bedeutender. Es ist ein Artikel, den die Steppenbewohner beinahe nicht entbehren könnten, da sie zu sparsam sind, trotz des Reichtums ihrer Herden, sich mit Fleisch zu sättigen und lieber gedörrte Fische als Ersatz dafür gebrauchen. Im Frühling sind es wieder die wilden Gänse, von denen es an den Mündungen herum eine große Menge gibt, welche die Jagdliebhaber an die Ufer des Aralsees locken, in welcher Jahreszeit auch die meisten Wallfahrten dahin stattfinden, welche die frommen Özbegen zum Grabe des Tokmak-Baba auf einer gleichnamigen Insel, nahe an den Mündungen, unternehmen. Dieser Heilige, zugleich auch Patron der Fischer, ruht unter einem kleinen Mausoleum, dessen innere Zelle noch seine aus dem hohem Altertum herrührenden Kleider und Küchengeschirre aufbewahrt, unter welchen der Kessel ein Gegenstand großer Verehrung ist, und man erzählt, daß selbst die Russen, denen ja der Zugang durch Dampfschiffe

198

Reiches Vogelleben an der Mündung des Amu-Darja in den Aralsee

erleichtert ist, diese Insel nur sehr selten betreten, und wenn doch, von unwillkürlicher Achtung getrieben, diese Reliquien nie berühren.

Die Reise von Kungrat nach Chiwa wird großenteils auf dem Landweg gemacht, da sie stromaufwärts 18 –20 Tage erfordert, und wird daher nur zur Beförderung von Frachten gebraucht.

Unsere Rückreise sollte soviel wie nur möglich beschleunigt werden, dessenungeachtet mußten wir es uns gefallen lassen, den langen Weg über Köhne-Ürgendsch zu nehmen. Wir hatten das Glück, einer kleinen Reisegesellschaft uns anschließen zu können, von welcher einige bis nach Köhne-Ürgendsch, andere bis nach Chiwa sich begaben. Alles war gut beritten, selbst die Pferde, die man uns »lillah« (aus frommer Wohltätigkeit) zur Verfügung stellte, waren junge kräftige Tiere, und da wir außer einigem Backwerk und geringem Reiseproviant gar nichts mit uns führten, so wurde trotz der Hitze, die selbst in den frühen Morgenstunden sich schon fühlbar machte, ganz munter zugeritten. Vom Stadttor aus ging es über den gutbebauten Distrikt Kungrats immer nordwestlich und von da noch über eine wüste Gegend, bis wir zu einem großen stehenden Wasser gelangten, Atjolu genannt, das als erste Station bezeichnet wird und 7 Farsach lang ist. Über eine schmale Stelle desselben führt eine Brücke, der Weg teilt sich hier in zwei, der eine geht ein wildes Gebirge entlang, namens Kazak-Örge, über das große Plateau Üstjurt nach Orenburg, der andere nach Köhne-Ürgendsch. Wir schlugen den letzteren ein. Wir zogen durch Waldungen und Sandgegenden, links und rechts waren einzelne Ruinen sichtbar, von denen man eine hervorhob, Karagömbez (Schwarze Kuppel), in deren Nähe ein kristallweißes Salz, das beste im Chanat, zu finden ist, und Barsakilmez (der geht, kommt nicht wieder), ein noch in der Gegenwart von bösen Geistern bewohntes, gefährliches Nest, wo viele Neugierige schon ihr Leben einbüßten. Nach einem fünf Stunden langen Ritt wurde die zweite Station, welche den Namen Kabilbeg-Havli führt, erreicht. Es ist ein vereinzelt dastehendes Gehöft; doch wurden wir nach einer von den Besitzern seit langer Zeit angenommenen Sitte recht gut bewirtet, und da wir zur nächsten Station Kiziltschagala einen acht Stunden langen Ritt vor uns hatten, so hatte der gastfreundliche Wirt es nicht vergessen, uns mit Fleisch und Brot zum Frühstück zu versehen. Es war noch dunkel als wir aufbrachen. Unsere waffenfähigen Gefährten prüften ihre Waffen mit außergewöhnlicher Sorgfalt, ich dachte, daß wir vielleicht einen feindlichen turkomanischen Stamm zu passieren hätten; doch beruhigte man mich über diesen Punkt, indem man mir erzählte, daß wir den ganzen Tag immer durch einen dichten Wald gehen würden, in welchem es viele Löwen, Panther und wilde Schweine gebe, die auch manchmal den Reisenden angriffen. Obwohl die gefährliche Stelle nur erst bei hellem Tage erreicht wurde, so schritten wir doch immer mit der größten Behutsamkeit vorwärts; sehr viel Vertrauen wurde in die Pferde gesetzt, und sobald diese die Ohren spitzten oder zu schnauben anfingen, griff alles zu den Waffen. Daß Löwen und Panther bei den klimatischen Verhältnissen Mittelasiens nicht so gefährlich wie ihre Brüder in Indien und Afrika sind, ist leicht zu begreifen. Ich teilte daher die Furcht meines jungen tatarischen Gefährten nicht und war eher begierig, irgendeinem interessanten Jagdabenteuer beiwohnen zu können. Doch, wie jeder Asiate, ist auch der Özbege von überspannter Phantasie; keine Spur, kein Laut zeigte uns, daß wir uns in der Nähe der Residenz des Königs der Tiere befänden, wir sahen nur einige Rudel von Wildschweinen, die mit lautem Krachen durch das Dikkicht hinzogen. Desto größer, ja fabelhaft könnte ich sagen, war die Anzahl der Perlhühner und Fasanen, denen wir begegneten, und es wurde auch eine reiche Jagdbeute für die Abendstation mitgenommen. Genannte Vögel dieser Gegend sind weit schmackhafter als jene in Mazendran, auch verstehen die Özbegen sie viel besser zuzubereiten als die Perser. Dort, wo der Wald endet, wird der befestigte Ort Kiziltschagala, welcher von Özbegen bewohnt ist, bald sichtbar; wir langten dort zeitig genug an und setzten am nächsten Morgen durch den von Jomuten bewohnten Distrikt unseren Weg fort.

Dreizehntes Kapitel

DIE SCHRECKEN DER WÜSTE

Als wir uns zur Abreise fertig in dem schattigen Hofe des Töschebas allmählich versammelt hatten, sah ich erst recht, welchen segensreichen Einfluß Chiwas Frömmigkeit auf unsere Bettlerkarawane ausgeübt hatte. Von den Lumpenanzügen war nur noch bei den Sparsameren eine Spur zu entdecken, an die Stelle der zerrissenen Pelzmützen, die man unter den Jomuten angenommen hatte, war der schneeweiße Turban getreten, alle Ranzen waren straffer, und erfreulich war es zu sehen, daß selbst der Ärmste ein Eselchen hatte. Auch mit mir waren große Veränderungen vorgegangen, denn ich hatte einen ganzen Esel und ein halbes Kamel zur Verfügung; während ich den einen ritt, diente das andere zum Transport meines Reisesackes, der mit Kleidungsstücken, einigen Manuskripten, die ich angekauft hatte, und meinem Proviant angefüllt war, da ich nun nicht wie in der Wüste schwarzes Mehl, sondern weiße Pogatscha (in Schafsfett gebackene kleine Kuchen), Reis, Butter und selbst Zukker mit mir führte. Nur meine Kleidung wollte ich nicht ändern. Ich hatte zwar ein Hemd bekommen, doch hütete ich mich es anzulegen, da dieser Luxusartikel mich hätte verweichlichen können und dies zu früh gewesen wäre.

Von Chiwa nach Bochara hatten wir die Wahl zwischen drei Wegen, a) über Hesaresp und Fitnek; der Oxus wird dann bei Kükürtlü überschritten; b) über Chanka und Schurachan am rechten Ufer des Flusses, mit 2 Tagen Wüste bis Karaköl; c) flußaufwärts, wo man bei Eltschig ans Land steigt. Da wir die Landreise beschlossen, so wurde die Wahl zwischen den ersten beiden Wegen unserem Kervanbaschi namens Aymed, einem Tadschiken aus Bochara, überlassen, von dem sowohl wir als ein Chiwaer Kleiderhändler, der uns begleitete, die Kamele gemietet hatten und der für diese Jahreszeit den Weg über Chanka für den sichersten und bequemsten erklärte.

Es war am 27. Juni schon spät nachmittags, als wir von den endlosen Segenspendungen und Umarmungen befreit durch das Ürgendscher Tor Chiwa verließen. Viele überaus Eifrige liefen uns eine halbe Stunde nach, ihre Andacht preßte ihnen Tränen aus den Augen, und sie riefen ganz verzweiflungsvoll: »Wer weiß, wann Chiwa sich wieder eines so hohen Glücks erfreuen wird, so viele fromme Leute in seinen Mauern beherbergen zu können!« Meine Kollegen, die hoch auf den Kamelen saßen, wurden dadurch nicht gestört, aber ich auf meinem Esel wurde durch die Freundschaftsbezeigungen sehr belästigt, bis selbst mein Tier ungeduldig wurde und mich zu meiner großen Freude im Galopp davontrug. Erst als ich weit voraus war, gebot ich Einhalt, mußte aber lange an den Zügeln zerren, bis mein langohriger Esel seinen Galopp in schnellen Trab verwandelte. Als ich ihn auch daran hindern wollte, wurde er böse und ließ zum ersten mal seine schmetternde Stimme hören, deren Reichtum, Biegsamkeit und Fülle ich übrigens lieber aus der Ferne beurteilt hätte.

Wir übernachteten in dem 2 Meilen von Chiwa entfernten Godsche, das trotz seiner Unbedeutendheit eine Kalenterchane (Quartier für Derwische) hat, wie solche in der kleinsten Gemeinde Chiwas und Chokands anzutreffen sind. Von hier bis nach Chanka passierten wir ununterbrochen bebautes Land, auf dem ganzen Wege gab es vorzüglich gute Maulbeeren, und da mein Esel noch immer frohen Mutes der Karawane vorauseilte, hatte ich Zeit, mich an den daumengroßen Beeren zu erquicken. Auch in Chanka, wo eben Wochenmarkt war, traf ich früher als die Karawane ein und stieg in der Kalenterchane ab, die am äußersten Ende des kleinen Städtchens am Ufer eines Baches gelegen und wie gewöhnlich von Pappeln und Ulmen beschattet war. Hier fand ich zwei halbnackte Derwische, die sich eben anschickten, ihre Mittagsdosis Opium zu verschlingen; sie boten auch mir eine tüchtige Portion an und waren sehr erstaunt, daß ich sie ablehnte. Sie bereiteten mir statt dessen Tee und nahmen selbst, während ich trank, ihr Mohngift. Eine halbe Stunde darauf waren beide im Reich der Seligen, und während ich in den Zügen des einen Schlafenden Spuren der inneren Freudenträume entdeckte, sah ich an dem anderen Todesangst malende Zuckungen.

Ich hätte gern gewartet, bis sie erwachten, um die Beschreibung schöner Träume zu hören, aber unsere Karawane passierte soeben die Stadt und ich mußte mich anschließen; denn von hier sollten wir in einer knappen Stunde an das Ufer des Oxus gelangen und, wenn Zeit genug wäre, die Überfahrt noch heute beginnen. Leider war diese kleine Strecke Wegs sehr schlecht, wir hatten fortwährend dem Schlamm und den Sümpfen auszuweichen und kamen so erst gegen Abend am Flußufer an, wo man die Nacht im Freien zuzubringen beschloß.

Der Oxus, den ich hier wahrscheinlich durch die Regengüsse des Frühlings außerordentlich breit fand, bot mit seinen gelben Wellen und seiner ziemlich schnellen Strömung einen interessanten Anblick dar. Das diesseitige Ufer war, soweit das Auge reichte, mit Bäumen und zerstreut dastehenden Hawlis (Höfen) bekränzt. Auch jenseits entdeckte man weiter in das Land hinein Spuren der Kultur, und in nördlicher Richtung erschien das Oveïs Karayne-Gebirge wie eine senkrecht herabhängende Wolke. Das Wasser des Oxus ist in seinem eigentlichen Bett nicht so gut trinkbar wie in den Kanälen und Gräben, wo durch das langsame Fließen der Sand sich schon etwas gesetzt hat. Hier knirschte das Wasser zwischen den Zähnen, als wenn man in einen Sandkuchen gebissen hätte, und war erst, nachdem es einige Augenblicke gestanden hatte, genießbar. Was den süßen und guten Geschmack des Wassers anbetrifft, so behaupten die Einwohner Turkestans, daß darin kein Fluß auf Erden, selbst nicht der Nil Mubarek (der Gesegnete) dem Oxus gleichkommt. Anfangs glaubte ich, daß der gute Geschmack nur von der Freude herrühre, mit der wir aus der wasserlosen Wüste an seine Ufer kamen. Doch muß ich zugeben, daß, soweit meine Erfahrungen in Hinsicht des Wassers reichen, ich in Asien und Europa noch nie einen Fluß oder eine Quelle gefunden habe, die so köstliches Wasser hätte wie der Oxus.

Früh am nächsten Morgen wurden Anstalten zur Überfahrt getroffen. Sowohl hier als bei Görlen, Hesaresp und anderen Orten sind die Furten Eigentum des Staates, dieser verpachtet sie an Privatleute, die von fremden Reisenden nur solche an das jenseitige Ufer bringen dürfen, die vom Chan ein Petek* haben, das für eine kleine Taxe verabfolgt wird. Die Hadschis hatten einen Sammelpaß, ich ließ mir aber einen besonderen geben, der so lautete: »Den Grenzwächtern und Zöllnern wird angezeigt, daß dem Hadschi Mollah Abdur Reschid Efendi Erlaubnis gegeben wurde. Es möge niemand ihn stören.«

Von der Polizei waren uns keine Einwendungen gemacht worden, es handelte sich nur darum, daß wir als Hadschis für die Überfahrt auf einem Fahrzeuge, das dem Chan gehörte, nichts zahlen wollten, der Fährmann sich aber anfangs dazu nicht verstehen wollte. Endlich willigte er ein, uns die Wohltat zu erzeigen, uns, unser Gepäck und unsere Esel nach dem jenseitigen Ufer hinüberzusetzen. Die Überfahrt begann 10 Uhr morgens, und erst gegen Sonnenuntergang erreichten wir ein hohes Ufer, das sich rechts am Schurachaner Kanal erstreckt. Der große, eigentliche Fluß wurde in einer halben Stunde überschritten, aber der Strom führte uns weit hinunter, und bis wir den gewünschten Punkt an anderen Armen, bald auf- bald abwärts fahrend, erreichten, verging der Tag unter einer so brennenden Hitze, wie ich sie selten erlebt habe. Im Hauptstrom ging es ziemlich gut, aber in

---

* Einen Passierschein, wörtlich ein Schreiben.

den Nebenarmen saßen wir alle zehn Schritt auf dem Sand, dann mußten Menschen und Esel das Boot verlassen, bis es flott war, und wenn es hinreichendes Fahrwasser hatte, wieder einsteigen; das Ein- und Ausladen war bei den Eseln eine Höllenarbeit, besonders bei einigen halsstarrigen, die man wie unbeholfene Kinder hinein- und herausheben mußte. Ich muß noch jetzt lachen, wenn ich mich erinnere, wie der langbeinige Hadschi Jakub sein Eselchen auf den Rücken lud und es bei den über seine Brust herabhängenden Vorderfüßen festhielt, während das zitternde Tierchen seinen Kopf an dem Nacken des Bettlers zu verbergen suchte.

Wir mußten am genannten Ufer bei Schurachan einen Tag warten, bis die Kamele übergesetzt wurden. Am 29. Juni brachen wir auf und zogen durch die von Ösbegen bewohnte Gegend Japkenary (Kanalsufer), die überall von Gräben durchschnitten ist. Japkenary bildet eine Oase, die acht Meilen Länge, fünf bis sechs Meilen Breite hat und ziemlich gut bebaut ist. Nach ihr fängt die Wüste an, deren Rand, Akkamisch genannt, gute Triften hat und von Kirgisen bewohnt ist. Bei Akkamisch setzte die Karawane langsam ihren Weg fort, der Kervanbaschi aber, ich und zwei andere Gefährten, die auf die Behendigkeit ihrer Esel bauen konnten, machten einen Abstecher nach dem von unserem Wege abliegenden Schurachan, um auf dem dortigen Wochenmarkt unseren Proviant zu ergänzen, oder besser gesagt, uns zu unterhalten.

Schurachan, das mit einer soliden Erdmauer umgeben ist, hat nur wenige Wohnhäuser und besteht größtenteils aus 320 Gewölben, die wöchentlich zweimal geöffnet und von den Nomaden und Ansässigen der Umgegend besucht werden. Es ist Eigentum des Emir ül Umera oder älteren Bruders des Chans, der hier einen schönen Garten hat. Ich ließ meine Gefährten Einkäufe machen und zog mich in die vor dem Stadttor gelegene Kalenterchane zurück. Hier fand ich mehrere Derwische, die, durch den tödlichen Genuß des Opium, Beng (aus Flachs bereitet) und Dschers zu Skeletten abgemagert und gräßlich entstellt, auf dem feuchten Boden in ihren finsteren Zellen herumlagen. Als ich mich ihnen vorstellte, hießen sie mich willkommen und ließen mir Brot und Früchte bringen. Ich wollte Geld geben, worüber sie lachten; man sagte mir, daß mehrere von ihnen schon 20 Jahre lang kein Geld in die Hand genommen hätten. Die Umgebung erhält ihre Derwische, und ich sah auch wirklich im Laufe des Tages mehrere stattliche Ösbeg-Reiter ankommen, von denen jeder etwas mitbrachte, dafür aber ein Tschilim (Pfeife) bekam, aus dem er sein Lieblingsgift sog. In Chiwa ist Beng das beliebte Narkotikum, und viele sind diesem Laster ergeben, da Wein und andere geistige Getränke vom Koran verboten sind und deren Genuß von der Regierung mit dem Tode bestraft wird. Da es spät wurde, ging ich auf den Markt, um meine Freunde aufzusuchen, und es kostete Mühe, mir durch die wogende Menge einen Weg zu bahnen. Alles war zu Pferd, Käufer sowohl als Verkäufer, und äußerst drollig war es anzusehen, wie die Kirgisenweiber mit großen Lederschläuchen voll Kimis* auf den Pferden sitzend die Öffnung des Schlauches über den Mund des Fordernden hielten, wobei die Geschicklichkeit von beiden Seiten so groß war, daß nur selten einige Tropfen danebenfielen.

Ich fand meine Gefährten, und wir traten unseren Weg zur Karawane an, die schon fünf Stunden weit vor uns war. Es war ein unendlich heißer Tag, glücklicherweise aber waren hier und da, obwohl die Gegend sandig war, Kirgisenzelte anzutreffen, und ich brauchte mich nur einem zu nähern, sogleich erschienen die Weiber mit ihren Schläuchen, und es entstand ein förmlicher Zank

---

* Stark gesäuerte Stuten- oder Kamelmilch, in deren Bereitung die Kirgisen sich auszeichnen. Die Nomaden Mittelasiens gebrauchen es als berauschendes Getränk, und seine anerkannte Eigenschaft ist, daß es jedermann fett macht. Ich habe es mehrere Male versucht, aber immer nur einige Tropfen trinken können, da die scharfe Säure mir den Mund zusammenzog und die Zähne auf einige Tage stumpf machte.

unter ihnen, wenn ich nicht von einer jeden einen Trunk annahm. Im heißen Sommer einen durstigen Reisenden zu laben, wird als der höchste Grad der Gastfreundschaft angesehen, und man tut dem Kirgisen eine Wohltat, wenn man ihm zur Vollstreckung dieses Gebots Gelegenheit gibt. In der Karawane erwartete man uns schon mit der größten Ungeduld, da wir von heute an nur bei Nacht marschieren sollten, was sowohl für uns als für die Tiere eine große Erleichterung war. Gleich nach unserer Ankunft wurde daher aufgebrochen, und zauberhaft war der Anblick der bei hellem Mondschein dahinziehenden Karawane, zur Rechten den dumpfrollenden Oxus, links die schreckliche Wüste der Tatarei. Am nächsten Morgen lagerten wir an einer Ufererhöhung des genannten Flusses; die Gegend führt den Namen Töjebojun, d.h. Kamelhals, wahrscheinlich von den Uferkrümmungen, und wird in gewissen Monaten von Kirgisen bewohnt. In einer Zeit von 10 Stunden sah ich drei Kirgisenfamilien, die nacheinander höchstens 3 Stunden in unserer Nähe wohnten und wieder weiter zogen. Sie gaben mir ein unübertreffliches Bild vom Nomadenleben, und als ich mich über diese unstete Existenz mit einem Kirgisenweib unterhielt, sagte sie lachend: »Wir werden doch nicht so faul sein wie ihr Mollahs und tagelang auf einem Fleck sitzen! Der Mensch muß sich bewegen, denn sieh, Sonne, Mond, Sterne, Wasser, Tiere, Vögel und Fische, alles bewegt sich, nur der Tote und die Erde bleiben liegen!« Ich wollte meiner philosophierenden Nomadin, die mit dem Zeltabbrechen beschäftigt war, mehrere Einwendungen machen, als sich in der Ferne ein Geschrei erhob, aus dem ich nur das Wort Büri! Büri! Der Wolf! Der Wolf! entnehmen konnte. Die Kirgisin eilte blitzschnell der in der Ferne grasenden Herde zu, und ihr Geschrei hatte die Wirkung, daß der Wolf sich für diesmal mit dem fetten Schwanze eines Schafes begnügte und die Flucht ergriff.

Vor Sonnenuntergang begaben wir uns auf den Weg und marschierten ununterbrochen in der Nähe des Flusses, dessen tiefe Ufer fast durchgängig mit Weiden, hohem Grase oder Gesträuch bewachsen sind. Obwohl der Weg zwischen Chiwa und Bochara mir als ein besuchter geschildert war, hatten wir doch bis jetzt nur Grenzwächter und herumirrende Nomaden, aber keinen Reisenden angetroffen und waren daher sehr erstaunt, als gegen Mitternacht fünf Reiter in schnellem Schritt uns nahten. Es waren Chiwaer Kaufleute, die über Karaköl in vier Tagen aus Bochara hierher gekommen waren und uns die freudige Botschaft brachten, daß die Straßen ganz sicher wären und wir übermorgen auch ihrer zurückgebliebenen Karawane begegnen würden.

Als wir Chiwa verließen, hörte man, daß die Tekke-Turkmanen, da der Emir mit seinem Heere von Bochara abwesend war, die Wege nach dieser Stadt unsicher machten, und unser Kervanbaschi hatte auch geheime Besorgnisse; nun waren diese beseitigt, und wir waren der Hoffnung, in sechs bis acht Tagen an das Ziel unserer Reise zu gelangen, wobei wir nur zwei Tage in der Wüste zwischen dem Oxus und Karaköl ohne Wasser zu sein erwarteten. Den nächsten Morgen lagerten wir bei Tünüklü, den Ruinen eines ehemaligen Forts, auf einem kleinen Hügel, an dessen Fuß der Oxus fließt und der an dieser Seite mit dem schönsten Grün bekleidet ist. Von hier aus geht ein Weg in nordöstlicher Richtung durch die Sandwüste Chalata-Tschölü, auch Dschan batirdigan (Lebenzerstörer) genannt, der aber nur im Winter nach starkem Schneefall besucht wird, wenn die Karaköler Straße durch die Turkmanen unsicher gemacht wird, die in jener Jahreszeit durch das Zufrieren des Oxus überall ungehindert umherstreifen können.

Die Hitze wurde indessen jeden Tag größer (wir waren in den ersten Tagen des Juli), sie belästigte uns aber wenig, da wir den ganzen Tag am Ufer eines mächtigen Stroms voll süßen Wassers ruhten. Groß war unsere Freude, wenn wir uns an Kahriman Ata und an andere Stellen der Großen Wüste zwischen Chiwa und Gömüschtepe erinnerten. Leider wurden wir in unseren

Mit Wasserfässern beladenes Kamel

angenehmen Gedanken bald gestört und durch die Launen einiger turkmanischer Abenteurer in eine Gefahr versetzt, die uns allen bald ein schreckliches Ende gebracht hätte und aus der uns nur eine besondere Schicksalsfügung, wie ich diesmal den Orientalen recht geben muß, rettete.

Es war schon gegen Tagesanbruch am 4. Juli, als wir auf unserem heutigen nächtlichen Marsche zwei halbnackten Leuten begegneten, die aus der Ferne unserer Karawane zuriefen, und als sie uns nahe waren, »Einen Bissen Brot! Einen Bissen Brot!« ausrufend niedersanken. Ich war einer der ersten, der ihnen Brot mit Schafsfett darbot, sie aßen ein wenig und fingen an uns zu erzählen, sie seien Schiffer aus Hesaresp, die, von einer Tekke-Alaman ihres Boots, der Kleidung und des Brotes beraubt, mit dem nackten Leben entlassen seien. Die Räuber waren 150 an der Zahl und beabsichtigten eine Razzia auf die Herde der hier weilenden Kirgisen. »Um Gottes willen flieht oder versteckt euch, denn in einigen

Stunden müßt ihr ihnen begegnen, und sie werden euch, wenn ihr auch alle fromme Pilger seid, ganz nackt ohne Tiere und Nahrung in der Wüste zurücklassen, denn der Kafir (ungläubige) Tekke ist zu allem fähig.« Unser Kervanbaschi, der schon zweimal beraubt worden war und nur mit Mühe sein Leben gerettet hatte, brauchte übrigens diese Ratschläge nicht; kaum hatte er die Worte Tekke und Alaman gehört, als er eiligst kehrt kommandierte und, so schnell die armen, schwerbelasteten Kamele nur vermochten, den Rückweg antrat. Mit Kamelen vor turkmanischen Pferden fliehen zu wollen, wäre natürlich Unsinn gewesen, doch konnten nach unserer Rechnung 150 Reiter nur gegen Morgen den Fluß überquert haben, und während sie behutsam die Straße einherzogen, konnten wir vielleicht Tünüklü wieder erreichen und uns mit gefüllten Wasserschläuchen in die Chalata-Sandwüste werfen, wo uns wenigstens die Möglichkeit der Rettung blieb. Nach ungeheurer Anstrengung kamen unsere Tiere ganz erschöpft vor Tünüklü an. Hier mußten wir ihnen ein wenig Weide und Ruhe vergönnen, sonst wäre die erste Station im Sande unmöglich gewesen, voll Besorgnis verweilten wir daher gegen drei Stunden hier, bis die Schläuche gefüllt und die Vorbereitungen für den schrecklichen Weg gemacht waren.

Der Chiwaer Kleiderhändler, der schon einmal von den Turkmanen ausgeplündert war, hatte indessen mehrere Hadschi-Gefährten, die volle Säcke, aber keinen Mut hatten, überredet, sich lieber mit ihm im Gebüsch des Ufers zu verstecken, als mit dem Kervanbaschi während des Saratan (Hundstage) in die Wüste zu gehen, wo der Tod durch Durst oder durch den Tebbad (einen heißen Ostwind) drohte. Er schilderte die Gefahren so lebhaft, daß mehrere sich von uns trennten; dazu erschien eben auf dem Flusse ein leeres Schiff, und da die Schiffer, sich dem Ufer nähernd, den Vorschlag machten, uns nach Hesaresp zu bringen, fing jeder an zu schwanken, und bald waren wir nur 14, die von dem Plane des Kervanbaschi nicht abstanden. Es war einer der wichtigsten

Momente meiner ganzen Reise. Die Rückkehr nach Chiwa, dachte ich mir, könnte meinen ganzen Reiseplan umstürzen, Lebensgefahr drohte mir ja überall, also vorwärts, besser durch die Wut der Elemente als durch die Folter der Tyrannen umzukommen! Ich blieb beim Kervanbaschi, so auch Hadschi Salih und Hadschi Bilal. Die Szene der Trennung von Genossen einer so langen Reise war schmerzlich; schon wollte das Schiffchen vom Ufer abstoßen, als die darin Befindlichen ein Fal* vorschlugen. Die Steine wurden verteilt, und kaum hatte Hadschi Salih mit Kennerauge den glücklichen Ausfall angekündigt, als fast alle Hadschis, das Schiff verlassend, sich zu uns gesellten. Da nun alles bereit war, wurde eilends, um fernerem Schwanken vorzubeugen, aufgebrochen, und die Sonne war noch nicht untergegangen, als wir uns seitwärts von den Ruinen Tünüklüs auf dem Wege nach der Chalata befanden.

Wie mir und allen meinen Gefährten, die wir die Schrecken der Wüste schon einmal erfahren hatten, zu Mute war, läßt sich leicht denken. Von Gömüschtepe nach Chiwa waren wir im Mai gereist, nun war es Juli, dort hatten wir Regenwasser, und hier nicht einmal bittere Quellen. Mit unaussprechlicher Sehnsucht hingen unsere Augen an dem rechts von uns sich mehr und mehr entfernenden Oxus, den die untergehende Sonne mit ihren letzten Strahlen doppelt schön beleuchtete. Selbst die Kamele, die vor dem Aufbruch doch gut getränkt worden waren, blickten mit ihren ausdrucksvollen Augen lange nach jener Gegend hin.

Es zeigten sich schon einige Sterne am Himmel, als wir die Sandwüste erreichten, auf dem Marsche die größte Stille beobachtend, damit die Turkmanen, die uns wahr-

---

* Orakel, besteht entweder darin, daß man den Koran oder sonst ein heiliges Buch aufs Geratewohl öffnet und auf der aufgeschlagenen Seite eine seinen Wünschen entsprechende Stelle findet; oder wie es in Mittelasien gebräuchlich ist, daß man 30 Steinchen in einer Gesellschaft verteilt, und jeder so viel mal eine der drei letzten Suren des Korans rezitieren muß, als er Steine bekommen hat.

scheinlich nahe waren und uns in der Dunkelheit der Nacht (denn der Mond ging erst später auf) nicht sehen konnten, uns auch nicht hören möchten. In dem weichen Boden verhallte der Schritt der Tiere, wir fürchteten nur, unsere Esel, deren Stimmen in der stillen Nacht weithin hörbar waren, möchte die Lust zum Singen ankommen, und herzlich lachen mußte ich über das Vorbeugungsmittel, das angewendet würde, sobald das Tier sich zu einer Ouvertüre anschickte. Gegen Mitternacht erreichten wir ein Terrain, wo alles absteigen mußte, da Esel sowohl als Kamele bis zum Knie in den feinen Sand einsanken, der noch dazu eine ununterbrochene Hügelkette bildete. In der Kühle des Abends konnte ich den fortwährenden Marsch im Sand noch aushalten, aber gegen Morgen fühlte ich, daß meine Hand durch das feste Stützen auf den Stab aufzuschwellen anfing, ich lud daher mein Gepäck auf den Esel und setzte mich auf das Kamel, das zwar unter schweren Atemzügen dahinschritt, aber im Sand eher in seinem Element war als ich mit meinem lahmen Bein.

Unsere Morgenstation am 5. Juli führte den reizenden Namen Adamkyrylgan (d. h. der Ort, wo Menschen zugrunde gehen), und man brauchte nur einen Blick auf den Horizont zu werfen, um zu wissen, daß die Benennung richtig war. Stelle dir, lieber Leser, ein unabsehbares Sandmeer vor, das bald gleich dem vom Sturme gepeitschten Meere hohe Sandwogen, bald wieder gleich dem vom Westwind bewegten Spiegel eines stillen Sees sanfte Wellen bildet. Kein Vogel ist in der Luft, kein Wurm oder Käfer auf der Erde zu sehen; es gibt nur Spuren erloschenen Lebens, die Gebeine der hier umgekommenen Menschen und Tiere, die jeder Vorübergehende zu einem Haufen sammelt, damit sie als Wegweiser dienen. Daß wir vor den Turkmanen sicher waren, braucht kaum erwähnt zu werden, es gibt kein Pferd auf der Welt, das hier nur eine Station zurücklegen könnte; ob uns aber von den Elementen kein Hindernis in den Weg gelegt würde, das war ein Gedanke, der alle orientalische Gleichgültigkeit erschütterte; das düstere Aussehen meiner Gefährten während unseres ganzen Weges in der Chalata war davon das beste Zeugnis.

Nach der Aussage des Kervanbaschi hatten wir im ganzen von Tünüklü nach Bochara auf diesem Wege nur sechs Tagereisen zu bewältigen, die eine Hälfte im Sand, die andere auf einer festen Ebene, die hier und da mit Gras bewachsen und zu gewissen Zeiten von Schäfern besucht sein sollte. Wir hätten daher nach unserer schon früher erprobten Berechnung bei dem Inhalt unserer Schläuche nur einen oder anderthalb Tage Wassermangel zu fürchten gehabt, doch bemerkte ich gleich den ersten Tag, daß das Oxuswasser nicht in unsere Pläne hineinpaßte, daß die köstliche Flüssigkeit trotz aller Sparsamkeit immer weiter abnahm, was ich der Sonne oder der eigenen Verdunstung zuschrieb. Diese Entdekkung hieß mich meinen Schlauch doppelt bewachen, was allmählich jeder mir nachahmte, und es bot einen komischen Anblick, wie die Schlafenden ihre Schläuche fest umarmt hielten. Trotz der sengenden Hitze mußten wir fünf bis sechs Stunden lange Tagemärsche machen, denn je eher wir aus dem Sande herauskamen, desto weniger brauchten wir den gefährlichen Wind Tebbad* zu fürchten, der auf der festen Ebene nur mit Fieberanfällen plagen, im Sande aber alles in einem Augenblick begraben konnte. Die armen Kamele wurden daher zu sehr angestrengt; müde von der nächtlichen Flucht betraten sie die Wüste, und kein Wunder, wenn durch die Qualen des Sandes und der Hitze einige erkrankten und zwei schon auf der heutigen Station (6. Juli), die den Namen Schorkutuk führte, starben. Schorkutuk heißt Salzbrunnen, es sollte hier auch ein Brunnen zur Tränkung der Tiere existieren, doch hatten die Stürme ihn gänzlich verschüttet, und man hätte wenigstens einen Tag nachgraben müssen, um ihn brauchbar zu machen.

Die drückende Hitze der drei Tage hatte übrigens auch

---

* Tebbad ist ein persisches Wort und heißt Fieberwind.

ohne den Tebbad uns allen die Kräfte geraubt, und zwei von den ärmeren Reisegefährten, die neben ihren schwachen Tieren zu Fuß gehen mußten und all ihr Wasser ausgetrunken hatten, erkrankten so sehr, daß wir sie auf den Kamelen festbinden mußten, da sie des Reitens oder Sitzens unfähig waren. Dabei wurden sie noch zugedeckt, und solange sie zu reden vermochten, waren »Wasser, Wasser« die einzigen Worte, die sie sprachen. Leider versagten selbst ihre besten Freunde den lebenspendenden Trunk, und als wir den dritten Tag (7. Juli) vor Medemin Bulag* anlangten, wurde einer von ihnen durch den Tod von den gräßlichen Qualen des Durstes befreit. Es war einer von den drei Brüdern, die ihren Vater in Mekka verloren hatten. Ich war zugegen, als der Arme seinen Geist aufgab. Seine Zunge war ganz schwarz, der Gaumen grauweiß, übrigens die Züge nicht sehr entstellt, nur die Lippen zusammengeschrumpft und dadurch der Mund offen. Daß in diesem kranken Zustand Wasser ihnen hätte helfen können, glaube ich kaum, und wer hätte es ihnen geben sollen? Es ist schrecklich anzusehen, wie der Vater vor dem Sohne, der Bruder vor dem Bruder sein Wasser versteckt, denn jeder Tropfen ist Leben, und bei den Qualen des Durstes gibt es keine Aufopferung, keinen Edelmut wie bei anderen Lebensgefahren.

Nachdem wir schon drei Tagereisen im sandigen Teil der Wüste zurückgelegt hatten, sollten wir nun die feste Ebene erreichen und damit das sich nördlich erstreckende Chalata-Gebirge auch zu Gesicht bekommen. Leider hatten wir uns getäuscht, unsere Tiere vermochten nicht mehr zu gehen, und wir brachten noch einen vierten Tag, den 8. Juli, im Sande zu. Ich hatte nur in meiner Lederflasche noch ungefähr sechs Gläser Wasser, von denen ich tropfenweis nahm und natürlich furchtbar unter Durst zu leiden hatte. Zu meinem großen Schrecken fing

* Medemin Bulag heißt Medemins Quelle; wir trafen sie in demselben Zustande wie Schorkutuk.

216

Sandtromben in den wüstenhaften Steppen Turkestans

meine Zunge an in der Mitte ein wenig schwarz zu werden, ich trank sogleich die Hälfte meines Wassers auf einmal und glaubte mich retten zu können, vergebens, das Brennen, begleitet von Kopfschmerzen, wurde gegen Morgen des fünften Tages (am 9. Juli) heftiger, und als wir zur Mittagsstunde das Chalata-Gebirge in wolkenartigen Umrissen unterscheiden konnten, da fühlte ich meine Kräfte langsam schwinden. Je mehr wir uns dem Gebirge näherten, desto mehr nahm der Sand ab, und schon spähten alle Augen nach einer Herde oder Schäferhütte, als der Kervanbaschi mit seinen Leuten auf eine sich nähernde Staubwolke aufmerksam machte und uns eiligst von den Kamelen absteigen hieß. Die Tiere wußten schon, daß es der ankommende Tebbad war, unter lautem, gewaltigem Brüllen knieten sie nieder, streckten den langen Hals auf den Boden und suchten den Kopf im Sande zu verbergen. Wir benutzten ihre Lage als Schutzmauer, und kaum waren wir hinter ihnen niedergekniet, als der Wind mit einem dumpfen Getöse über uns hinfuhr, eine nur zwei Finger dicke Sandschicht auf uns werfend, deren erste Körner wie ein Funkenregen brannten. Nur sechs Meilen tiefer in der Wüste brauchten wir ihn anzutreffen, und wir wären alle umgekommen. Von der Fieber und Erbrechen verursachenden Wirkung des Windes habe ich wenig merken können, nur die Luft wurde schwerer und drückender als zuvor.

Dort, wo der Sand gänzlich aufhört, sind drei verschiedene Wege sichtbar, der eine, 22 Meilen lang, geht über Karaköl, der zweite, 18 Meilen, durch die Ebene bis nahe vor Bochara, der dritte, 20 Meilen, durch das Gebirge, auf dem Wasser zu finden ist, dessen steile Felspfade aber für Kamele unzugänglich sind. Wir wählten, wie vorausbestimmt war, den mittleren Weg als den kürzesten, besonders da uns die Hoffnung belebte, bei den Schäfern etwas Wasser anzutreffen. Gegen Abend erreichten wir einige Brunnen, die aber dieses Jahr von Schäfern noch nicht besucht waren; das Wasser, für den Menschen ungenießbar, erquickte unsere Tiere; uns ging es allen schlecht, wir waren Halbtoten gleich, und nur die jetzt wohlbegründete Hoffnung auf Rettung belebte uns.

Ich konnte nicht mehr allein absteigen, man legte mich auf die Erde; wie Höllenfeuer brannte mein Inneres, und durch den Kopfschmerz war ich in eine Art Betäubung versetzt. Meine Feder ist zu schwach, um ein Bild der Martern zu entwerfen, denen uns der Durst aussetzte; ich glaube, daß es keinen schmerzhafteren Tod auf der Welt gibt, und obwohl ich in Gefahren mich ziemlich fassen konnte, fühlte ich mich hier doch gebrochen und glaubte den letzten Abend meines Lebens herangekommen (24). Gegen Mitternacht brachen wir auf, ich schlief ein, und als ich am Morgen des 10. Juli erwachte, befand ich mich in einer Lehmhütte von einigen langbärtigen Leuten umgeben, die ich gleich als Kinder Irans erkannte und die mir zuriefen: »Schuma ki Hadschi nistid!« (Sie sind doch kein Hadschi!) Ich hatte nicht Kraft genug zu antworten. Man gab mir erst etwas warme, später saure Milch mit Wasser und Salz vermischt, hier Airan genannt, die mich stärkte und bald auf die Beine brachte. Nun erst wurde mir klar, daß sowohl ich, als die übrigen Gefährten Gäste mehrerer persischer Sklaven waren, die sich 10 Meilen weit von Bochara mitten in der Wüste zur Bewachung der Schafe befanden, von ihrem Herrn mit Wasser und Brot nur kärglich versehen, damit sie nicht mit Hilfe von reichlichem Proviant die Flucht durch die Wüste versuchen möchten. Diese armen Verbannten hatten doch so viel Edelmut, daß sie ihren Erzfeinden, den sunnitischen Mollahs, von ihrem Wasser gaben. Besonders gut waren sie gegen mich, als ich sie in ihrer Muttersprache anredete, denn Persisch spricht man zwar auch in Bochara, aber ein von der Sprache Irans sehr verschiedenes. Besonders berührte mich der Anblick eines Knaben von fünf Jahren, der auch Sklave war und sehr aufgeweckt aussah. Er war erst vor zwei Jahren mit seinem Vater gefangen und verkauft worden, und als ich ihn nach letzterem fragte, antwortete er freudig: »Ja, mein Vater hat sich gekauft (d. h. losgekauft), ich werde höchstens noch zwei Jahre Sklave sein, dann wird mein Vater das nötige Geld zu meiner Befreiung erübrigt haben.« Das arme Kind hatte kaum einige Fetzen, um seinen schwachen Körper zu bedecken, und seine Haut glich an Härte und Farbe dem Leder. Ich gab ihm ein Kleidungsstück von den meinigen, und er versprach, es für sich herrichten zu lassen.

Die unglücklichen Perser gaben uns noch etwas Wasser mit auf den Weg; von Dank und Mitleid tief bewegt verließ ich sie. Wir brachen auf nach unserer nächsten Station in Chodscha Oban, einem Wallfahrtsort, um das Grab des gleichnamigen Heiligen zu besuchen, zu dem wir, obwohl es ein wenig nördlich von unserem Wege lag, in unserer Eigenschaft als Hadschis gehen mußten. Zum großen Bedauern meiner Gefährten verirrten wir uns bei Nacht zwischen den Sandhügeln, die am Saume der Wüste liegen und aus deren Mitte Chodscha Oban wie eine Oase hervorragt, und als nach langem Suchen der Morgen des 11. Juli anbrach, befanden wir uns am Ufer eines Sees voll süßen Wassers. Hier endete die Wüste und mit ihr die Furcht vor Verdursten, Räubern, Wind und sonstigem Ungemach. Wir betraten damit die Grenzen des eigentlichen Bochara, und als wir in dem nur zwei Stunden weit entfernten Chakemir (dem Dorf, wo der Kervanbaschi wohnte) anlangten, waren wir schon in einem ziemlich gut bebauten Lande. Die ganze Gegend ist durch Kanäle des Flusses Karasu, den mir einige als einen Arm des Serefschan, andere als einen separaten, aus dem Norden kommenden Fluß bezeichneten, bewässert. Er verliert sich später in den vorhin erwähnten See, dessen Wasser, wie man mir sagte, nur während der Frühlings- und ersten Sommermonate trinkbar ist, dann aber abnimmt und salzig wird (25).

In Chakemir, das 200 Häuser hat und nur zwei Stunden von Bochara entfernt ist, mußten wir übernachten, damit den Landesgesetzen gemäß der Zöllner (Badschgir) und der Berichterstatter (Wakanüwis), von unserer Ankunft benachrichtigt, außerhalb der Stadt das Unter-

220

suchen und Ausfragen besorgen könnten. Noch denselben Tag wurde eilends ein Bote geschickt, und am nächsten Tage sehr früh kamen drei Offiziere des Emirs mit sehr wichtigen Amtsmienen, um Zollabgaben von uns zu nehmen, besonders aber Nachrichten über uns und die Nachbarländer einzuholen. Beim Gepäck fing man an. Die Hadschis hatten in ihren Ranzen meistens heilige Rosenkränze aus Mekka, Datteln aus Medina, Kämme aus Bagdad, Rohrfedern aus Persien und Messer, Scheren, Fingerhüte und kleine Spiegel aus Frengistan. Obwohl sie behaupteten, daß der Emir von Bochara (Gott lasse ihn 120 Jahre leben!) von Hadschis nie Zollgebühren nehme, ließ der Zöllner sich nicht im mindesten stören, sondern schrieb jedes einzelne Stück auf. Ich blieb mit zwei anderen Bettlern bis zuletzt übrig; als er mir ins Gesicht sah, lachte er und sagte, ich möchte meinen Koffer zeigen, da wir (er zielte wahrscheinlich auf Europäer, denn für einen solchen hielt er mich) immer schöne Sachen bei uns hätten. Ich war eben bei köstlicher Laune, hatte meine Derwisch- oder Narrenkappe auf und unterbrach den schlauen Bocharioten mit den Worten, ich hätte wirklich schöne Sachen, was er denn erst sehen wollte, mein mobiles oder immobiles Gut? Da er alles zu sehen verlangte, lief ich in den Hof, holte meinen Esel und führte ihn über Treppen und Teppiche ins Zimmer, stellte ihn unter lautem Gelächter meiner Kollegen vor, öffnete dann meinen Ranzen und zeigte die wenigen Fetzen und alten Bücher, die ich mir in Chiwa angeschafft hatte. Der enttäuschte Bochariot blickte erstaunt umher und fragte, ob ich denn wirklich nichts anderes hätte. Hadschi Salih gab ihm dann die nötige Aufklärung über meinen Stand, Charakter und Reisezweck, er zeichnete alles sorgfältig auf und sah mich mit einem bedeutungsvollen Kopfschütteln an. Nach der Zolluntersuchung begann der Wakanüwis, d. h. Begebenheitenschreiber, sein Amt. Er notierte erst jeden Reisenden mit ausführlicher Personalbeschreibung und dann die Neuigkeiten, die man berichten konnte. Wie lächerlich war das detaillierte Ausfragen über Chiwa, ein in Sprache, Abstammung und Religion verwandtes Land, das jahrhundertelang Grenznachbar von Bochara war und dessen Hauptstadt von diesem nur einige Tagereisen entfernt ist.

Alles war in Ordnung, nur über unser erstes Absteigequartier in der Hauptstadt bestand einige Meinungsverschiedenheit. Der Zöllner schlug das Zollhaus vor, denn er hoffte dort doch noch etwas erpressen und auch mich in ein schärferes Verhör nehmen zu können, Hadschi Salih aber (denn dieser stellte sich nun an die Spitze der Karawane, da er in Bochara großen Einfluß hatte) bestand darauf, nur im Tekkie absteigen zu wollen. Wir brachen auch gleich von Chakemir auf und waren nur eine halbe Stunde durch eine mit Gärten und Äckern prangende Gegend gezogen, als Bochara Scherif (das edle Bochara), wie die Mittelasiaten es nennen, mit seinen plumpen Türmen, die ohne Ausnahme von Storchennestern* gekrönt sind, sichtbar wurde.

Ungefähr anderthalb Stunden vor der Stadt überschritten wir den nach Süden fließenden Serefschan, der mit Kamelen und Pferden durchwatet werden konnte, obwohl seine Strömung ziemlich stark war. Am jenseitigen Ufer war noch der Brückenkopf einer ehemaligen, schön gebauten hohen Steinbrücke zu sehen, dicht daneben stand die Ruine eines Palastes, der auch aus Stein gebaut war, beides, wie man mir sagte, Werke des berühmten Abdullah Chan Scheibani. Im allgemeinen sind in der nächsten Umgebung der Hauptstadt Mittelasiens nur wenige Überreste seiner ehemaligen Größe zu finden.

---

* In Chiwa gibt es viele Nachtigallen und keine Störche, in Bochara dagegen ist kein Turm oder sonstiges erhöhtes Gebäude zu finden, wo nicht diese Vögel ihre einfüßigen Schildwachen aufgestellt hätten. Der Chiwaer verspottet daher den Bocharioten mit den Worten: »Dein Nachtigallenlied ist das Schnabelgeklapper der Störche.«

Vierzehntes Kapitel

Der Bazar von Bochara

Unser Weg führte uns zum östlich gelegenen Dervase Imam, durch das wir aber nicht einzogen, weil wir so zu unserem nordöstlich gelegenen Tekkie nur durch das Gedränge des Bazars hätten gelangen könnten. Wir umgingen daher die Stadtmauer, die an vielen Orten große Risse hat, und gelangten, durch das Tor Dervase Mesar einziehend, am 12. Juli in das geräumige, mit schönen Bäumen bepflanzte Tekkie, das ein regelmäßiges Quadrat bildet und im Erdgeschoß 48 Zellen hat. Sein jetziges Oberhaupt (Chalfa) ist ein Enkel des durch seine Heiligkeit berühmten Chalfa Hüsein, nach dem das Tekkie auch benannt wird. In wie großer Achtung seine Familie noch stand, zeigte sich dadurch, daß der erwähnte Enkel Imam und Chatib, d.h. Hofpfaffe, des Emirs war. Auf diese offizielle Stellung meines Gastgebers war ich nicht wenig stolz. Hadschi Salih, der ein Mürid (Schüler) des genannten Heiligen war und daher als Familienglied betrachtet wurde, stellte mich und die vornehmeren unserer Gesellschaft sogleich vor, und der Abt, ein Mann von feinen Manieren und angenehmem Äußeren, dem der schneeweiße Turban und der feine seidene Sommeranzug sehr gut stand, empfing mich sehr herzlich, und als ich mich eine halbe Stunde lang in ausgesucht schwülstigen Ausdrücken mit ihm unterhalten hatte, da war der gute Mann ganz außer sich vor Freude und bedauerte nur, daß der Badewlet* (Se. Majestät der Emir) nicht in Bochara sei, um mich diesem vorstellen zu können.

Er ließ mir eine separate Zelle geben am Ehrenplatz, d.h. nahe an der Moschee, wo ich an der einen Seite einen hochgelehrten Mollah, an der anderen Hadschi

---

* Badewlet heißt eigentlich »der Glückselige«.

Salih zum Nachbarn hatte. Dieser Hof war voll von berühmten Persönlichkeiten, und ich war, ohne es zu merken, in das Hauptnest des islamischen Fanatismus in Bochara geraten; die Lokalität selbst, wenn ich mich gut hineinfand, konnte für mich die sicherste Garantie gegen jeden Verdacht der weltlichen Behörde sein. Der Berichterstatter meine Ankunft als eine wichtige Begebenheit mitgeteilt, der erste Offizier des Emirs, Rahmet Bi, der, während sein Herr auf dem Feldzuge in Chokand war, in Bochara befehligte, hatte noch denselben Tag die Hadschis nach mir fragen lassen, aber im Tekkie hatte der Emir nichts zu befehlen, und man achtete so wenig auf die Nachforschung, daß man mir gar nichts davon sagte. Der Welt sagten meine guten Freunde: »Hadschi Reschid ist nicht nur ein guter Muselman, sondern auch ein gelehrter Mollah, und jeder Verdacht gegen ihn ist eine Todsünde.« Mir aber wurde indessen immer freundlich geraten, was ich zu tun habe, und ich kann es nur den Ratschlägen und der edelsten Freundschaft meiner Genossen zuschreiben, daß mir in Bochara kein Unglück zustieß; denn abgesehen von dem traurigen Ende meiner Vorgänger in dieser Stadt, habe ich Bochara nicht nur für uns Europäer, sondern für jeden Fremden sehr gefährlich gefunden, weil das Spionagesystem der Regierung die gleiche Stufe der Vollkommenheit erreicht hat wie die Verworfenheit der Bevölkerung.

Den nächsten Morgen ging ich in Begleitung Hadschi Salihs und vier anderer Gefährten aus, um Stadt und Bazare zu besehen, und obwohl die Armut der Straßen und Häuser, die hinter den elendsten Wohnungen persischer Städte weit zurückstehen, besonders aber der fußtiefe Staub mir von dem »edlen« Bochara einen sehr unedlen Begriff gaben, so war ich doch überrascht, als ich mich zum ersten Mal im Bazar und inmitten der dort wogenden Menge befand. Weit entfernt, schön, prachtvoll und großartig zu sein wie die von Teheran, Täbris und Isfahan, bieten die Bazare Bocharas durch die Verschiedenheit der Rassen, Kleider und Sitten dem Auge

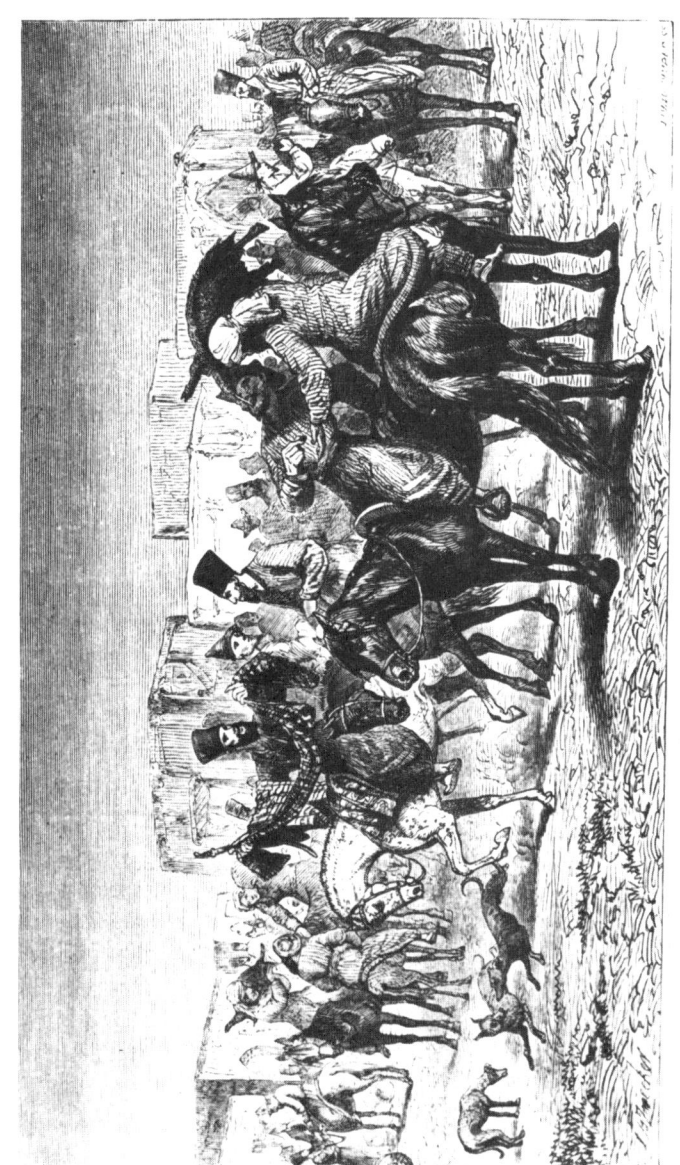

Markttag zu Pferd bei den Kirgisen

des Fremden einen auffallenden, eigentümlichen Anblick dar. Die Mehrzahl der Menge hat iranischen Typus und trägt einen weißen oder blauen Turban, jener bezeichnet den Gentleman und Mollah, dieser, der recht gut kleidet, den Kaufmann, Handwerker und Diener. Nächstdem macht die tatarische Physiognomie sich bemerklich und ist in allen Abstufungen vom Ösbeg bis zum wilden Kirgisen zu finden; übrigens kann man, ohne das Gesicht zu sehen, den Turaner an seinem plumpen, festen Schritt vom Iraner immer unterscheiden. Mitten in diesem Gedränge der zwei Hauptrassen Asiens stelle man sich hier und da zerstreut einige Inder (Multani, wie sie hier heißen) und Juden vor, die als Unterscheidungszeichen* eine Art polnischer Kappe auf dem Kopf und einen Strick um die Lenden haben. Der Inder mit seinem roten Zeichen auf der Stirn und seinem gelben abstoßenden Gesicht könnte eine Vogelscheuche für das größte Reisfeld abgeben, der Jude mit seinen edlen, meisterhaft schönen Zügen und prachtvollen Augen unseren Künstlern als Musterbild männlicher Schönheit Modell sitzen. Auch den Turkmanen müssen wir erwähnen, dessen kühnes, feuriges Auge aus allen hervorglänzt, er denkt sich wahrscheinlich, wie ergiebig hier eine Alaman sein müßte. Afghanen trifft man nur sehr wenige; diese mit ihren schmutzigen langen Hemden und noch schmutzigeren herabwallenden Haaren haben ein Leintuch nach römischer Weise um die Achseln geworfen, doch kamen sie mir vor wie Leute, die sich aus ihrem brennenden Hause um Mitternacht auf die Straße gerettet haben.

Dieses bunte Gemisch von Bocharioten, Chiwaern, Chokandern, Kirgisen, Kiptschaks, Turkmanen, Indern, Juden und Afghanen ist in allen Hauptbazaren vertreten, aber obwohl sich alles emsig hin und her bewegt, habe

---

* Elameti Tefrikie, die nach dem Koran jeder nicht muselmanische Untertan tragen muß, damit nicht an ihn der Gruß des Selam Aleïkum (Friede sei mit euch) verschwendet werde.

ich doch keine Spur des geräuschvollen Bazarlebens finden können, das in Persien so charakteristisch hervortritt. Ich hielt mich dicht an meine Gefährten und warf einen flüchtigen Blick auf die Buden, die nur wenige über Orenburg kommende westeuropäische, aber desto mehr russische Mode- und Manufakturwaren enthalten und für den Reisenden in dieser fernen Stadt nur insoweit von Interesse sind, als er beim Anblick eines jeden Stücks Kattun oder des daraufgeklebten Fabrikzeichens ein Gefühl hat, als sähe er einen Landsmann. Wie pochte mein Herz, wenn ich die Worte »Manchester«, »Birmingham« las, und wie fürchtete ich, durch das bloße Lesen eines Wortes mich zu verraten.

Interessanter für den Fremden ist im Bazar von Bochara der Ort, wo Produkte inländischer Industrie zur Schau liegen; die zweifarbigen gestreiften und schmal gewebten Baumwollstoffe, Aladscha genannt, Seide, von dünnen spinnwebengleichen Sacktüchern bis zum schweren Atres, und besonders die Lederarbeiten spielen hier eine Hauptrolle. In diesem Artikel verdient die Kunst der Riemer, vorzüglich aber die der Schuster hervorgehoben zu werden. Die Männer- und Weiberstiefel sind ziemlich gut gearbeitet, erstere haben hohe, spitze Absätze, die in der Größe eines Nagelkopfes enden, letztere sind zwar etwas plump, aber oft mit der feinsten Seidenstickerei verziert. Auch der Kleiderbazar, die Buden, wo die hellfarbigen, glänzenden und faltenreichen Kleider ausgebreitet sind, ist zu erwähnen. Der Orientale, der nur hier in seiner vollen Originalität anzutreffen ist, liebt das Tschachtschuch oder den rauschenden Ton der Kleider, und es machte mir großes Vergnügen anzusehen, wie der Käufer mit dem neuen Tschapan (Anzug) einige Schritte auf- und abging, um die Stärke des Tons zu prüfen. Alles ist inländische Industrie und sehr wohlfeil, daher auch der Kleidermarkt von Bochara bis weit in die Chinesische Tatarei hinein alle Rechtgläubigen mit seinen Anzügen versieht. Auch die Kirgisen, Kiptschak und Kalmücken pflegen einen Abstecher von der Wüste hierher zu machen, und der wilde Tatar mit seinen schiefen Augen und seinem hervorstehenden Kinn lacht vor Freude, wenn er seinen aus roher Pferdehaut gemachten Anzug mit einem leichten Iktey (eine Art Sommerkleid) vertauscht. Hier hat er das höchste Bild der Zivilisation, Bochara ist sein Paris und London.

Nachdem wir beinahe drei Stunden herumgestreift waren, bat ich meinen Führer und edlen Freund Hadschi Salih, mir an einem Erholungsort ein wenig Ruhe zu gönnen; er führte mich durch den Timtsche Tschay Furuschi (Teebazar) nach dem berühmten Platz Lebi Haus Divanbegi, d.h. Teichufer des Divanbeg, den ich für Bochara wirklich allerliebst fand. Es ist ein ziemlich regelmäßiges Viereck, in dessen Mitte sich ein tiefer Teich, 100 Fuß lang und 80 Fuß breit, befindet, mit quadratförmigen Steinen eingefaßt, zu dessen Spiegel acht Stufen hinabführen. Rundherum am Ufer stehen einige schöne Ulmen, in deren Schatten die unvermeidlichen Teebuden mit ihren kolossalen Samowars (Teekesseln), die in Rußland besonders für Bochara fabriziert werden, zu einem guten Trunk Tee einladen. Auf drei Seiten des Platzes werden Süßigkeiten, Brot, Obst, warme und kalte Speisen auf Gestellen, die durch Rohrmatten beschattet sind, verkauft, und die Hunderte von improvisierten Läden, die von der lüsternen und hungrigen Menge wie von Bienen umsummt werden, bieten ein eigentümliches Schauspiel dar. Auf der vierten, westlichen Seite, die terrassenartig ist, befindet sich die Moschee (Mesdschidi Divanbegi), an deren Vorderseite auch einige Bäume stehen, wo die Derwische und Meddah (Erzähler) unter anstrengender Mimik Heldentaten berühmter Krieger und Propheten in Vers und Prosa erzählen und immer von einer wißbegierigen Menge angehört werden. Als ich auf den genannten Platz trat, wollte es der Zufall, daß zur Vervollständigung des interessanten Schauspiels noch gegen fünfzehn Derwische aus dem Orden der Nakischbendi, dessen Ursprung und

Hauptsitz hier ist, auf ihrem wöchentlichen Zuge vorbei-
passierten. Ich werde nie vergessen, wie diese wildbegei-
sterten Menschen mit ihren langen, kegelförmigen Kap-
pen, den flatternden Haaren und langen Stäben wie
Besessene umhersprangen, während sie im Chor eine
Hymne brüllten, deren einzelne Strophen der graubärtige
Chef ihnen vorsang.

Auge und Ohr waren so beschäftigt, daß ich bald meine Müdigkeit vergaß. Mein Freund mußte mich mit aller
Gewalt in eine Bude bringen, und als der edle Schiwin
(eine Art Tee) eingeschenkt war, wollte er meine Verwunderung benutzen und fragte mit innerer Freude:
»Nun, wie gefällt dir Bochara Scherif?« »Sehr gut«, antwortete ich, und der Mittelasiate, obwohl er als Chokander gegen Bochara damals gerade Feindschaft hegte, war
dennoch sehr erfreut, daß die Hauptstadt Turkestans
mich so zu ihren Gunsten eingenommen hatte, und versprach, mir das eigentlich Schöne erst in den folgenden
Tagen zu zeigen. Trotz des streng bochariotischen Ko-
stüms, das ich heute angenommen hatte, und obgleich
ich von der Sonne so entstellt war, daß selbst meine
Mutter mich schwerlich erkannt hätte, wurde ich doch,
wo ich mich zeigte, von einer Schar Neugieriger umgeben, die mich durch Händereichen und Umarmungen
äußerst langweilten. Ich hatte durch einen immensen
Turban und großen Koran, der an mir herabhing, das
Äußere eines Ischans oder Scheichs angenommen, und
mußte mir diese Belästigungen gefallen lassen. Dagegen
schützte mich die Heiligkeit meines Charakters vor den
Fragen weltlicher Neugier, und ich hörte, wie die Leute
um mich herum meine Freunde befragten oder untereinander flüsterten. »Welcher Grad von Frömmigkeit gehört dazu«, meinte einer, »von Konstantinopel nach
Bochara zu kommen, einzig und allein, um unseren
Baha-ed-din* zu besuchen.« »Ja«, sagte ein anderer, »wir

---

* Baha-ed-din ist ein in der ganzen islamischen Welt berühmter Asket
und Heiliger und Gründer des Nakischbendiordens.

gehen zwar auch nach Mekka, dem allerheiligsten Ort, mit nicht geringer Mühe, aber diese Leute (auf mich zeigend) haben nichts anderes zu tun, ihr Leben ist Gebet, Frömmigkeit und Wallfahrt.« »Bravo, du hast es erraten«, dachte ich mir und war höchst erfreut, daß mein Inkognito in Bochara so erfolgreich war. Während meines ganzen Aufenthalts in der Hauptstadt Turkestans war ich in der Tat dem Volke, das sehr schlau und boshaft ist, nie verdächtig, man kam zu mir um Segen zu erhalten, man hörte mir zu, wenn ich auf öffentlichen Plätzen die Geschichte des großen Scheichs von Bagdad, Abdul Kader Gilani, vorlas, man lobte mich, aber nie gab mir jemand einen Heller, und die Scheinheiligkeit dieses Volks stach sehr ab von der wahren Frömmigkeit und dem Wohltätigkeitssinn der Chiwaer Ösbegen.

Mit der Regierung hatte ich nicht so leichtes Spiel wie mit dem Volke. Der früher schon genannte Rahmet Bi, da er mir öffentlich nichts anhaben konnte, schickte mir unaufhörlich Spione auf den Hals, die in ihren weitläufigen Gesprächen immer Frengistan berührten, in der Hoffnung, daß ich mich durch irgendeine Bemerkung verraten würde. Als sie sahen, daß dieses Mittel nicht zum Ziele führte, fingen sie davon an, welch große Lust die Frengis an dem edlen Bochara hätten und wie schon mehrere ihrer Spione, besonders aber die Engländer Könölly und Istodder Sahib (nämlich Conolly und Stoddart) bestraft worden wären.* Oder man erzählte mir von den erst vor einigen Tagen angekommenen und gefangen gesetzten Frengis (den unglücklichen Italienern), die mehrere Kisten Tee, der mit Diamantstaub

---

* Das traurige Ende dieser beiden Märtyrer ist selbst in Bochara stets ein Geheimnis geblieben, und die widersprechendsten Gerüchte zirkulieren noch heute über diesen Gegenstand (26). Der Leser wird begreifen, daß es mir in meinem Inkognito nicht möglich war, über das Schicksal dieser Unglücklichen besondere Nachrichten einzuholen. Das traurige Ereignis ist übrigens von Ferrier, Wolf, W. Kay und anderen offiziellen und nicht offiziellen Korrespondenten so viel besprochen worden, daß meine flüchtig gesammelten Notizen ganz unnötig sind.

bestreut gewesen sei, mitgebracht hätten, um alle Einwohner der heiligen Stadt zu vergiften, die den Tag in Nacht verwandelten und andere höllische Kunststücke vollführten. Der größte Teil dieser Spürhunde waren Hadschis, die jahrelang in Konstantinopel gelebt hatten und meine Kenntnis der dortigen Sprache und Verhältnisse prüfen wollten. Nach langem geduldigen Zuhören pflegte ich den Überdrüssigen zu spielen und bat, mich mit einer Unterhaltung über Frengis zu verschonen. »Ich habe Konstantinopel verlassen«, sagte ich, »um diesen Frengis, die dem Teufel den Verstand geraubt haben, auszuweichen. Nun bin ich, Gott sei Dank, in dem edlen Bochara und will mir nicht durch die Erinnerung an sie die Zeit verbittern.« Ähnlicher Antworten bediente ich mich auch gegen den abgefeimten Mollah Scheref-eddin, den Aksakal der Buchhändler, der mir eine von einem russischen Gesandten vor einigen Jahren bei ihm zurückgelassene Bücherliste sowie auch andere englische und italienische Papiere zeigte. Ich warf einen verächtlichen Blick darauf und sagte: »Allah sei gelobt! Mein Gedächtnis ist durch frengische Wissenschaft und Bücher noch nicht verunreinigt, wie es leider bei den Türken von Konstantinopel oft der Fall ist.«*

Als Rahmet Bi sah, daß er auch durch Boten nichts ausrichten konnte, ließ er mich zu sich rufen, natürlich in der Form einer höflichen Einladung zu einem Pilau, bei dem auch ein Kränzchen aus der bochariotischen

---

* Eines Tages kam ein Diener des Vezirs mit einem kleinen dürren Mann zu mir, den ich prüfen sollte, ob er wirklich Araber und aus Damaskus sei, wie er vorgab. Als er eintrat, fielen mir sogleich seine Züge auf, ich hielt ihn für einen Europäer; mein Staunen wuchs aber noch, als er zu sprechen anfing und ich seine Aussprache durchaus nicht arabisch fand. Er sagte mir, daß er nach Choten (in China) zum dortigen Grabe Dschafer Ben Sadiks eine Wallfahrtsreise unternommen habe und in diesen Tagen weiterreisen wolle. Auch in seinen Zügen war während unserer Unterredung eine Störung wahrzunehmen. Mir tat es sehr leid, ihn nicht ein zweites Mal sehen zu können, denn ich war geneigt zu glauben, daß er mit mir eine gleiche Rolle spielte.

Ulemawelt zugegen war. Beim Eintritt sah ich, daß ich hier eine schwere Aufgabe haben würde, denn die ganze Sitzung war eine Art Prüfung, in der mein Inkognito die Feuerprobe zu bestehen hatte. Ich faßte die Gefahr rechtzeitig ins Auge, und um nicht mit der einen oder anderen Frage überrumpelt zu werden, spielte ich den Wißbegierigen und richtete selbst an die Herren mehrere Fragen in betreff der Religionsdifferenzen zwischen Fars, Sünnet, Wadschib und Mustahab.* Mein Eifer gefiel, und bald entspann sich die heftigste Diskussion über mehrere Punkte im Hidajet, Scherchi Wekaje und anderen solche Themen behandelnden Bücher, an der ich sehr behutsam Anteil nahm, aber laut pries ich die Überlegenheit der Mollahs von Bochara nicht nur über mich, sondern über alle Ulemas von Konstantinopel. Genug, ich kam auch hier glücklich durch. Die hochgelehrten Mollahs gaben Rahmet Bi durch Winke und Worte zu verstehen, daß sein Berichterstatter in großem Irrtum befangen sei und daß ich, wenngleich kein »schwerer Mollah«, doch ein Mensch sei, der sich auf dem Wege befinde, vom Licht des wahren Wissens erleuchtet zu werden.

Nach diesem Auftritt lebte ich in Bochara ziemlich ungestört. Gewöhnlich erfüllte ich erst zu Hause die schwere Pflicht, die mir mein Charakter als Derwisch auferlegte; alsdann ging ich in den Bücherbazar, der 26 Läden enthält und wo ein gedrucktes Werk noch immer unter die Seltenheiten gehört. Hier und in den Häusern der Buchhändler, in denen die eigentlich großen Lager sind, habe ich manche Schätze gesehen, die für unsere orientalische Geschichte und Philologie von hohem Nutzen sein könnten, deren Anschaffung für mich aber eine

---

* Es gibt vier Grade in bezug auf die Wichtigkeit der Gebote des Islam. Fars bezeichnet die von Gott durch den Propheten offenbarte Pflicht, Sünnet die vom Propheten selbst ausgehende Überlieferung ohne göttliche Inspiration. Die beiden letzten Worte Wadschib und Mustahab bedeuten Vorschriften, die von neueren Erklärern des Koran herrühren. Jene sind für jeden verbindlich, diese in das Belieben des einzelnen gestellt.

Unmöglichkeit war, weil ich erstens nicht die genügenden Mittel hatte und zweitens durch das Interesse an weltlichem Wissen meinem Inkognito schaden konnte. Das wenige, was ich von dem Büchermarkt Bocharas und Samarkands mitgebracht habe, hat mich viele Mühe gekostet, und mein Herz blutete, wenn ich Werke zurücklassen mußte, die in unseren orientalischen Studien beträchtliche Lücken ausfüllen könnten. Vom Büchermarkt pflegte ich auf den ziemlich entfernten Rigistan (27) zu gehen, der zwar größer und geräuschvoller ist als der oben beschriebene Lebi Haus, aber bei weitem nicht so anmutig. Auch hier ist ein mit Teebuden umgebener Teich, von dessen Ufern man in die auf der anderen Seite hochgelegene Burg oder den Palast (Ark) des Emirs hineinsehen kann. Das Portal, über dem eine Uhr angebracht ist, hat ein düsteres, abschreckendes Aussehen, und ein geheimes Grauen ergriff mich, wenn ich an diesem Neste der Tyrannei vorüberging, wo viele meiner Vorgänger ermordet wurden und auch gegenwärtig drei unglückliche Europäer fern vom Vaterland und jeder Hilfe schmachteten.* Neben dem Tor lagen auf der Erde 14 Kanonen aus Messing, die verzierte lange Läufe hatten und vom Emir als Siegestrophäen seines Feldzugs in Chokand hierher geschickt worden waren. Rechts vom Palast ist Mesdschidi Kelan, die größte Moschee Bocharas, die Abdullah Chan Scheibani erbauen ließ (28).

Nach dem vielen, was ich von Teheran bis hierher aus den Schilderungen meiner Reisegefährten entnommen hatte, war ich nach acht Tagen in Bochara schon wie zu Hause. Anfangs überall durch Hadschi Salih eingeführt, setzte ich später meine Besuche in der Stadt, den Bazaren und Medressen allein fort und begleitete nur dann meine Freunde, wenn wir zusammen bei einem hier ansässigen chinesischen Tataren eingeladen wurden.

---

* Es sind dies die drei Italiener, die, während ich in Bochara war, arretiert und später ihrer sämtlichen Barschaft beraubt, das nackte Leben durch Vermittelung der russischen Regierung gewonnen haben.

Hier wurden wir gewöhnlich mit Nationalspeisen bewirtet, die meine Freunde, nämlich Hadschi Bilal und seine Angehörigen, schon lange entbehrten. Von diesen Speisen will ich eine beschreiben und dem europäischen Leser als einen guten Bissen empfehlen, nämlich Mantuy, eine Art Mehlspeise, die mit haschiertem Fleisch, das mit Fett und Gewürzen vermischt ist, gefüllt und auf eine auffallende Weise gekocht wird. Es wird nämlich ein Kessel mit Wasser auf das Feuer gestellt, der oben geschlossen ist und nur eine faustgroße Mündung hat. Über diese setzt man drei bis vier Siebe, die fest schließen und deren unterstes mit Teig an den Kessel festgeklebt ist. Wenn das Wasser siedet und genügend Dampf die Siebe gefüllt hat, wird der Mantuy erst in das oberste, dann in die unteren Siebe gelegt, wo er so lange gelassen wird, bis er gekocht ist. Ist es nicht sonderbar, daß die Chinesen den Dampf sogar zu ihren Speisen verwenden? Die gekochten Mantuys werden oft in Fett gebraten und bekommen dann den Namen Sanbusi (Damenkuß). Meine Freunde aus Kaschgar und Jarkend hatten noch viele eigentümliche Speisen, doch wollen wir die Vorschriften darüber dem übergeben, der ein tatarisches Kochbuch zu schreiben wünscht.

Das Wetter war während meines Aufenthalts in Bochara unerträglich heiß, und dabei hatte ich doppelt zu leiden, weil ich aus Furcht vor der Rischte (Filaria medinensis), von der während des Sommers von zehn Leuten einer befallen wird, immer warmes Wasser oder Tee trinken mußte. So leicht wie man bei uns Schnupfen bekommt, so leicht nimmt es der Bochariot oder Fremde, der sich dort im Sommer aufhält, wenn es ihn am Fuße oder auch an andern Teilen des Körpers zu kitzeln anfängt. Etwas später wird ein kleiner roter Fleck bemerkbar, und aus diesem taucht ein bindfadendicker Wurm hervor, der oft eine Elle lang wird und den man einige Tage behutsam auf einer Spindel herauswinden muß. Dies ist die gewöhnliche Prozedur, die keine besonderen Schmerzen verursacht, reißt aber der Wurm ab, so erfolgt eine Entzündung, und statt eines kommen sechs bis zehn Würmer hervor, die einen wochenlang unter heftigen Schmerzen ans Lager fesseln. Der Beherzte läßt sich die Rischte gleich am Anfang herausschneiden; die Barbiere in Bochara sind ziemlich geübt in dieser Operation, die Stelle, wo man das Kitzeln verspürt, schneiden sie in einem Nu auf, der Wurm wird herausgezogen und die Wunde heilt bald wieder.

Die Stadt Bochara erhält ihr Wasser aus dem nordöstlich fließenden Serefschan (Goldstreuer), dessen Bett tiefer liegt als die Stadt und diese im Sommer nur spärlich versehen kann. Das Wasser kommt durch einen Kanal, der tief genug gegraben ist, aber nicht rein gehalten wird, beim Tore Dervase Mesar in die Stadt, jede 8 oder 14 Tage einmal, je nachdem der Stand des Flusses es erlaubt. Das Erscheinen der schon beim Eintritt in die Stadt ziemlich schmutzigen Wellen ist immer ein freudiges Ereignis für die Bewohner. Zuerst stürzt jung und alt in die Gräben und Reservoire, um ein Bad zu nehmen, später werden die Pferde, Kühe und Esel darin gebadet, und nachdem auch die Hunde sich ein wenig darin abgekühlt haben, wird das Hineingehen verboten, das Wasser setzt sich alsdann, wird klar und lauter, hat aber alle Arten von Schmutz in sich aufgelöst. Das ist die Wasserversorgung des »edlen« Bochara, wo Tausende von Zöglingen jene Religion lernen, die da sagt: »Die Reinlichkeit stammt von der Religion her.«

Unvergeßlich ist mir, was ich in Bochara von den religiösen Bestrebungen sowohl der Regierung als auch des Volks gesehen habe. Ich hörte immer sagen: »Bochara ist die wahre Stütze des Islam«, doch scheint mir dieser Titel zu gering, man könnte es »das Rom des Islam« nennen, denn Mekka und Medina sind nur sein Jerusalem. Bochara ist sich dieser Superiorität bewußt und brüstet sich damit vor allen Völkern des Islam, ja sogar gegenüber dem Sultan, der offiziell als Religionschef anerkannt ist, dem man es aber nur schwer verzeihen kann, daß in seinen Ländern durch den Einfluß der Frengi vieles verfälscht worden ist. In meinem Charakter als Osmanli wurde ich oft zur Rechenschaft gezogen, 1) warum der Sultan nicht alle Frengis umbringt, da sie in seinem Staate leben und nicht Dschisie (Tribut) bezahlen; warum er nicht jährlich Dschihad (Religionskrieg) unternimmt, da er an allen seinen Grenzen Ungläubige hat; 2) warum die Osmanli, die doch Sunniten sind und der Sekte der Ebu Hanife angehören, nicht den Turban und die vorschriftsmäßigen bis zum Knöchel reichenden langen Kleider tragen, warum sie keinen langen Bart und kurzen Schnurrbart haben, gleich der »Glorie aller Weltkreaturen« (wie der Prophet genannt wird); 3) warum die Sunniten sowohl in Konstantinopel als auch in Mekka das Esan (Aufruf zum Gebet) singend hersagen, was eine schreckliche Sünde ist; warum nicht alle Hadschis werden, da sie doch so nahe an den heiligen Orten wohnen, usw.

Ich tat mein Möglichstes, um die Ehre der biederen Osmanli in betreff der Religion zu retten, und wenn ich auch hier und da mit Erröten das »pater peccavi«* sagen mußte, so konnte ich in meinem Inneren den Türken nur gratulieren, daß sie unter dem Einflusse des verfälschten Islam so manche gute Eigenschaften und schöne Charakterzüge haben, während ihre am Born des reinen Glaubens sich labenden Religionsgenossen nur der schwarzen Lüge, der Heuchelei und Verstellungskunst frönen. Wie oft mußte ich an den Chalkas (Ring oder Kreis) teilnehmen, wobei die Frömmlinge nach dem Gebet dicht nebeneinander in der Runde niederhocken, um in Tewedschuh (Anschauung) oder, wie es die westlichen Mohammedaner nennen, Murakebe versunken über die Größe Gottes, die Herrlichkeit des Propheten und die Richtigkeit unseres Daseins nachzusinnen. Wenn man als Fremdling diese Leute mit dem großen Turban, den niedergeschlagenen Augen, den in den Schoß herabhängenden Armen in ihrer zerknirschten Stellung ansieht,

---

* »Vater, ich habe gesündigt.« – Anm. d. Hrsg.

muß man glauben, daß sie lauter höhere Wesen sind, welche die Last des irdischen Daseins abwerfen wollen und den arabischen Spruch: »Ein Scheusal ist die Welt, und die nach ihr streben, sind Hunde« tief in sich aufgenommen haben. Betrachtet man sie weiter, so sieht man, daß viele aus tiefem Nachdenken in noch tieferen Schlaf versunken sind, aber obwohl sie wie die Jagdhunde schnarchen, darf man sich durchaus nicht wundern oder eine Einwendung machen, denn der Bochariot würde einen zurechtweisen und sagen: »Diese Männer haben es so weit gebracht, daß sie selbst während des Schnarchens an Gott und die Unsterblichkeit der Seele denken.« In Bochara wünscht man vor allem nur die äußere Form. Jede Stadt hat ihren Reis (Religionsaufseher), der mit dem Dere (eine vierzüngige Peitsche) die Straßen oder öffentlichen Plätze durchziehend in Religion prüft, die Unwissenden, mögen es auch sechzigjährige Greise sein, auf 1–14 Tage in die Kinderschule schickt und zur Gebetstunde jedermann in die Moschee treibt. Ob der Greis in der Schule lernt oder schläft, ob jedermann in der Moschee betet oder an sein unterbrochenes Tagewerk denkt, das geht niemand etwas an. Die Regierung will das Äußere haben, das Innere ist nur Gott bekannt.

Daß der Geist, in dem die Religion ausgeübt wird, auf Gesellschaft und Regierung einen mächtigen Einfluß hat, braucht kaum erwähnt zu werden. Das iranische Blut der Bevölkerung, denn fünf Sechstel der Bevölkerung Bocharas sind Perser, Merwi und Tadschiken, gibt zwar einen kleinen Anstrich von Regsamkeit im Bazar und auf öffentlichen Plätzen, aber wie öde, wie monoton ist es in den Privatwohnungen! Jede Spur von Frohsinn oder Heiterkeit ist verbannt aus Kreisen, wo die Religion und das Überwachungssystem der Regierung so tyrannisierend auftritt. Die Spione des Emirs dringen selbst in das Heiligtum der Familien ein, und wehe dem, der sich ein Vergehen gegen die Religionsformen oder gegen die Autorität des Emirs zu Schulden kommen läßt. Die ewige Tyrannei hat die Menschen so weit eingeschüchtert, daß selbst Mann und Frau unter vier Augen nie den Namen des Emirs nennen, ohne die Worte: »Gott lasse ihn 120 Jahre leben!« hinzuzufügen. Die armen Leute hassen auch ihre Herrscher gar nicht, denn tyrannische Willkür fällt nicht nur nicht auf, sondern wird als ein notwendiges Attribut der Fürstenwürde angesehen. Emir Nasrullah (29), der Vater des jetzigen Regenten von Bochara, war in den letzten Jahren seiner Regierung ein grausamer Wüstling, der Sittenverderbnis mit dem Tode bestrafte und zugleich die Ehre seiner Untertanen auf die empörendste Weise antastete. Nur wenige Familien blieben von seinen Freveltaten verschont, und dennoch hütete sich jeder, auch nur den leisesten Tadel laut werden zu lassen. Der jetzige Emir, Mosaffar ed-din Chan, ist glücklicherweise ein gutmütiger Mensch, der, was Religion und Sitten betrifft, vielleicht strenger ist als sein Vater, den man selbst aber keines Verbrechens beschuldigen kann, daher auch die endlosen Lobeserhebungen und Verherrlichungen, die das Volk ihm zuteil werden läßt.

Der Emir, den ich später in Samarkand sah, ist ein Mann von 42 Jahren, von mittlerer Statur, etwas wohlbeleibt, doch von sehr anmutigem Aussehen, mit schönen schwarzen Augen und einem dünnen Bart. In seiner Jugend war er ein Jahr in Karschi in einem Amt tätig und 18 Jahre in Kermineh als Gouverneur und war stets durch ein mildes, leutseliges Wesen ausgezeichnet. Er befolgt streng die Regierungsprinzipien seines Vaters, und in seinem Charakter als Mollah und frommer Muselman ist er ein erklärter Feind jeder Neuerung, mag er auch selbst von deren Nutzen überzeugt sein. Bei seinem Regierungsantritt nahm er in sein Siegel die Devise: »Regierung durch Gerechtigkeit« auf und befolgt bis heute diesen Grundsatz peinlich genau, was viele Gerüchte, die in dieser Beziehung über ihn zirkulieren, bestätigen. Natürlich ist nach unseren Ansichten seine Justiz sehr übertrieben, nach welcher der Emir seinen Mehter (dem Range nach der zweite Hofbeamte) hinrichten ließ, weil dieser, wie man nach Chokand berichtete, einen zweifelhaften Blick auf eine der Hofsklavinnen geworfen hatte. Auch in einer eroberten Provinz dürfte ein gerechter Fürst nie so verfahren, wie der Emir in Chokand tat; doch einem Chan von Bochara sind diese Fehler zu verzeihen. Gegen seine Großen, die es übrigens häufig verdienen, ist er sehr streng, jede Kleinigkeit bestraft er mit dem Tode, doch schont er die ärmeren Klassen, und die Benennung Filkusch und Muschperwer, d. h. Elefantentöter und Mäusepfleger, die ihm das Volk gegeben hat, macht ihm nur Ehre.

Wer lange in den Wüsten Mittelasiens umhergeirrt ist, wird in Bochara trotz aller Armseligkeit immer etwas Hauptstadtartiges finden. Ich hatte warmes, gutes Brot, Tee, Obst und gekochte Speisen, auch zwei Hemden ließ ich mir machen, und die Bequemlichkeit des zivilisierten Lebens gefiel mir so sehr, daß es mir leid tat, als meine Freunde mich aufforderten, Vorbereitungen zur Abreise zu treffen, da sie noch vor dem Winter in der fernen östlichen Heimat eintreffen wollten. Meine Absicht war, sie vorläufig bis Samarkand zu begleiten, da ich dort leicht mit dem Emir zusammentreffen und ihre Gesellschaft mir von großem Nutzen sein konnte. In letzterer Stadt sollte es sich entscheiden, ob ich nach Chokand und Kaschgar gehen oder allein über Karschi, Kerki und Herat zurückkehren wollte. Meine edlen Freunde Hadschi Bilal und Hadschi Salih versuchten nicht mir zuzureden, um mir aber im Falle der Rückkehr möglichst behilflich zu sein, machten sie mich mit einem Kervanbaschi aus Herat bekannt, der mit 150 Kamelen in Bochara weilte und nach drei Wochen heimzukehren gedachte. Dieser Kervanbaschi hieß Mollah Seman und war meinen Freunden schon von früher her bekannt, sie empfahlen mich ihm wie einen Bruder oder Sohn, und es wurde beschlossen, falls ich von Samarkand aus umkehren wollte, nach drei Wochen in Kerki, am jenseitigen Ufer des Oxus, zusammenzutreffen. Dieser erste Schritt, der mich an das Scheiden von meinen Reisegefährten erinnerte, war für beide Teile sehr betrüblich, doch tröstete mich die Ungewißheit, da in meiner Phantasie eine Reise nach Kaschgar, Aksu und dem moschusreichen Choten, Länder, wo vor mir noch nie Europäer waren, unendlichen Reiz hatte (30).

Der Ort, wo ich den Mollah Seman traf, verdient aber noch besondere Erwähnung. Es war nämlich eine von jenen Karawansereien, die zum Sklavenhandel bestimmt sind und von denen wir unseren Lesern doch eine kleine Skizze geben müssen. Das ganze viereckige Gebäude mag 30 –35 Zellen gehabt haben, die drei Großhändler in diesem abscheulichen Geschäft zum Depot teils ihrer eigenen Ware, teils solcher, die sie von den Turkmanen in Kommission bekamen, gemietet hatten. Wie bekannt, pflegt der Karaktschi seine Leute, da er selbst nicht lange warten kann, einem mehr bemittelten Turkmanen zu verkaufen, der sie nach Bochara bringt und durch diesen Transporthandel, da er die Ware aus erster Hand bekommt, am meisten gewinnt. Was er in den ersten Tagen seines Aufenthalts in der Hauptstadt absetzen kann, das verkauft er, das übrige läßt er in den Händen des Maklers (Dellal) zurück, der nun das eigentliche Engros-Geschäft betreibt. Auf dem Markt in Bochara und Chiwa werden Menschen im Alter von drei bis sechzig Jahren verkauft, solange sie nicht durch besondere Fehler den Namen eines Krüppels verdienen. Der Religion zufolge können nur Ungläubige als Sklaven verkauft werden, doch darüber setzt sich das scheinheilige Bochara hinweg, und außer den schiitischen Persern, die Mollah Schemseddin (1500) für Ungläubige erklärte, werden auch viele sunnitische Glaubensgenossen zu Sklaven gemacht, nachdem sie durch Schläge und andere Mißhandlungen gezwungen worden sind, sich für Schiiten auszugeben (31). Unfähig, d. h. unwürdig, sogar Sklave zu sein, ist nur der Jude. Dieser Abscheu macht übrigens dem Sohne Israels Freude, da der Turkmane ihn ausplündert, aber seinen Körper nicht antastet. Früher waren auch die Hindus ausgenommen, da aber in neuerer Zeit viele über Herat nach Bochara kommen, haben die Tekke oder Sarik eine neue Regel geschaffen. Der unglückliche Anbeter Vischnus wird erst zum Muselman gemacht, dann muß er Schiit werden, und erst nach einem zwiefachen Religionswechsel wird ihm die Ehre zuteil, nachdem er seiner Habe beraubt ist, Sklave zu werden.

Der zum Verkauf ausgestellte Sklave männlichen Geschlechts wird ganz öffentlich untersucht, und der Verkäufer muß für solche geistigen oder körperlichen Fehler seiner Ware garantieren, die etwa später zum Vorschein kommen mögen. Für den Sklaven selbst ist die Stunde, die ihn aus den Händen des Händlers befreit, eine der glücklichsten, denn selbst die härteste Behandlung, die im Dienste seiner wartet, soll nicht so drückend und peinvoll sein wie die Zeit, die er im Laden als Geschäftsartikel verleben muß. Der Preis differiert, je nachdem die politischen Verhältnisse den Turkmanen, denn diese sind die ausschließlichen Lieferanten, mehr oder weniger Gelegenheit geben, ihre Alamane in die Nachbarländer zu schicken. Während jetzt der höchste Preis eines rüstigen Mannes 40 –50 Tilla (à 13 englische Schillinge) war, konnte man nach der Niederlage der Perser bei Merw, wo 18 000 persische Soldaten auf einmal gefangen wurden, denselben um 3 oder 4 Tilla bekommen.

Nachdem wir 18 Tage in Bochara verweilt hatten, konnte ich meine Freunde nicht länger zurückhalten; die Reise nach Samarkand sollte angetreten werden. Das Leben in Bochara, da uns alles hier nur Händedrücke und keinen Heller Almosen gab, hatte unsere Finanzen sehr zerrüttet. Die Ersparnisse von Chiwa her gingen zu Ende, und wie viele andere, so hatte auch ich schon meinen Esel verkauft, und die Reise von hier mußte auf einem Mietwagen fortgesetzt werden. Einzelne Mitglieder unserer Karawane, die aus Chodschend und Chokand waren, hatten sich schon von uns getrennt und ihre kürzere Reise allein angetreten, es blieben nur noch die Endidschaner und die chinesischen Tataren beisammen, die aber von Bochara aus auf verschiedenen Wegen nach Samarkand gingen. Ich, Hadschi Salih, Hadschi Bilal und sein Gefolge beschlossen, die gerade Straße zu nehmen, während die übrigen Fußgänger über Gidschdowan gehen wollten, um zum Grabe des heiligen Abdul Chalik* zu wallfahrten. Da viele Bocharioten mich auf meiner Rückreise nach Mekka begleiten wollten, so mußte ich viel List anwenden, um ihrer Gesellschaft auszuweichen, denn es wäre für beide Teile etwas unangenehm gewesen, wenn wir anstatt bei der Kaaba am Ufer der Themse eingetroffen wären.

Ich nahm Abschied von allen Freunden und Bekannten. Rahmet Bi gab mir Empfehlungsschreiben für Samarkand mit, und ich versprach, dem Emir dort meine Aufwartung zu machen. Ein Chokander Wagen, den wir bis Samarkand gemietet hatten, wurde nach dem Dorfe Baweddin vorausgeschickt, da wir diesem Wallfahrtsort der Landessitte gemäß nun den zweiten, jetzt zugleich Abschiedsbesuch machen sollten.

Das Dorf Baweddin ist zwei Stunden von Bochara entfernt und, wie wir schon erwähnten, der Begräbnisplatz des berühmten Baha-ed-din Nakischbend, Gründers des gleichnamigen Ordens und Haupturhebers aller jener religiösen Überspanntheiten, durch die der östliche Islam sich vom westlichen unterscheidet. Es ist hier nicht der Ort, von Einzelheiten zu sprechen, wir wollen nur bemerken, daß Baha-eddin als Nationalheiliger Turkestans wie ein zweiter Mohammed verehrt wird. Der Bochariot ist fest überzeugt, daß der Ruf: »Ja Baha-eddin belagerdan!« (O Baha-ed-din, du Übelabwender!) aus allem Unglück retten kann. Selbst aus dem fernen China werden Pilgerfahrten hierher unternommen. In Bochara pflegt man wöchentlich einmal dahin zu gehen, und die Verbindung mit der Stadt wird durch 300 Mietesel

---

* Chodscha Abdul Chalik (genannt Gidschdowani, starb 1601) war Zeitgenosse des berühmten Pajende Samini und steht als großer Asket und Gelehrter im Rufe der Heiligkeit.

unterhalten, die vor dem Dervase Mesar stehen und für einige Pul (kleine Kupfermünze) vermietet werden. Obwohl der Weg an vielen Stellen tiefen Sand hat, rennen diese Tiere doch mit einer ungewöhnlichen Schnelligkeit dahin, und doppelt auffallend ist es, daß sie auf dem Rückweg nur durch viele Schläge vorwärts gebracht werden können. Der Bochariot schreibt dies der Anhänglichkeit zu, die selbst diese Tiere für den Heiligen haben, so daß sie mit Freuden zu seinem Grabe laufen, aber ungern sich davon entfernen.

Das Grab befindet sich in einem kleinen Garten, an dessen einer Seite eine Moschee ist; zu dieser kann man nur durch einen von blinden oder anderen verkrüppelten Bettlern bewohnten Hof gelangen, die durch ihre Zudringlichkeit selbst ihre Standesgenossen in Rom und Neapel beschämen. Auf der Frontseite des Grabes ist der berühmte Sengi Murad (der Stein des Wunsches), der von den Stirnreibungen der frommen Pilger ziemlich abgewetzt ist und schief steht; auf dem Grabe selbst sind mehrere Widderhörner und eine Fahne, sowie auch ein Besen, der lange Zeit zum Ausfegen des Heiligtums in Mekka gedient hat. Man hat mehrmals versucht, das Ganze unter eine Kuppel zu bringen, doch zieht Baha-ed-din, wie andere Heilige Turkestans, die freie Luft vor, und jedes Gebäude ist nach dem Aufbau wieder eingestürzt. Dies erzählen die Scheichs, die Nachkommen des Heiligen, die vor dem Grabe der Reihe nach Wache halten und den Pilgern mit großer Unverschämtheit mitteilen, daß ihr Ahn ein besonderer Freund der Zahl Sieben war. Im siebenten Monat ist er zur Welt gekommen, im siebenten Jahre hat er den Koran auswendig gewußt, und im siebzigsten ist er gestorben, daher auch die Spenden und Gaben, die auf seinem Grabe niedergelegt werden und Eigentum der Scheichs sind, wohl mehreremal sieben, aber nie weniger sein können.

Fünfzehntes Kapitel

BOCHARA, DER STÜTZPUNKT DES ISLAMS

Daß Bochara sich für den Grundpfeiler des Islams für den reinsten Born der noch existierenden mohammedanischen Lehre hält, ist sowohl von uns als auch von anderen Reisenden Mittelasiens schon bemerkt worden. Diese Vorzüge der turkestanischen Hauptstadt werden aber nicht nur von den Bocharioten selbst, sondern auch von allen anderen Bekennern des Islams so vieler Regionen und Länder gleichfalls noch gepriesen und bestätigt. Der mittelasiatische Pilger wird auf seinen Reisen in Kleinasien, Arabien und Ägypten mit auffallender Verehrung und Achtung empfangen, man sieht in ihm immer den Ausbund islamischer Tugend, und wenn der Westmohammedaner, namentlich der Osmanli, den die Neuerungen, die unsere Zivilisation in seiner Heimat schuf, tief verletzten, sein Auge an der unverfälscht gebliebenen Lehre des Propheten weiden will – da blickt er den aus fernem Osten angekommenen Religions- und Stammgesgenossen mit einer seltenen Pietät an; er seufzt auf, und in seinem Ausrufe »Ha Bocharai Serif!« (Ja, das edle Bochara!) hat er unendlich viel gesagt.

Der Unterschied, der zwischen dem Mohammedanismus im Osten und dem im Westen Asiens besteht, ist wirklich eine merkwürdige Erscheinung und verdient näher betrachtet zu werden. Wenn ich die Mollahs in Bochara fragte, wie es käme, daß sie bessere Mohammedaner wären als die Leute in Mekka und Medina, wo Mohammed gelebt und gewirkt hatte, antwortete man mir, daß »die Fackel, die ihre Strahlen in die weite Ferne sendet, am eigenen Fuße immer Finsternis hat«. Mekka wäre demnach der Fuß der Fackel, Bochara die weite Ferne. Allegorisch ist dies wohl richtig, doch der Europäer läßt sich mit derartigen Gleichnissen nicht abfertigen, und da es der Gegenstand wirklich verdient, so wollen wir es versuchen, erstens die wesentlichsten Punkte des fraglichen Unterschieds und dann zweitens dessen Ursachen näher kennen zu lernen.

Wenn wir die Einzelheiten, in welchen der Islam in beiden Punkten divergiert, besprechen wollen, so könnte als Hauptcharakterzug angeführt werden, daß der Muselman im fernen Osten wild fanatisch mit Starrsinn an jeden Punkt des Korans und der Traditionen sich anklammert, als eingefleischter Orientale jede Neuerung mit Schrecken und mit Abscheu sieht, mit einem Worte in allen seinen Strebungen darauf hinzielt, um die Religion in solchem Standpunkte zu erhalten, auf welchem sie im glücklichen Zeitalter des Propheten und der ersten Chalifen stand. Doch ist dies nicht einleuchtend genug; denn der Islam in jenen Gegenden ist in ein solches Stadium getreten, in welches einige überspannte Ausleger der Sunna ihn wohl versetzen wollten, in welchem er aber in der Wirklichkeit unseres Wissens nie existiert hat.

Fanatismus, diese Hauptursache der Heuchelei und Gottseligkeit, hat alle Religionen so lange geschändet, solange die Gesellschaft im Kindesalter der Zivilisation das reine Licht des wahren Glaubens nicht sehen konnte. Alle Völker und alle Länder haben davon aufzuweisen, doch tritt dieser nirgends so grell zum Vorschein, nirgends begegnet man ihm in solch ekelhafter Fratze wie eben im Orient, wo Religion, um die Seele zu bilden, sich am meisten mit dem Körper abgibt, wo, um moralischen Einfluß auszuüben, man mit physischen Tändeleien sich beschäftigt und wo, wie vorauszusetzen ist, das Innere stark vernachlässigend, alle Welt nur nach äußerem Schein trachtet. In Bochara ist das Prinzip »der Mensch muß sich nur zeigen, was er denkt, darum kümmert sich niemand« in voller Geltung. Man kann der größte Missetäter, der verworfenste Mensch sein, man erfülle nur die äußerlichen Pflichten der Religion, und man entgeht sowohl auf dieser als auch in der anderen Welt jedweder Strafe.

Was aber in der Ausführung dieses Prinzips der äußeren Formalitäten am meisten das Auge frappiert, sind die Gesetze der Reinlichkeit, die in Mittelasien mit strenger Genauigkeit beobachtet werden, obwohl dort, wie bekannt, die ekelhafteste Unreinlichkeit anzutreffen ist. Nach mohammedanischem Gesetz wird der Körper nach jeder Entleerung unrein und bedarf einer Waschung, den Verhältnissen gemäß entweder eine kleine (Abdest) oder eine große (Gusl). Dasselbe ist auch hinsichtlich der Kleider zu beobachten, die nach Berührung des allerkleinsten Tropfens einer Reinigung zu unterwerfen sind.* Nur ersteres wird im ganzen Islam streng befolgt, letzteres wird auch nicht außer acht gelassen, doch habe ich im Westen Asiens nie Leute getroffen wie in Bochara, die nackt ihr Gebet verrichten, aus bloßem Skrupel, daß die Kleider etwa, ohne daß es das Auge wahrnehmen könnte, auf irgendeine Weise befleckt worden seien.

Ist es nicht lächerlich genug, wenn eine Religion, wie das beim Islam der Fall ist, darüber Hefte, ja ganze Bücher vollschreibt, wie seine Anhänger sich den Körper nach einer großen und kleinen Entleerung reinigen sollen. Das Gesetz z.B. befiehlt Istindscha (Beseitigung), Istinkah (Waschung) und Istibra (Trocknung), das heißt, man bediene sich erstens zur lokalen Reinigung einer kleinen Erdscholle, dann wenigstens eines Maßes Wasser und schließlich eines ellenlangen Stückes Leinwand, um jede Spur sorgfältig zu beseitigen. In der Türkei, Arabien und Persien wird nur eins, nämlich Istinkah, in Mittelasien alle drei angewendet, ja, um ihre Frömmigkeit desto besser zu beweisen, tragen die eifrigen Mohammedaner drei bis vier solcher Erdschollen im Turban, welche, mit einem eigens dazu gehaltenen Messer geschnitzt,

---

* In den Augen der Orientalen werden nur Hunde und Europäer als Wandpisser betrachtet. Im ganzen Osten hockt man sich bei diesem Akte nieder, da man befürchtet, in stehender Position sich durch einen Tropfen die Kleider zu verunreinigen.

246

als Vorrat aufbewahrt werden. Die Vollführung dieses Gebots geschieht oft ganz öffentlich im Bazar, da viele mit ihrer gewissenhaften Frömmigkeit prunken wollen, und unvergeßlich ist mir das Scheusal, als ich einst einen Lehrer sah, der seinen Zöglingen beiderlei Geschlechts in Handhabung der Erdscholle, Leinwand usw. praktischen Unterricht erteilte. Niemand fällt die Schändlichkeit der Lehre ein, niemand sieht, daß man von den Extremen der physischen Reinlichkeit in die Extreme des moralischen Schmutzes versinkt.

Ebenso steht es mit dem Verbote der Spirituosen. Der Koran befiehlt nicht nur Enthaltsamkeit vom Weine, sondern von allen berauschenden Getränken, da der besinnungslose Zustand Vernachlässigung des Gebets oder sonstiger frommer Obliegenheiten nach sich ziehen würde. Die westlichen Bekenner des Islams wollen unter diesem Verbote im strengen Sinne des Wortes aber nur den Wein (Scharab) verstehen, und der Genuß des Araks (Branntwein), der unter den gebildeten Ständen der Türkei und Persiens ebenso beliebt ist wie der Wodki in Rußland, wird schon für ein gelinderes Vergehen gehalten, ja, viele wollen meinen, da er ausdrücklich im Koran nicht genannt ist, so würde dessen Genuß, mit Wasser vermengt, nicht als besondere Sünde gelten (32). In Bochara ist Branntwein sowohl als Wein äußerst selten anzutreffen, selbst Nichtmohammedaner, wie z.B. Juden und Hindus, dürfen solchen nur sehr verstohlen genießen, und in den Augen der Rechtgläubigen hält man es für eine Sünde, selbst die Worte Scharab und Arak über die Lippen zu bringen. Nicht wahr, hier würde man doch glauben, daß überall die größte Nüchternheit herrsche? Doch, wie schrecklich ist das Surrogat, welches die Heuchelei erfunden hat!

Die Mittelasiaten unterteilen die Spirituosen in flüssige und feste Körper, und in eben demselben Grade, in welchem erstere verpönt sind, in eben solchem Grade werden letztere, unter denen man die Narkotika versteht, für unschuldig gehalten. Was sind die berühmten

Opiumesser Konstantinopels, die heute beinahe ausgestorben sind, im Anfange dieses Jahrhunderts aber noch auf dem berüchtigten Platze Direkalti von den Vorübergehenden bewundert wurden. Was sind die vereinzelt dastehenden Haschischesser in Ägypten, was die Liebhaber des nicht gefährlichen Terjak in Persien im Vergleich zu den Bengi (Beng heißt das Gift, welches von der Canabis indica erzeugt wird) Mittelasiens? In erstgenannten Orten hat Opium neben Vater Bacchus sich nie zu viele Anhänger verschaffen können, doch in Turkestan, wo letzterer fremd ist, ist sein Reich ein sehr ausgedehntes, und schrecklich sind die Verwüstungen, die er anrichtet. Die Zahl der Bengesser ist besonders groß in Bochara und in Chokand, und es ist nicht übertrieben, wenn ich sage, daß drei Viertel der Gelehrten- und Beamtenwelt, welche die dortige Intelligenz ausmachen, Opfer dieses Lasters sind. Die Regierung sieht mit völliger Gleichgültigkeit, wie Hunderte, ja Tausende den Selbstmord begehen, es wird niemand einfallen, Verbot einzulegen; doch wäre jemand des Genusses von einem Tropfen Wein überwiesen, so müßte er unbedingt hingerichtet werden.

Diese und viele andere derartige Mißgriffe sind nur der exzentrischen Genauigkeit in Beobachtung der existierenden Gesetze zuzuschreiben und können uns bei weitem nicht so sehr befremden als jene Ansichten, die im östlichen Mohammedanismus infolge einer verschiedenen Auslegung der traditionellen Lehre geschaffen wurden und die im westlichen Mohammedanismus nicht nur nicht herrschend sind, sondern bei den dortigen Gelehrten auch oft als Irrtümer verschrien sind. Unter diesen werden wir in erster Linie auf das Ordenswesen oder fromme Brüderschaften stoßen, das in Mittelasien in einer auffallenden Weise verbreitet ist, und zwar unter solch strengen Regeln, mit solcher Innigkeit, die dem Charakter der Orientalen, vorzüglich den Mittelasiaten, kaum zuzumuten wäre. Während in den westislamischen Ländern die verschiedenen Orden der

Oveißi, Kadrie, Dschelali, Mevlevi, Rufai, Bektaschi usw., die von der Ulemawelt zu jeder Zeit angefeindet wurden, nur einzelne besonders erhitzte Köpfe in ihren Zauberkreis ziehen konnten, haben die Nakischbendi, Machdumaazami in Bochara und Chokand die großen Massen der Bevölkerung in sich einverleibt, die von den Ordensoffizieren, welche das vorübergehende Oberhaupt sind, ernannt, geleitet und regiert werden. Jede Gemeinde, sie kann noch so klein sein, hat neben den gesetzlichen Mollahs, Reis usw. einen oder mehrere Ischane (Ordenspriester), und ich habe immer staunen müssen, wenn ich die blinde Gehorsamkeit, die Hochachtung sah, mit welchen die Ordensbrüder diesen gegenüberstehen. Daß diese einflußreichen Ischane der Regierung oft im Wege sind, braucht kaum gesagt zu werden, doch hat letztere es nie gewagt, auf irgendeine Weise Einhalt zu tun, denn das Ordenswesen wird hier für untrennbar vom Islam gehalten, und obwohl Mohammed ausdrücklich bemerkte, »La Ruhbanitum fil Islam« (Keine Mönche im Islam), so pflegen doch der Chan, seine Minister, als auch viele Ulemas, welch letzteren übrigens die Ischane als mächtige Rivalen innigst verhaßt sind, oft um der öffentlichen Meinung zu huldigen, die äußerlichen Attribute eines oder des anderen Ordens anzunehmen.

Nicht minder überraschend ist das Verfahren der Ostmohammedaner in gerichtlichen Angelegenheiten, bei welchen sie das Urf, nämlich die Entscheidung nach Gutachten des Richters, dort, wo das Scheriat (Koransgesetz) nicht ausreichend ist, als auch das Kanun, die von späteren Legislatoren gebrachten Gesetze, als ketzerische Neuerungen völlig verwerfen und einzig und allein das Seriat oder das vom Koran ausgehende Gesetzbuch als untrügliche Richtschnur ansehen. Daß die von Mohammed vor 1200 Jahren für die gesellschaftlichen Bedürfnisse der schlichten Araber geschaffenen Gesetze unter allen Zonen und in allen Epochen nicht entsprechen konnten, ist gar nicht zu verwundern. In der Türkei und in Persien hat man die Notwendigkeit einer Verbesserung schon längst eingesehen, und obwohl die Ulemas, welche in diesem Schritte ihre Macht untergraben sehen, sich dagegen sträubten, so hat die Regierung doch überall durch Surrogate der Mangelhaftigkeit der primitiven Vorschriften abgeholfen. In Turkestan sind nicht nur die Mollahs, sondern auch die Regierung und alle Welt gegen jede Ansicht über etwaige Ergänzungen höchst aufgebracht. In ihren Augen ist der Koran »fein wie ein Haar, scharf wie ein Schwert, er entspricht allen Bedürfnissen des Lebens«, und jeder Andersdenkende würde als schwarzer Ungläubiger behandelt werden. Man ißt, trinkt, kleidet sich genau nach den Vorschriften des Korans, in Erhebung der Steuer und Zollgebühren, im Kriegswesen, in den Verhältnissen zu den fremden Mächten wird immer genanntes Buch als herrschende Norm betrachtet, und so wie jede Neuerung im häuslichen Leben als Sünde strengstens verboten ist, ebenso können auch England, Rußland und andere neuere Staaten, die im Koran keine Erwähnung finden, von den tatarischen Herrschern de facto nicht anerkannt werden, sondern sie halten es vielmehr für ihre Pflicht, diese Aufdringlinge nach dem Gesetz des Dschihad (Religionskampf) zu bekämpfen, was natürlich, wie die Gegenwart uns zeigt, ihren gänzlichen Ruin herbeiführen wird (33).

Auch zu den schiitischen Persern stehen die Ostmohammedaner in anderem Verhältnis als ihre westlichen Glaubensgenossen. Wie bekannt, hat dieses Schisma, freilich sehr oft unter dem Vorwande temporärer Zwekke, lange und blutige Kämpfe hervorgerufen. Türken und Araber haben seit den ersten Zwistigkeiten der Dynastien Akkojunlu und Karakojunlu mit den Persern sich oft in vernichtenden Kriegen gemessen, ein tiefer Haß und bitterer Groll trennte die beiden Sekten, doch sind erstere nie so weit gekommen, daß sie ihre schiitischen Feinde aus dem Verbande des Islams hinausstießen (34). Man hat den Perser als einen ketzerischen Muselman, aber immer als Muselman angesehen, man hat ihm den

Zutritt zu den heiligen Städten oder sonstigen Wallfahrtsorten gestattet, man hat in einer Moschee mit ihm zusammen gebetet, und in neuerer Zeit ist zwischen Osmanli und Iraner der Haß schon so weit geschwunden, daß letztere sich mit ersteren auf ganz gesetzlichem Wege verschwägern können.

In Mittelasien ist von allem diesem noch keine Spur vorhanden. Hier sind die Perser seit ihrem Auftreten in der schiitischen Glaubenssekte auf gleiche Weise verhaßt gewesen und verfolgt worden, und im Jahre 945 der Hidschra sind sie durch ein Fetwa eines gewissen Mollah Schemseddin-Mohammed, der aus Samarkand gebürtig in Herat zur Zeit Sultan Husein-Baikeras lebte, geächtet und als Ungläubige erklärt worden. Diese Fetwa hat den armen Iranern viel Unheil verursacht, denn, obwohl die räuberischen Turkomanen sie auch ohne Gesetzlichkeit gefangen hätten, so hätte man doch nicht auf dem Markte des fanatischen Bochara sie verkaufen können, wenn sie nicht durch Brandmarkung des Kafirs (denn nur solche sind verkäuflich) dazu geeignet geworden wären. Alle Grausamkeiten, die an ihnen ausgeübt werden, geschehen unter dem Vorwand der Bestrafung eines Ungläubigen, und wie sehr man die Mollahs von Turkestan auch dazu bringen will, daß die Perser doch einen und denselben Koran, einen und denselben Propheten anerkennen, so wird doch genanntes Fetwa für richtig erklärt, und die entgegengesetzte Behauptung der westmohammedanischen Gelehrten wird als Unwissenheit und als Irrtum verschrien.

Auch in den Ritualen sind wesentliche Abweichungen vorhanden. Ich bezweifle sehr, daß selbst zu Bagdad und Damaskus während der Glanzperiode des Islams Offiziere (Reis) jeden Tag die Straßen durchlaufen hätten, um alle Welt inmitten der täglichen Beschäftigung anzuhalten, das Gebet Farz-i-Ajin sich aufsagen ließen und die Unwissenden sogleich bestraft hätten, wie dies heute noch in Bochara geschieht? In dem Zeremoniell der Beschneidung, Heirat und Leichenbestattung sind viele

In einer Moschee von Buchara

dem Westislam fremdartige Gebräuche vorhanden; so bestehen auch die fünfmaligen Tagesgebete aus mehr Rikats (Kniebeugungen) als anderswo, und nicht minder kurios ist es, daß die Turkestaner beim Ezan (Aufruf zum Gebet) alle gesangsartigen Töne, jeden Wohllaut strengstens vermeiden und solches mit einem dumpfen Gebrüll rezitieren. Die Art und Weise, in welcher im Westen das Ezan gerufen wird, wird hier als Sünde erklärt, und die schönen melancholischen Töne, welche von den schlanken Minaretts am Bosporus in stiller mondbeleuchteter Abendstunde so ergreifend zauberhaft klingen, werden von den Bocharioten nur mit tiefem Abscheu vernommen.

Wenn wir zu dem Gesagten uns noch die vielen Moscheen, Medressen, die alle mit Zöglingen überfüllt sind, die Karichane – Häuser, wo Blinde den ganzen Tag den Koran rezitieren –, die zahlreichen Chanka, wo Fanatiker den Zikr Tag und Nacht fortbrüllen, von welchen Anstalten alle Städte wimmeln, vorstellen; wenn wir uns die Gebärden, die streng ernsten Blicke, das wild fanatische Aussehen der Mollahs, Ischane, Derwische, Kalender und Asketen vergegenwärtigen, da wäre es vielleicht möglich, sich einen Begriff zu machen von Bochara, von dieser Stütze des Islams, von diesem Hauptneste überspannten Religionseifers, wo die Lehre des arabischen Propheten in einer solchen Form sich auswuchs, in welcher der Gründer sein Werk vielleicht nie sehen wollte. Von hier aus hat sich die Lehre in gleicher Tendenz über Afghanistan nach Indien, Kaschmir und die chinesische Tatarei, sowie nördlich bis nach Kazan verbreitet. In allen diesen Gebieten hat der Geist Bocharas feste Wurzel gefaßt; denn Bochara ist ihr Lehrer, Bochara auch und nicht Konstantinopel oder Mekka wird als Richtschnur angesehen. Unsere Zivilisation wird dort einen härteren Stein des Anstoßes finden als im westlichen Asien, gegenüber den Nogai-Tataren mag Rußland schon diese Erfahrung gemacht haben – und sollte die englische Regierung bei ihren 40 Millionen mohammedanischen Untertanen in Indien dies bis heute noch nicht empfunden haben, so wäre dies sehr zu bedauern – denn die Folgen sind unausbleiblich.

Im Anfange der Regierung der Samaniden finden wir schon in Transoxanien Männer, die teils wegen ihrer Gelehrsamkeit, teils wegen ihrer musterhaften Frömmigkeit im ganzen Islam hoch berühmt waren. Belch hatte sich schon damals den Namen Kubbetül-Islam, die Kuppel des Islam, erworben. Die Stadt und die Umgebung Bocharas wimmelten schon damals von den Gräbern der Heiligen und Gelehrten, und es ist leicht begreiflich, wie es kam, daß diese Städte Turkestans in Frömmigkeit und Gelehrsamkeit mit Bagdad, dem damaligen Zentrum der mohammedanischen Welt, wo Religionstugend vom Strahlenglanze weltlicher Größe verdunkelt wurde, erfolgreich rivalisierten. Nach dem Ableben des Hauses der Samaniden, besonders aber während der mongolischen Eroberungen, haben die religiösen Bestrebungen wohl einen momentanen Rückschlag erlitten, doch ist das Gebäude nicht in seinen Grundpfeilern erschüttert worden, so wie in Bagdad, wo Helaku mit Vernichtung des Schattenchalifats Motasimbillahs die Hauptkräfte des Islams nach allen Richtungen zerstäubte. In Transoxanien hat das religiöse Wirken im stillen fortgelebt, und da die Bestrebungen Timurs, seine Heimat zum Hauptsitze mohammedanischer Gelehrsamkeit zu machen, auch später von den Regenten der Scheibaniedynastie, wenngleich nicht mit demselben Bewußtsein, fortgesetzt wurden, so ist es kein Wunder, wie Bochara jenes Bild der Religionsstrenge, das den Islam nur im Mittelalter charakterisiert hat, bis heute aufrecht halten konnte (35).

Ferner ist der große Körper der sunnitischen Welt durch den Schiismus Persiens, wenngleich nicht moralisch, doch faktisch in zwei sich fern bleibende Teile getrennt worden. Die Pilgerfahrten zu den heiligen Städten Arabiens haben bei weitem nicht den gewiß größeren Verkehr ersetzen können, der in den Zeiten des Chalifats von der östlichen Grenze des Islams bis zur westlichen ungestört stattfinden konnte. Der absichtlich genährte Sektenhaß machte Persien für jeden sunnitischen Reisenden zu einer gefährlichen Passage, und während die westlichen Sunniten durch große politische Umwälzungen, durch stete Berührung mit dem christlichen Abendland des Einflusses fremder sozialer Verhältnisse sich nicht erwehren konnten, wurde den östlichen Sunniten, die sich ziemlich allein überlassen waren, gar keine Gelegenheit geboten, in ihrer Gesellschaft Neuerungen oder Veränderungen einzuführen; denn sie verabscheuten das ketzerische Persien, durch das sie die Kommunikation hätten betreiben können, ebenso sehr wie die Chinesen und Hindus.

Unsere Bemerkung, daß der westliche Islam, vom christlichen Abendlande beeinflußt, sich in vielem vom östlichen Islam trennte, mag so manchen auf die Idee bringen, daß die sich immer weiter verstärkende Kommunikation, der zwischen Europäern und Asiaten immer häufiger werdende Austausch der Gedanken in Asien allmählich eine gänzliche Umgestaltung der Dinge verursachen, oder, wie manche Reisende neuerer Zeit glauben wollten, daß Asien mit der Zeit sich europäisieren werde. Diese Frage wird gewiß jeden, der eine Verbesserung der sozialen Verhältnisse in Asien wünscht (und wer sollte dies nicht wünschen!) interessieren, sie ist natürlich zu wichtig, um hier nur so en passant besprochen zu werden; doch kann ich nicht umhin, um gewissen Mißdeutungen oder falschen Kombinationen vorzubeugen, zu bemerken, daß diese von uns angeführte Erscheinung noch lange nicht als maßgebendes Beispiel zu betrachten sei, denn es wäre höchst schade, wenn man das Flittergold europäischer Bildung und Denkungsweise, mit dem die neuere Gesellschaft in der Türkei und Persien ihr altes, schmutziges Kleid bedecken will, für ein edles Metall halten würde. Was europäischer Einfluß in jenen Ländern bis heute bewirkt hat, ist leider, leider muß ich sagen, sehr gering und nichtig. Die Annahme einiger unserer Kleider und Möbelstücke mag nur das unerfahrene Auge eines Touristen täuschen, innerlich ist alles so, wie es in alten Zeiten war, und wird wahrscheinlich lange, sehr lange noch so bleiben.

Es ist einmal ausgemacht, daß wir Europäer zu unserer Mutter Asien im selben Verhältnis stehen wie im gewöhnlichen Leben mancher erwachsene Sohn zu seiner von gewissem Aberglauben sich nur schwer trennenden Mutter steht. Mutter Asia hat uns erzogen, geistig und materiell stammen wir von ihr ab, doch wird uns niemand Undankbarkeit oder Achtungslosigkeit vorwerfen können, wenn wir die Ansichten der »alten Mama« verwerfen und zu ihrem eigenen Wohle ihr hier und da unsere Ideen aufdrängen.

Sechzehntes Kapitel

In der Stadt Timurs

Auf dem Wege von Bochara nach Samarkand war unsere
ganze Karawane auf zwei Wagen zusammengeschmolzen, in deren einem ich mit Hadschi Salih, im anderen
Hadschi Bilal und seine Angehörigen saßen. Vor der
Sonne durch eine Rohrmatte geschützt, hätte ich mich
gern ruhig auf meinen Teppich niedergelassen, fand das
aber unmöglich, da das heftige Schütteln dieses primitiven Fuhrwerks uns nach allen Seiten umherwarf. Nicht
nur hatten wir uns durch das fortwährende Anstoßen die
Köpfe verwundet, sondern ich fühlte mich in den ersten
Stunden ganz seekrank und hatte weit mehr zu leiden als
auf dem Kamel, von dessen schiffsartigen Bewegungen
ich früher mehr gefürchtet hatte. Das arme Pferd, das
vor diesen schweren, breiten Karren gespannt wird, dessen plumpe, nicht einmal vollkommen runde Räder sich
in dem tiefen Sand oder Schlamm nur mühsam herum-
drehen, muß noch den Kutscher und seinen Futtersack
tragen, und der Turkmane hat recht, wenn er sagt, er
wisse nicht, wie die Bocharioten es vor dem Gericht in
jener Welt rechtfertigen werden, daß sie das Pferd, das
edelste aller Tiere, so mißhandelt haben.

Da wir von Baweddin bei Nacht aufbrachen, verirrte
sich unser Kutscher, der, von Geburt ein Chokander, der
Straßen nicht ganz kundig war. So kamen wir anstatt um
Mitternacht erst des Morgens in dem kleinen Städtchen
Mesar an, das, von Bochara 5 Tasch (Fersach) entfernt,
auf der Straße nach Samarkand als erste Station gilt.
Hier wurde nur kurze Zeit halt gemacht, und am Nachmittag gelangten wir nach Scheich Kasim, wo wir mit
einigen unserer Kollegen, die über Gidschdowan gingen,
zusammentrafen und uns bis spät in der Nacht Ruhe
gönnten.

Obwohl man mir früher schon viel Wunderbares von

257

der blühenden Kultur der Strecke zwischen Bochara und Samarkand erzählt hatte, wurden meine vielleicht etwas übertriebenen Erwartungen auf unserem heutigen Marsche, auf dem man allerdings zu beiden Seiten des Weges mit wenigen Ausnahmen überall bebautes Land sah, noch nicht erfüllt, überrascht war ich erst am nächsten Morgen, als wir die kleine Wüste Chöl Melik, die 4 Stunden breit und 6 Stunden lang ist, eine Karawanserei und ein Wasserreservoir hat, passierten und in den Distrikt von Kermineh kamen. Hier, also auf der dritten Tagereise, hatten wir oft jede Stunde, ja manchmal jede halbe Stunde ein kleines Basarli Dschay (Marktort) zu passieren, in dem es mehrere Gasthäuser und Lebensmittelhändler gab und die immer kochenden Riesensamoware als das Nonplusultra der Zivilisation und Bequemlichkeit hervortauchten. Diese Dörfer haben einen von den Dörfern Persiens und der Türkei ganz verschiedenen Charakter, die Bauernhöfe sind hier besser mit den Produkten der Erde versehen, und wenn es nur mehr Bäume gäbe, so könnte man sagen, daß von den pontischen Gebirgen an, denn da hört die freie Vegetation auf, dies der einzige Punkt ist, wo eine Gegend ähnlich unseren abendländischen anzutreffen ist. Gegen Mittag hielten wir in Kermineh an. Die Gesellschaft meiner Freunde wurde mir immer teurer, weil die Zeit unserer Trennung nicht mehr fern war, und ich konnte mich schwer an den Gedanken gewöhnen, daß ich die Strecke von Samarkand nach Europa zurück allein machen sollte.

Von Kermineh brachen wir gegen Sonnenuntergang auf, weil die kühle Nacht für das hart geplagte Tier etwas Erleichterung darbot; um Mitternacht wurde 2 Stunden halt gemacht, und wir erreichten unsere Station am nächsten Morgen, bevor es heiß wurde. Auf dem Wege bemerkte ich an vielen Orten teils vollständige, teils abgebrochene Meilenzeiger aus Quadern*, die noch von

---

* Stein heißt im Türkischen Tasch, das auch Meile heißt. So ist das persische Ferseng aus fer (hoch) und seng (Stein) zusammengesetzt.

Timur herstammen, was nicht befremdlich ist, da Marco Polo zur Zeit Oktais in Mittelasien geregelte Poststraßen vorfand. Übrigens soll die ganze Straße von Bochara bis nach Kaschgar noch Spuren ehemaliger Kultur tragen, welche häufig unterbrochen, doch bis weit nach China hinein bemerkbar sind. Der heutige Emir will sich auch auszeichnen und hat, um der Scheinheiligkeit des Volkes zu schmeicheln, an mehreren Orten an der Straße kleine terrassenförmige Erhöhungen zur Gebetverrichtung machen lassen, die als improvisierte Moscheen jeden Vorübergehenden an die Erfüllung seiner Pflicht ermahnen sollen. So hat jedes Zeitalter seine eigenen Bestrebungen.

Den heutigen Abend brachten wir im Dorfe Mir in der Moschee zu, die sich in der Mitte eines hübschen Blumengartens erhebt. Ich bereitete mein Lager nahe am Teich und war sehr erstaunt, als ich gegen Mitternacht von einem Haufen zankender Turkmanen aufgeweckt wurde. Es waren dies jene Tekke-Reiter, die in dem Feldzug gegen Chokand dem Emir als Hilfstruppen gedient hatten und nun mit der den Kirgisen abgenommenen Beute nach Merw heimkehrten. Der Emir wollte sie zivilisieren, und hatte mehreren von ihnen weiße Turbane gegeben, damit sie die wilden Pelzmützen ablegten. Solange sie beim Emir waren, hatten sie sich dazu bequemt, nachher aber, wie ich hörte, alle verkauft.

Von Mir kamen wir nach Kette Kurgan (große Festung), das der Sitz eines Gouverneurs ist und die berühmtesten Schuster im ganzen Chanat hat. Da man in die Festung, die starke Mauern und tiefe Gräben hat, bei Nacht nicht einziehen kann, so blieben wir in einer der Karawansereien, die außerhalb der Festung an der Straße stehen. Hier war alles von Wagen voll, und überhaupt fand ich die Straßen auffallend belebt, da der Feldzug die Fuhrwerke zwischen Bochara und Chokand beschäftigte. Von Kette Kurgan führt ein Separatweg durch die Wüste nach Karschi, der um 4 Stunden kürzer sein soll als die Straße von Samarkand dorthin, die Reisenden müssen aber Wasser von hier mitnehmen, da es auf dieser Strecke in der Wüste für die Tiere mehrere, für die Menschen aber nur wenige Brunnen gibt. Vor den Teebuden hörte ich Kutscher und Bauern politisieren, was hier auf dem Lande eher als in Bochara erlaubt ist. Die armen Leute waren entzückt, wenn sie von den Heldentaten ihres Emirs redeten, sie erzählten, daß er von Chokand bis nach China hinein vorgedrungen wäre, und, nachdem er im Osten alles unter sein Zepter gebracht hätte, auch Iran, Afghanistan, Indien und Frengistan, die sie für Nachbarländer halten, bis Rum nehmen wolle und die Welt so zwischen dem Sultan und dem Emir geteilt werden würde.

Unsere fünfte und letzte Station vor Samarkand war Daul, nachdem wir das bedeutendere Karasu verlassen hatten. Der Weg ging über einige Anhöhen, von denen aus die links sich erstreckenden großen Waldungen sichtbar wurden. Man sagte mir, daß diese bis halbwegs nach Bochara reichen und daß sie den zwei Ösbegstämmen Chitai und Kiptschak als Aufenthalt dienen, die mit dem Emir sehr häufig Jagi (Feind) sind und, da sie in ihren Wäldern alle Schlupfwinkel genau kennen, nicht so leicht anzugreifen sind. Obwohl man meine großen Erwartungen in betreff der historischen Bedeutung Samarkands schon in Bochara ziemlich abgekühlt hatte, so bemächtigte sich meiner dennoch eine unaussprechliche Neugier, als man mir den östlich gelegenen Berg Tschobanata zeigte, an dessen Fuß das Mekka meiner Wünsche liegen sollte. Ich spähte daher sorgfältig umher, und als wir nach zwei Stunden einen Hügel hinabfuhren, erblickte ich die Stadt Timurs mitten in einer gutbebauten Gegend. Ich muß gestehen, daß der erste Eindruck der buntfarbigen Kuppeln und Türme, die von den Strahlen der Morgensonne in vollem Glanz leuchteten, ein eigentümlicher und sehr anziehender war.

Da Samarkand sowohl durch den Zauber der Vergangenheit als auch wegen der Entfernung in Europa für etwas Außerordentliches gehalten wird, so wollen wir versuchen, da wir uns nicht des Pinsels bedienen können, die Ansicht der Stadt mit der Feder zu zeichnen. Ich bitte daher den Leser, meinen Karren zu besteigen, so wird er in östlicher Richtung den früher genannten Berg sehen, dessen kegelartiger Gipfel von einem Häuschen gekrönt ist, wo Tschobanata, der heilige Patron der Schäfer, ruht. Am Fuße desselben erstreckt sich die Stadt, die im Umfang so groß wie Teheran, nur nicht so dicht gebaut ist, aber durch die hervorragenden Gebäude und Ruinen einen weit erhabeneren Anblick bietet. Am meisten wird das Auge überrascht durch mehrere im Nordosten sich erhebende hohe, kuppelförmige Gebäude, die vier Medressen (Pischtak), die man aus der Ferne für nahe aneinanderstehend hält. Gehen wir ein wenig vorwärts, so werden wir erst eine kleine niedliche, weiter hinein gegen Süden eine imposantere Kuppel entdecken, erstere ist das Grab, letztere die Moschee Timurs (36). Gerade vor uns am südwestlichen Saume der Stadt erhebt sich auf einem Hügel die Zitadelle (Ark), um die herum noch andere Gebäude, teils Moscheen, teils Gräber, bemerkbar sind. Man stelle sich nun das Ganze untermischt mit dicht belaubten Gärten vor, und man wird von Samarkand einen schwachen Begriff haben, den wir mit dem persischen Sprichwort begleiten können: »Man wird Hören so wie Sehen sein!«

Daß der gute Eindruck, den man in der Entfernung bekommt, beim Annähern, besonders aber beim Einzuge in die Stadt ganz und gar verschwindet, braucht kaum erwähnt zu werden. In Samarkand natürlich, wo diese Erfahrung uns so teuer zu stehen kommt, ist die Enttäuschung die allerbitterste, und als wir durch das Dervase Bochara hineinfuhren und eine lange Strecke durch einen Friedhof ziehen mußten, um zum bewohnten Teil der Stadt zu gelangen, da fiel mir der persische Vers ein: »Samarkand ist der Glanzpunkt des ganzen Erdballs«, und trotz meines Unmutes fing ich herzlich an zu lachen. Wir kehrten erst diesseits des Bazars in einer Karawanserei ein, wo die Hadschis umsonst Wohnung bekommen, aber noch am selben Abend wurden wir in ein Privathaus eingeladen, das jenseits des Bazars nahe am Grabe Timurs gelegen war. Ich war freudig überrascht durch den glücklichen Zufall, daß unser Gastgeber ein Beamter des Emirs, und zwar der mit der Überwachung des Palastes in Samarkand betraute, war.

Da die Ankunft des Emirs aus Chokand, wo er einen siegreichen Feldzug beendet hatte, auf einige Tage später angekündigt war, so beschlossen meine Reisegefährten, meinethalben in Samarkand so lange zu warten, bis ich den Emir gesehen und zur Rückkehr neue passende Hadschi-Gefährten gefunden hätte. Ich benutzte diese Zeit, um die Sehenswürdigkeiten, an denen die Stadt trotz ihres armseligen Aussehens die reichste in Mittelasien ist, zu besehen. In meinem Charakter als Hadschi fing ich bei den Heiligen an, da aber alles, selbst das nur historisch Interessante, mit einer heiligen Legende verbunden ist, so war es zugleich meine Pflicht, wie es mein Wunsch war, alles zu sehen. Man zählt hier einige hundert Wallfahrtsorte, und die Fremden pflegen darin eine Art Reihenfolge zu beobachten, die nach der Wichtigkeit der Orte und der Personen gemacht wird. Diese soll bei der Beschreibung der Sehenswürdigkeiten von Samarkand auch unsere Richtschnur sein, nur mit der Einschränkung, daß wir solche Orte und Heilige, die in der Geschichte keine Bedeutung haben, auslassen werden.

1) Hasreti Schah Sinde. Der eigentliche Name dieses Heiligen ist Kasim bin Abbas, er soll ein Koreischit gewesen sein und steht hier deswegen in hohem Ansehen, weil er Anführer jener Araber war, die in Samarkand den Islam einführten. Sein Grabmal befindet sich nordwestlich außerhalb der Stadt nahe an der Mauer, in dem Gebäude, das dem großen Timur zur Sommerwohnung gedient und noch heute von seiner früheren Pracht vieles bewahrt hat. Das Ganze liegt auf einer Anhöhe, zu der 40 ziemlich breite Marmorstufen hinaufführen. Oben angekommen wird man zu dem am Ende eines

kleinen Gartens gelegenen Gebäude geführt, wo mehrere
schmale Korridore in ein großes Gemach leiten, und von
diesem rechts führt ein schmaler finsterer Gang zu dem
gleichfalls finsteren Grab des Heiligen. Außer diesem als
Moschee gebrauchten Teil gibt es noch andere Gemächer, deren bunte Ziegel und Mosaike in den herrlichsten
Farben prangen, als wenn sie gestern aus der Hand des
Meisters gekommen wären. Jedes neue Gemach, das wir
sahen, mußte mit zwei Rikat Namas begrüßt werden,
und mir taten schon die Knie weh, als man uns in einen
mit Marmor gepflasterten Raum führte, wo drei Fahnen,
ein altes Schwert und eine Rüstung als Reliquien des
großen Emirs uns zum Kusse dargeboten wurden. Ich
brachte die Huldigung dar wie jeder andere, zweifle aber
sehr an der Authentizität. Man hat mir auch von
Schwert, Rüstung, Koran und anderen Reliquien des
Heiligen erzählt, doch habe ich nichts zu Gesicht
bekommen. Gegenüber diesem Gebäude ließ der jetzige
Emir eine kleine Medresse erbauen, das sich aber wie
Stallungen bei einem Palast ausnimmt.

2) Mesdschidi Timur (die Moschee Timurs). Diese
Moschee liegt an der Südseite der Stadt und hat in der
Größe und den prachtvollen Verzierungen durch Ka-
schis (gefärbte Ziegel) große Ähnlichkeit mit der Mesdschidi Schah, die Abbas II. in Isfahan erbauen ließ, nur
daß die Kuppel Melonenform hat, was in Persien nicht
der Fall ist. Die Koran-Inschriften in goldenen Sülüs-
buchstaben sind nächst der Schrift in den Ruinen von
Sultanieh die schönsten, die ich je gesehen habe.

3) Ark (Zitadelle). Zur Zitadelle führt ein ziemlich stei-
ler Aufgang; sie hat einen inneren und äußeren Teil, letzterer enthält Privatwohnungen, ersterer dient bloß dem
Emir zum Aufenthalt. Obwohl mir der Palast als äußerst
sehenswert beschrieben war, habe ich in der Bauart dieses gewöhnlichen Hauses, das kaum 100 Jahre alt sein
mag, nichts Bemerkenswertes gefunden. Erst zeigte man
mir die Zimmer des Emirs, unter welchen die Ainecha-
ne, ein Gemach, das mit zerbrochenen Spiegelstücken

*Die Guir-Emir-Moschee in Samarkand mit dem Grabe
Tamerlans (Timur Leng)*

ausgeklebt ist, als Weltwunder gilt, mich aber bei weitem
nicht so sehr interessierte wie der Raum, den man unter
der Benennung Talari Timur (Empfangshalle Timurs),
vorzeigte. Es ist ein langer schmaler Hof, der rundherum
mit einem gedeckten Trottoir versehen ist und in der
Front den berühmten Köktasch, d.h. grünen Stein, enthält, auf dem der Emir seinen Thron errichtete, während
ringsum in der Halle die Vasallen, die aus allen Welttei-
len zu seiner Huldigung herbeieilten, ihrem Range nach
aufgestellt waren (37). In der arenaartigen Mitte standen
drei Herolde zu Pferd, um die Worte des Welteroberers
sofort den am äußersten Ende Stehenden zu überbrin-
gen. Da der Stein 4½ Fuß hoch ist, so mußte immer ein
Gefangener von vornehmer Geburt als Schemel dienen.
Auffallend ist es, daß die Sage diesen kolossalen Stein,
der bei genannter Höhe noch 10 Fuß Länge und 4 Fuß
Breite hat, aus Brussa hierher transportiert sein läßt. Zur
rechten Seite des Steins befindet sich in die Wand einge-
mauert ein Stück Eisen von der Form einer halben
Kokosnuß, auf dem eine arabische Inschrift in kufischen

264

Buchstaben eingegraben ist. Auch dieses ist aus der Schatzkammer des Sultan Bajased Jildirim hierher gebracht worden und soll einem der Chalifen als Amulett gedient haben. Hoch über dem Stein an der Wand sah ich zwei mit goldener Divanischrift geschriebene Fermane, einen von Sultan Mahmud, den anderen von Sultan Abdulmedschid, die aus Stambul an Emir Said und Emir Nasrullah geschickt wurden und sowohl das Ruchsati-Namas, d.h. offizielle Erlaubnis zum Gebet*, als auch die Einweisung in das Amt eines Hofmundschenken enthielten. Die Verleihung desselben an die Emire von Bochara war von jeher eine Regel der Etikette. Die jetzigen Emire pflegen nur bei der Thronbesteigung auf dem Köktasch die Huldigungen entgegenzunehmen, sonst wird er nur von frommen Pilgern besucht, die, drei Fatiha sprechend, sich mit besonderer Andacht den Kopf daran reiben, an einem Orte, von wo einst die Befehle ihrer glorreichen Fürsten im fernsten Asien widerhallten. Man spricht in Samarkand von Timur, als wenn erst gestern die Nachricht seines Todes aus Otrar angelangt wäre, und man fragte mich als Osmanli, mit welchen Gefühlen ich zum Grabe dessen gehe, von dem unser Sultan eine so schreckliche Niederlage erlitten hätte.

4) Turbeti Timur (Grabmal Timurs) liegt südöstlich von der Stadt und besteht aus einer niedlichen Kapelle, die von einer prachtvollen Kuppel gekrönt und mit einer Mauer umgeben ist. Das ziemlich hohe Tor hat auf beiden Seiten zwei kleine, der großen ähnliche Kuppeln. Der Zwischenraum zwischen Mauer und Kapelle ist mit Bäumen besetzt und soll einen Garten vorstellen, der aber heute sehr vernachlässigt ist. Der Eingang in die Kapelle ist gegen Osten, die Front der Vorschrift gemäß gegen Süden (Kible) gerichtet. Erst gelangt man in eine Art Vorhalle und von dieser in die eigentliche Kapelle, die achteckig ist und 10 kleine Schritte im Durchmesser

---

* Nämlich zum Freitagsgebet, das jeder Sunnit nur nach dem Chalifen oder dessen Repräsentanten verrichten kann.

hat. In der Mitte unter der Kuppel, also auf dem Ehrenplatz, befinden sich zwei Gräber, den Kopf gegen Mekka gekehrt. Auf dem einen liegt ein dunkelgrüner, sehr feiner Stein, 2½ Spannen breit, ungefähr 6 Finger dick und 10 Spannen lang in zwei Stücke* geteilt. Dies ist das Grab Timurs. Das andere, mit einem schwarzen Stein von derselben Länge und etwas größerer Breite bedeckt, ist das Grab Mir Seid Berkes, des Lehrers von Timur, an dessen Seite der mächtige Emir aus Dankbarkeit begraben sein wollte. Um diese herum befinden sich andere große und kleine Gräber, Frauen, Enkel und Urenkel des Emirs enthaltend, die aber, wenn ich mich nicht irre, erst später aus verschiedenen Teilen der Stadt hierher gebracht worden sind. Die Grabinschriften sind in persischer und arabischer Sprache, ohne besondere Titulaturen, selbst die des Emirs ist sehr einfach, nur der Familienname Köregen ist nirgends ausgelassen worden.

Was das Innere der Kapelle betrifft, so sind die äußerst kunstvollen Arabesken mit den reichen Vergoldungen und dem herrlichen Azurblau wirklich überraschend schön, und das Innere des Grabmals der Méesume Fatma** in Kom (Persien) kann nur einen schwachen Begriff davon geben, obwohl letzteres prachtvoll ausgestattet, ersteres nur bescheiden schön ist. An der Kopfseite der Gräber stehen zwei Rahle (Tische mit zwei Flügeln, auf die im Orient die heiligen Bücher gelegt werden), vor welchen die Mollahs Tag und Nacht abwechselnd den Koran lesen. Dafür beziehen sie aus dem Wakf (der

---

* Über die Ursache der Zerstückelung sind verschiedene Angaben in Umlauf. Einige sagen, daß der siegreiche Nadir Schah den Stein zu sich bringen lassen wollte und derselbe auf dem Wege zerbrach. Andere behaupten, daß er ursprünglich aus zwei Stücken bestand und ein Geschenk einer chinesischen (mongolischen?) Prinzessin sei. (38)

** Eine Schwester des Imam Risa, die nach langem Flehen von Mimun Chalife Erlaubnis erhielt, ihren in Tus im Exil lebenden Bruder zu besuchen. Auf der Reise dahin starb sie in Kom, und ihr Grabmal, dessen Inneres vor mir noch kein Europäer gesehen hatte, ist in Persien ein hochverehrter Wallfahrtsort. (39)

frommen Stiftung) der Turbe einen guten Lohn. Diese sowohl wie der Mutewali (Inspektor) sind von jeher aus den Reihen der Nogai-Tataren genommen worden, und auch jetzt waren einige blondhaarige Oberaufseher dort. Ich stattete dem Inspektor meinen Besuch ab und mußte einen Tag lang sein Gast sein. Als Zeichen seiner besonderen Gunst ließ er mir das unterirdische oder eigentliche Grabmal zeigen, das, wie er mir versicherte, selbst Einheimischen nur selten zu sehen gestattet ist. Man gelangt dorthin auf einer schmalen langen Treppe, die sich hinter dem Eingang befindet und in ein Gemach führt, das unter der Kapelle liegt. Dies hat nicht nur dieselbe Größe, sondern auch alle Arabesken in treuester Nachahmung der oberen, die Gräber liegen ebenfalls in derselben Ordnung wie oben, sind aber nicht so zahlreich. Man behauptet, daß das Grab Timurs große Schätze berge, was aber gegen die Gesetze des Islam und daher unwahr ist. Auch hier ist ein Rahle, auf welchem ein auf Gazellenhaut geschriebener Koran in großem Folio liegt. Wie man mir von mehreren Seiten und aus sicherer Quelle versicherte, ist dies dasselbe Exemplar, das Osman, der Sekretär Mohammeds und zweiter Chalif, geschrieben hat. Timur brachte diese Reliquie aus der Schatzkammer des Sultans Bajased aus Brussa mit, und sie wird von jeher hier als teurer Schatz verborgen gehalten, da Bochara von den muselmänischen Potentaten gewiß angefeindet werden würde, wenn man Kunde davon hätte.

An der Front der Turbe, so, daß sie jedem in die Augen fallen muß, ist auf blauem Grund in weißen Buchstaben die Inschrift zu lesen: »Gemacht von dem armen Abdullah Sohn Mahmuds aus Isfahan«. Die Jahreszahl habe ich nicht finden können. Ungefähr hundert Schritt von dem beschriebenen Gebäude ist eine andere Kuppel von einfacher Bauart, aber ziemlich alt, wo eine Lieblingsfrau Timurs, die auch als Heilige verehrt wird, ruht (40). Ganz in der Höhe an der Seite der Kuppel ist eine Art Knäuel aufgehängt, das Muy Seadet (Haare aus dem Barte des Propheten) enthalten und die von allen Seiten gesprungene Kuppel schon jahrelang vor dem Einsturz geschützt haben soll.

5) Medressen. Von diesen sind einige noch bewohnt, andere aber verlassen und werden bald Ruinen sein. Zu den besterhaltenen gehören Medressei Schirudar und Tillakari, die aber erst lange nach Timur erbaut wurden. Letztere, die an Goldverzierungen sehr reich ist und daher den Namen Tillakari, d.h. die Goldgearbeitete, führt, wurde 1028 (1618) von einem reichen Kalmücken Namens Jelenktosch, der zum Islam übertrat, erbaut, und der Teil, den man Chanka nennt, ist wirklich so reich, daß er nur von dem Inneren der Moschee Imam Risas übertroffen werden kann. Diesen gegenüber befindet sich Medressei Mirza Uludg, die der gleichnamige Enkel Timurs, der leidenschaftliche Astrologe, 828 (1434) erbauen ließ, die aber schon 1113 (1701) so zerstört war, daß, um mich des Ausdrucks meiner Quelle zu bedienen, in den Zellen statt Schüler nur Nachteulen hausten und daß die Türen statt mit seidenen Vorhängen nur mit Spinnweben verhängt waren. In diesem Gebäude war die weltberühmte Sternwarte (41), deren Bau 832 (1440) unter Leitung des Gajas-ed-din Dschemschid, Muajin Kaschani und des gelehrten Israeliten Silah-ed-din Bagdadi begonnen und unter Ali Kuschtschi vollendet wurde. Diese Sternwarte war in Asien nach der zu Maraga unter Helagu von dem gelehrten Nedschm-ed-din aufgeführten die zweite und letzte bis auf den heutigen Tag. Man zeigte mir die Stelle des Observatoriums, doch habe ich nur eine geringe Spur davon entdecken können.

Diese drei Medressen bildeten den Hauptplatz oder Rigistan von Samarkand, zwar kleiner als der Rigistan von Bochara, aber auch voll von Buden und einer ewig summenden Menge.

Entfernt von diesen und nahe an dem Dervase Bochara sind die Ruinen des einst wirklich großartigen Medressei Hanym, das eine chinesische Prinzessin und

Der Registan in Samarkand mit der Schir-Dar-Moschee

Gemahlin Timurs aus ihrer Privat-Schatulle erbauen ließ.

Die Ruinen, von denen noch drei Mauern und das mehr als 100 Fuß hohe Frontgebäude (Pischtak) übrig sind, bestätigen den früheren Glanz. Letzteres mit seinen Türmen und seinem meisterhaften Portal ist ganz mit Erdmosaiken bedeckt, deren Farben unvergleichlich schön sind, und dabei ist die Komposition so fest, daß ich nur mit unsaglicher Mühe einen Blumenkelch abhauen konnte, von dem ich auch nur die innere, aus drei ineinandergelegten Blättern bestehende Knospe unversehrt erhalten konnte. Obwohl die Verwüstung mit Eifer betrieben wird, ist doch im Inneren, wo heute die nach Chokand und Karschi fahrenden Lohnwagen ihr Quartier aufgeschlagen haben, noch die Moschee mit dem Wunder wirkenden Riesen-Rahle bemerkbar, und noch viele Jahrzehnte müssen die Samarkander abreißen und umhauen, bis sie alles vernichtet haben werden.

Die Inschrift an der Fassade des Grabmals Timurs, mit welchem auch die übrigen Monumente in Samarkand im Stil und in den Verzierungen mehr oder weniger übereinstimmen, beweist klar, daß die Meister Perser waren, und man braucht diese Denkmäler nur mit denen von Herat, Mesched und Isfahan zu vergleichen, um zu sehen, daß die Kunst persisch ist.

So viel von dem alten und historischen Samarkand. Die neue Stadt, deren Mauer fast eine Stunde von den Ruinen der alten Mauer entfernt liegt, hat 6 Tore, einige aus alter Zeit übriggebliebene Bazare, in denen die berühmten Lederarbeiten und die geschmackvoll gearbeiteten Holzsättel, deren Emaille selbst einem europäischen Meister Ehre machen würde, feilgeboten werden. Während meines Aufenthalts in der Stadt Timurs war das Gedränge sowohl in den Bazaren als auf den öffentlichen Plätzen und Straßen immer groß, weil alles voll war von den aus dem Feldzuge zurückkehrenden Truppen, die gewöhnliche Zahl der Einwohner mag aber nicht mehr als 15–20000 betragen, von denen ²⁄₃ Ösbegen und ¹⁄₃ Tadschiken sind. Der Emir, dessen eigentliche Residenz Bochara ist, pflegt jeden Sommer zwei bis drei Monate hier zuzubringen, weil Samarkand höher gelegen ist und wirklich klimatische Vorzüge hat. Während in Bochara eine drückende Hitze herrschte, fand ich es in Samarkand recht angenehm, nur das Wasser, das man mir als Abi-Hajat (Speise der Götter) anrühmte, war äußerst schlecht. Besonders schön ist der Wallfahrts- und zugleich Erholungsort Dehbid (die 10 Weiden), der eine Stunde weit von Samarkand jenseits des Serefschan liegt und von den Nachkommen des hier ruhenden Mahddun A'asam, der 949 (1542) starb, bewohnt ist; diese haben hier ein schönes Chanka (Kloster) und üben an den Pilgern große Gastfreundschaft aus. Dehbid ist zwar noch etwas höher als Samarkand gelegen, doch bleibt es auffallend, daß ich hier mitten im August Maulbeeren sah; unter der großen Allee, die Nesr Divanbegi zu Ehren des genannten Heiligen 1632 pflanzen ließ, fand ich es selbst mittags kühl. Auf dem Wege nach Dehbid zeigte man mir die Stelle, wo der berühmte Bagi-Tschinaran, d.h. Pappelbaumgarten, stand, Ruinen deu-

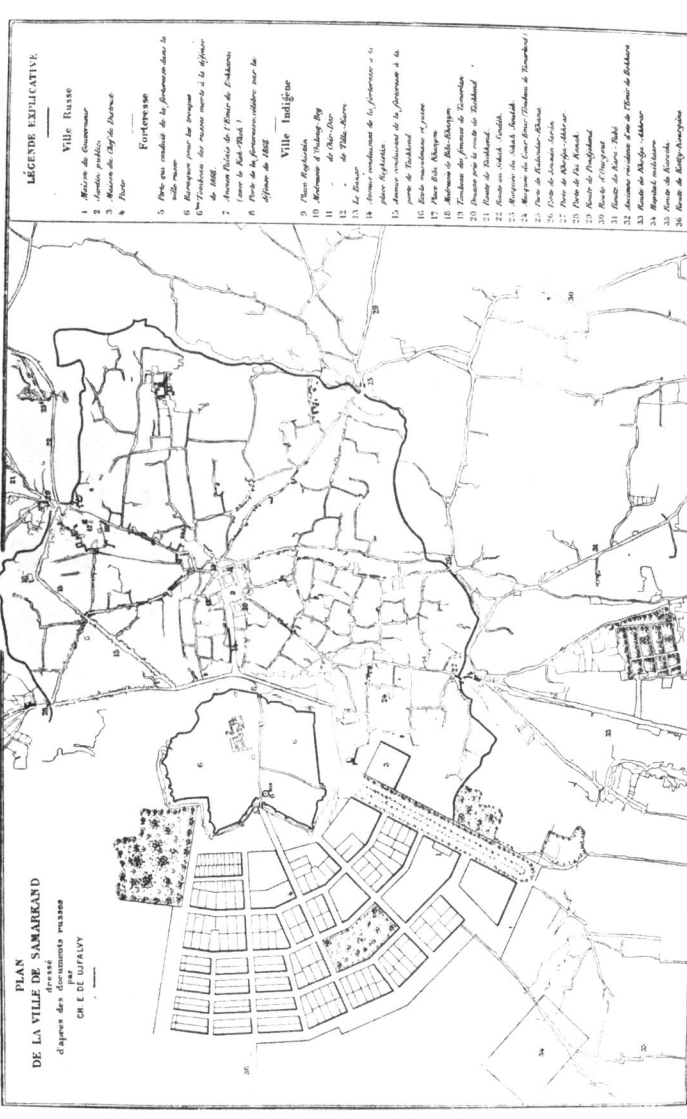

Stadtplan von Samarkand um 1870

ten den Ort des Palastes an, aber von den Bäumen ist kein einziger mehr zu sehen.

Obwohl wir nicht mit den Mittelasiaten übereinstimmen wollen, die auf die heutigen Ruinen noch immer den Ausdruck »das paradiesgleiche Samarkand« anwenden, so müssen wir doch gerecht sein und die alte Hauptstadt Mittelasiens wegen ihrer Lage und der üppigen Vegetation, die sie umgibt, die schönste Stadt in Turkestan nennen. Chokand und Namengan werden von den Eingeborenen zwar höher gepriesen, doch müßten wir diese erst sehen, ehe wir ihnen die Palme der Schönheit zuerteilen.

Nachdem ich acht Tage in Samarkand zugebracht hatte, ward es fest beschlossen, daß ich von hier auf der früher erwähnten Route nach dem fernen Westen zurückkehren wollte. Hadschi Bilal wollte mich zwar nach Aksu mitnehmen und versprach, mich entweder über Jerkend, Tibet und Kaschmir nach Mekka, oder wenn das Glück günstig wäre, über Komul nach Bidsching (Peking) zu schicken, aber Hadschi Salih redete mir ab, indem er auf die zu große Entfernung und das zu kleine Kapital, das mir zur Verfügung stand, hinwies. »Bis Aksu, ja vielleicht bis Komul«, sagte er, »könntest du gehen, denn bis dahin gibt es Muselmänner und Brüder, die dir als einem Derwisch aus Rum große Ehre erweisen werden; aber von dort weiter ist alles mit schwarzen Ungläubigen überfüllt, die dir zwar nichts in den Weg legen, aber auch nichts geben werden. Über Tibet kannst du vielleicht Gefährten aus Kaschgar und Jerkend finden, doch kann ich die Verantwortung nicht auf mich nehmen, dich jetzt nach Chokand, wo alles durch den Krieg in die größte Unordnung geraten ist, mitzunehmen. Chokand mußt du sehen, komm dahin, wenn es ruhig sein wird, für den Augenblick ist es aber am besten, wenn du mit den Gefährten, die wir für dich gefunden haben, über Herat nach Teheran zurückkehrst.«

Obwohl diese Worte meines edlen Freundes mir einleuchteten, so kämpfte ich doch einige Stunden lang hef-

272

Einzug des Emirs in Samarkand

tig mit meinem Entschluß. Eine Reise zu Land nach Peking durch die Ursitze der Tataren, Kirgisen, Kalmükken, Mongolen und Chinesen, auf einem Wege, den selbst Marco Polo nicht gewagt hätte, war wirklich großartig! Doch die Stimme der Mäßigung flüsterte mir zu: Einstweilen genug! Ich warf einen Blick auf die Strecke, die ich bis hierher durchreist hatte, sah, daß ich schon jetzt sowohl in der Länge des Weges als auch in der Art und Weise der Ausführung keinen Vorgänger habe, und sagte mir, daß es schade sei, einem gefährlichen und ungewissen Ziele meine schon erlangten Erfahrungen, mochten sie auch noch so klein sein, aufzuopfern. Ich bin erst 31 Jahre alt, dachte ich mir, was nicht geschehen ist, kann noch geschehen – aber nun wird umgekehrt. Hadschi Bilal warf mir scherzend meinen Mangel an Mut vor, auch der europäische Leser wird vielleicht mit ihm übereinstimmen, aber Lokalerfahrungen hatten mich gelehrt, daß man das türkische Sprichwort »Besser das heutige Ei, als die morgige Henne«, wenigstens hier nicht verachten durfte.

Ich war schon vollauf mit den Vorbereitungen zu meiner Abreise beschäftigt, als der Emir im Triumph seinen Einzug hielt; dieser war einige Tage früher angekündigt und hatte große Massen auf dem Rigistan versammelt, zeichnete sich aber durch gar keinen besonderen Pomp aus. Den Zug eröffneten gegen 200 Serbase, die über dem plumpen bochariotischen Anzug etwas Lederzeug angelegt hatten und deswegen reguläre Truppen hießen; weit hinter diesen folgten Reiter mit Fahnen und Kesselpauken, und Emir Mosaffar ed-din und seine höheren Beamten, die ihn umgaben, sahen mit den schneeweißen Turbanen und den regenbogenfarbigen, weiten seidenen Gewändern mehr dem Frauenchor in der Oper »Nebukadnezar« als einem Haufen tatarischer Krieger ähnlich, und nur das Gefolge, an dem mehrere Kiptschak mit den ursprünglichsten mongolischen Gesichtszügen, mit Pfeil, Bogen und Schild bewaffnet, bemerkbar waren, erinnerte mich an Turkestan. Am Tage des Einzugs ließ der Emir ein Volksfest verkünden, bei welcher Gelegenheit am Rigistan mehrere Riesenkessel aufgestellt wurden, in denen ein »fürstlicher Pilau«, bestehend aus einem Sack Reis, drei in Stücke gehauenen Schafen, einer großen Pfanne mit Schafsfett, aus dem man bei uns hätte fünf Pfund Lichter machen können, und einem kleinen Sack Rüben, gekocht wurden. Da man nach Belieben austeilte, so wurde tapfer gegessen und getrunken.

Den nächsten Tag war Ars oder öffentliche Audienz angekündigt. Ich benutzte die Gelegenheit, um mich in Begleitung meiner Freunde dem Emir vorzustellen, war aber sehr erstaunt, als wir beim Eintritt in den inneren Ark von einem Mehrem angehalten wurden, der uns mitteilte, daß der Badewlet (Majestät) mich allein ohne meine Gefährten zu sehen wünschte. Nicht nur ich, sondern auch meine Freunde ahnten Schlimmes, ich folgte dem Mehrem, und nachdem man mich eine Stunde hatte warten lassen, ward ich in eins der Zimmer gebracht, die ich schon früher besichtigt hatte, und fand dort den Emir auf einer rotfarbenen Matratze liegend, von Schriften und Büchern umgeben. Ich faßte mich schnell, rezitierte eine kleine Sure mit dem üblichen Gebet für das Wohl des Herrschers und setzte mich nach dem Amen, in das der Emir einstimmte, nahe bei dem Herrscher nieder, ohne dazu die Erlaubnis erhalten zu haben. Mein kühnes Benehmen, das übrigens ganz dem Derwischcharakter gemäß war, fiel dem Emir auf, er faßte mich fest ins Auge, als wenn er mich, der ich durch lange Praxis alles Erröten verlernt hatte, in Verwirrung bringen wollte und sagte:

»Hadschi! Aus Rum kommst du, wie ich höre, um das Grab Baha-ed-dins und der anderen Heiligen Turkestans zu besuchen.«

»Ja, Tachsir! (Mein Herr!) Und auch, um mich an deiner gesegneten Schönheit (Dschemali mubarek, der übliche Höflichkeitsausdruck) laben zu können.«

»Sonderbar, und gar keine anderen Absichten hättest du, wenn du aus so fernen Landen hierher kommst?«

»Nein, Tachsir! Das edle Bochara und das reizende Samarkand zu sehen, auf deren heiligen Boden, wie Scheich Dschelal bemerkt, man eher mit dem Kopfe als mit den Füßen wandeln sollte, war von jeher mein innigster Wunsch. Übrigens habe ich keine andere Beschäftigung, und schon lange streiche ich in der Welt als Dschihangeschte (Weltwanderer) umher.«

»Was? Du mit deinem lahmen Fuß ein Dschihangeschte? Das ist wirklich auffallend.«

»Ich möge dein Opfer sein (unserem »verzeihe« entsprechend), Tachsi! Dein glorreicher Ahn* (Friede über ihn!) hatte ja denselben Fehler und war sogar Dschihangir (Welteroberer).«

Diese Antwort gefiel dem Emir, er fragte mich nach meiner Reise und nach dem Eindruck, den Bochara und Samarkand auf mich gemacht hatten. Meine Bemerkungen, die ich stets mit persischen Versen und Koransentenzen auszuschmücken strebte, machten auf ihn, der selbst Mollah ist und ziemlich gut Arabisch versteht, einen guten Eindruck. Er ließ mir eine Serpay** (Anzug) und 30 Tenge geben und verabschiedete mich mit dem Befehl, ihn ein zweites Mal in Bochara zu besuchen. Als mir das fürstliche Geschenk überreicht war, eilte ich wie ein Besessener zu meinen Freunden, die nicht wenig über mein Glück erfreut waren. Wie ich hörte, und für wahrscheinlich halte, hatte Rahmet Bi einen zweideutigen Bericht über mich erstattet; der Emir hatte mich deswegen mit Mißtrauen empfangen, und ich muß die Überwindung desselben einzig und allein der glücklichen Geläufigkeit meiner Zunge zuschreiben. Das lateinische Sprichwort: »Quot linguas calles, tot homines vales«, (»Wie viele Sprachen Du verstehst, so viele Menschen

---

* Timur, von dem die jetzigen Emire Bocharas ihr Geschlecht fälschlich ableiten, war bekanntlich hinkend, daher auch seine Feinde ihn Timur lenk (Tamerlan), den hinkenden Timur, nannten.

** Eigentlich Ser ta pay, d.h. von Kopf bis zu Fuß, ein Anzug, der aus Turban, Oberkleid, Gürtel und Stiefeln besteht.

Dem Derwisch (H. Vambery) wird ein Spion vorgeführt

stellst Du dar.« – Anm. d. Hrsg.) bewährte sich bei dieser Gelegenheit vollkommen.

Nach diesem Auftritt rieten mir meine Freunde, Samarkand eiligst zu verlassen und, selbst in Karschi mich nicht aufhaltend, möglichst schnell auf das jenseitige Ufer des Oxus hinüberzugehen, wo ich unter den gastfreundschaftlichen Ersariturkmanen die Ankunft der nach Herat gehenden Karawane abwarten könne. Die Stunde des Abschieds hatte geschlagen; ich fühle, daß meine Feder zu schwach ist, um dem Leser von der schmerzlichen Szene zwischen mir und meinen nicht minder bewegten, edlen Freunden ein treues Bild zu geben. Sechs Monate lang hatten wir die größten Gefahren, die uns von Wüsten, Räubern und Elementen drohten, geteilt; kein Wunder, wenn jeder Unterschied des Standes, Alters und der Nationalität verschwand und wir uns als eine einzige Familie betrachteten. Trennung war Tod in unseren Augen, und wie kann es anders sein in diesen Gegenden, wo Wiedersehen fast unmöglich ist? Mein Herz wollte brechen, als mir der Gedanke kam, daß ich diesen meinen besten Freunden in der Welt, denen ich mein Leben verdankte, das Geheimnis meines Inkognito nicht anvertrauen konnte und auch sie täuschen mußte. Ich bahnte den Weg dazu, ich wollte es versuchen, doch Religionsfanatismus, der selbst im gebildeten Europa nicht unbekannt ist, hat einen schrecklichen Einfluß auf den Moslem (42). Das Geständnis meiner nach den Gesetzen Mohammeds als eine Todsünde* betrachteten Tat hätte vielleicht nicht sofort alle Freundschaftsbande zerrissen; aber wie bitter, wie schrecklich bitter wäre die Enttäuschung für den aufrichtig religiösen Hadschi Salih gewesen! Nein, ich wollte ihm diesen Kummer ersparen, ich wollte nicht undankbar sein und ihn lieber in der süßen Täuschung lassen.

Nachdem meine Gefährten mich einigen Pilgern, die

---

*Man hätte mich als Murtad, d. h. Abtrünniger, mit Steinen zu Tode werfen müssen.

ich nach Mekka begleiten sollte, übergeben und empfohlen hatten, wie man nur das Teuerste, einen Bruder oder Sohn empfehlen kann, geleiteten sie mich nach Sonnenuntergang zum Stadttor hinaus, wo die von den neuen Reisegefährten nach Karschi gemieteten Wagen auf uns warteten. Ich weinte wie ein Kind, als ich, mich den letzten Umarmungen entwindend, auf den Wagen stieg, auch meine Freunde waren in Tränen gebadet, und lange standen sie noch auf demselben Platze, die Hände gen Himmel erhebend, um mir Allahs Segen für den weiten Weg zu erflehen. Ich wendete mich mehreremal um, aber bald verschwanden sie, und ich sah nur die Kuppeln Samarkands in der matten Beleuchtung des aufgehenden Mondes.

Siebzehntes Kapitel

VON SAMARKAND DURCH DIE WÜSTE

Mit meinen neuen Reisegefährten, die aus Oosch, Mergolan und Namengan (Chanat Chokand) waren, will ich den Leser gar nicht bekannt machen, sie waren weit entfernt, mir das zu sein, was meine Freunde waren, und ich trennte mich auch bald von ihnen. Desto mehr hielt ich mich an einen jungen Mollah aus Kungrat, der mit uns bis Samarkand gereist war und von dort mit mir nach Mekka zu gehen hoffte. Es war ein gutmütiger junger Mann, ebenso arm wie ich, der mich in Gelehrsamkeit als seinen Meister ansah und sich dienstfertig zeigte.

Von Samarkand nach Karschi gibt es drei Wege: 1) der über Schehri Sebs ist der längste und könnte fast ein Umweg genannt werden; 2) der über Dscham, nur 15 Meilen, aber durch eine steinige Gebirgsgegend führend, daher für Wagen beschwerlich; 3) der durch die Wüste führende, ungefähr 18 Meilen lang. Von Samarkand aus verfolgte der Weg die Straße nach Bochara bis zu jenem Hügel, von dem die Stadt zuerst sichtbar wird. Hier wurde links abgebogen, der Weg ging durch zwei gutgebaute Dörfer, und nach einem Marsche von 3 Meilen hielten wir an der Karawanserei Robati Haus an, wo der Weg sich teilt, der linke geht über Dscham, der rechte durch die Wüste. Letzteren schlugen wir ein. Diese Wüste ist im Vergleich mit denen, die wir früher sahen, eher eine mittelmäßige Wiese zu nennen. Sie wird auch in allen Richtungen von Schäfern durchzogen, da es viele Brunnen mit ziemlich gutem Trinkwasser gibt, in deren Nähe fast überall Zelte der Özbegen anzutreffen sind. Die Brunnen sind größtenteils tief, und neben ihnen wird ein erhöhtes Reservoir, das immer ein Viereck bildet, aus Stein oder Holz errichtet, in welches das aus dem Brunnen geschöpfte Wasser zum Tränken der Tiere gegossen wird. Da die Eimer klein sind und das häufige Heraufzie-

Ein Brunnen in der Wüste zwischen Samarkand und Karschi

hen den Schäfer bald ermüden würde, so wird hierzu ein
Esel oder meistens ein Kamel verwendet, dem das Seil
am Sattel befestigt wird und das eine der Länge des Seils
entsprechende Strecke vorwärts gehend das Wasser her-
aufzieht. Der Anblick dieser Brunnen mit den trinken-
den Schafen und den ernsten Schäfern hat in den stillen
Abendstunden etwas Poetisches, und ich war sehr überrascht durch die Ähnlichkeit, die dieser Teil der Wüste
mit unseren Pußten in Ungarn hat.

Infolge einer strengen Polizei, die der Emir von Bochara überall ausüben läßt, sind die Straßen selbst hier so
sicher, daß nicht nur kleine Karawanen, sondern sogar
einzelne Reisende die Wüste durchziehen. Den zweiten
Tag trafen wir bei einem der Brunnen mit einer aus
Karschi kommenden Karawane zusammen. Unter den
Reisenden befand sich eine junge Frau, die von ihrem
eigenen Mann verräterischerweise um 30 Tilla an einen
alten Tadschiken verkauft worden war. Erst in der Wüste
wurde ihr der abscheuliche Handel bekannt, die Arme
schrie, weinte, raufte sich die Haare aus und rief, wie
wahnsinnig auf mich zurennend: »Hadschim (mein Ha-

dschi), du, der du die Bücher gelesen hast, sage mir, wo steht es geschrieben, daß ein Muselman seine Frau, mit der er Kinder hat, verkaufen kann?« Ich sagte, daß dies eine Sünde sei, der Tadschike aber lachte über mich, da er sich wahrscheinlich mit dem Kasi Kelan (Oberrichter) von Karschi schon abgesprochen hatte und seines Kaufs sicher war.

Da wir der großen Hitze wegen nur langsam vorwärts kamen, brauchten wir zwei Tage und drei Nächte, um nach Karschi zu gelangen. Dieser Ort wurde erst dann sichtbar, als wir ein Plateau erreichten, wo rechts der Weg nach Kette Kurgan geht, links der Fluß, der aus Schehri Sebs kommt und sich weit jenseits Karschi im Sande verliert, anfängt. Von hier bis zur Stadt, die zwei Meilen entfernt ist, geht man immer durch bebautes Land und zahlreiche Gärten, und da die Stadt keine Mauer hat, so merkt man erst, nachdem man die Brücke überschritten hat, daß man in derselben ist.

Karschi, das alte Nachscheb, ist sowohl seiner Größe als auch seiner kommerziellen Wichtigkeit halber die zweite Stadt des Chanats von Bochara und besteht aus der eigentlichen Stadt und der Zitadelle (Kurgantsche), die sich am nordwestlichen Saume befindet und schwach befestigt ist. Karschi hat gegenwärtig zehn Karawansereien und einen gutgefüllten Bazar; es soll, wenn nicht politische Wirren im Wege sind, eine beträchtliche Rolle in dem Transithandel zwischen Bochara, Kabul und Indien spielen. Die Einwohner, deren Zahl man mir auf 25 000 angegeben hat, sind größtenteils Ösbegen und bilden den Kern der bochariotischen Truppen. Es gibt außer diesen noch Tadschiken, Inder, Afghanen und Juden; letztere haben hier das Privileg, auch im Inneren der Stadt zu reiten, was ihnen sonst in keinem Teil des Chanats gestattet ist. In der Industrie zeichnet sich Karschi ebenfalls aus, noch mehr aber das nahe Hissar durch seine Messerfabrikation. Verschiedene Sorten dieser Messer werden nicht nur nach allen Teilen Mittelasiens, sondern durch die Hadschis auch nach Persien, Arabien und der Türkei ausgeführt und um den drei- oder vierfachen Preis verkauft. Eine Gattung, die damaszierten Klingen, die mit Gold oder Silber ausgelegte Griffe haben, ist wirklich kunstvoll gearbeitet und könnte in Hinsicht der Haltbarkeit und Feinheit selbst die berühmtesten englischen Fabrikationen beschämen.

Unter den Empfehlungsschreiben an die Ischane und Mollahs auf meinem Wege, mit denen mich meine Freunde versehen hatten, war auch eins für Karschi an einen gewissen Hasan, der hier in hohem Ansehen stand. Ich besuchte ihn und wurde freundlich empfangen. Er riet mir, da hier alles Vieh, besonders aber die Esel, sehr preiswert sind, einen langohrigen Renner zu kaufen und für das wenige Geld, das mir übrig blieb, wie alle Hadschis tun, Messer, Nähnadeln, Zwirn, Glaskorallen, bochariotische Sacktücher, besonders aber Karneolsteine, die aus Indien eingeführt werden und hier billig sind, zu kaufen, da man unter den Nomadenvölkern, die wir zu passieren hatten, mit dieser Ware etwas gewinnen, wenigstens sein Leben besser fristen könnte, indem man oft für eine Nadel oder einige Glaskorallen (Mondschuk) Brot und Melonen für einen ganzen Tag ausreichend bekommen könnte. Ich sah, daß der gute Mann recht hatte, und machte in Gesellschaft des Kungrater Mollah noch denselben Tag einen Einkaufsbummel für diese Artikel; während eine Seite meines Churdschins (Ranzen) mit meinen Manuskripten gefüllt war, wurde die andere als Magazin für Kurzwaren verwendet, und so war ich zu gleicher Zeit Antiquar, Händler für Modeartikel, Hadschi und Mollah, der noch obendrein als Nebengeschäft den Verkauf von Segen, Nefes, Amuletten und anderen Wundermitteln betrieb.

Sonderbare Veränderung! Gerade ist es ein Jahr her, daß ich diese vielen Geschäfte betrieb, und nun muß ich, zwischen vier Wänden eingesperrt, täglich acht bis zehn Stunden schreiben. Dort hatte ich mit Nomaden zu tun, die unter den Glaskorallen die hellfarbigsten, unter den Amuletten dasjenige aussuchten, dessen Randlinien mit dem dicksten Rot aufgetragen waren; jetzt habe ich mit Verlegern, Kritikern und Publikum zu tun, deren verschiedenartige Wünsche gewiß schwerer zu befriedigen sind, als der Modegeschmack einer jungen Turkmanin oder brünetten Dschemschiditochter.

Ganz überrascht war ich, in Karschi einen öffentlichen Erholungsort zu finden, wie er nicht nur in Bochara und Samarkand, sondern selbst in Persien in dieser Art nicht anzutreffen ist. Es ist nämlich ein großer Garten, der den bescheidenen Namen Kalenderchane (Bettlerhaus) führt und am Ufer des Flusses liegt, einige Alleen und Blumenbeete hat und in dem sich die elegante Welt von 2 Uhr nachmittags bis eine Stunde nach Sonnenuntergang bewegt. An verschiedenen Orten sind dampfende Samoware aufgestellt, die immer von mehreren geschlossenen Gesellschaften umgeben sind. Der Anblick dieser fröhlichen Menge ist für den Reisenden in Mittelasien wirklich etwas Seltenes. Übrigens zeichnen sich die Einwohner Karschis durch frohen und leichten Sinn aus, sie gelten als die Schirasi des Chanats Bochara (43).

Nach einem Aufenthalt von drei Tagen machte ich mich in Begleitung Mollah Ischaks (so hieß mein Gefährte, der Kungrater Mollah) und zwei anderer Hadschis auf den Weg nach Kerki, das von hier 14 Meilen entfernt ist und zu dem nur eine einzige Straße führt. Zwei Meilen von Karschi kamen wir in ein großes und, wie ich hörte, auch reiches Dorf, das Feisabad heißt; wir gingen hindurch und brachten die eine Hälfte der Nacht in den Ruinen einer Zisterne zu, von denen es hier viele gibt und die alle aus der Zeit Abdullah Chans herstammen. Obwohl überall Sicherheit herrschte, machte man uns doch darauf aufmerksam, von Karschi an auf der Hut zu sein, da es hier schon Turkmanen gibt, denen nicht zu trauen ist. Wir postierten unsere Esel in einen Winkel der Ruine, legten uns im vorderen Teil auf unsere Ranzen und schliefen abwechselnd bis gegen Mitternacht, wo wir aufbrachen, um vor der Mittagshitze die bestimmte Station zu erreichen. Es war noch lange nicht

Mittag, als wir zur Zisterne Sengsulak kamen. Als wir diese aus der Ferne von Zelten und weidenden Tieren umgeben sahen, freuten wir uns; wir waren jetzt sicher, Wasser anzutreffen, was erst zweifelhaft schien, weswegen wir unsere Esel mit Wasservorrat beladen hatten. Die kuppelförmige hohe Wölbung der Zisterne, obwohl mehr als 200 Jahre alt, ist noch ganz unversehrt, so auch einige Nischen, die den Reisenden Schatten geben. Die Zisterne, die in der Vertiefung eines Tals gelegen ist, wird im Frühling von dem rundherum schmelzenden Schnee sowie vom Regenwasser ganz gefüllt. Jetzt war das Wasser nur noch drei Fuß tief und von 200 Zelten der Ösbegen aus den Stämmen Kungrat und Nayman umgeben, deren ganz nackte Kinder mit dem Vieh in der Zisterne herumplätscherten und den guten Geschmack des Wassers ein wenig verdarben. Da von hier nach Kerki sechs Meilen gerechnet werden, so wollten wir diese für unsere Tiere ziemlich große Station bei Nacht machen und verwendeten den Tag zum Schlafen. Leider wurde unsere Ruhe gestört, denn die Nomadenmädchen hatten bald unsere Korallen bemerkt und kamen mit großen Holzschüsseln voll Kamel- und Stutenmilch herbeigeeilt, um uns zum Tauschhandel einzuladen.

Eine Stunde nach Sonnenuntergang wurde aufgebrochen. Es war eine stille, herrliche Nacht, und wir mochten kaum vier Stunden gegangen sein, als wir insgesamt vom Schlaf überwältigt uns zum Ausruhen niedersetzten und mit dem Leitseil in der Hand einschliefen. Wir wurden bald von einigen Reitern geweckt, die uns unsere Unvorsichtigkeit vorwarfen und zum Weitergehen anspornten; wir sprangen auf, und teils zu Fuß gehend, teils reitend erreichten wir mit der aufgehenden Sonne den Oxus, an dessen diesseitigem Ufer auf einem Hügel die kleine Zitadelle, jenseits auf einer steilen Anhöhe die Grenzfestung und um sie herum das Städtchen von Kerki liegt.

Der zwischen den beiden Anhöhen fließende Oxus ist fast doppelt so breit wie die Donau zwischen Pest und

Ofen. Die Strömung ist sehr stark, trotzdem aber gibt es Sandbänke, und unsere Überfahrt, da wir das Unglück hatten, ein wenig mehr abwärts gerissen zu werden, dauerte drei volle Stunden. Wenn die Überfahrt am bequemsten ist, nämlich in den Sommermonaten, wo der Fluß gewöhnlich am höchsten steht, braucht man immer eine gute halbe Stunde, denn es ist unmöglich, daß ein Fahrzeug übersetzen könnte, ohne daß die Schiffer ins Wasser steigen und es an einem Seil über die weniger tiefen Stellen ziehen. Zum Glück war die Hitze nicht so groß wie bei unserem Übergang bei Chanka, und wir hatten nur wenig zu leiden. Die Schiffer waren human genug, kein Fahrgeld von uns zu nehmen. Kaum waren wir aber am jenseitigen Ufer angelangt, als der Derjabegi des Gouverneurs von Kerki uns anhielt und anklagte, daß wir entlaufene Sklaven wären, die nach Persien, ihrem ketzerischen Vaterlande, zurückkehren wollten, und uns zwang, mit Sack und Pack ins Innere der Festung zu gehen, um da vom Gouverneur selbst verhört zu werden. Man stelle sich mein Staunen über diesen Verdacht vor. Meine drei Kollegen, die durch Aussehen und Sprache sofort ihren Ursprung verrieten, waren gar nicht betroffen, und man ließ sie auch bald los. Mit mir machte man mehr Umstände, als ich aber sah, daß man mir mit Gewalt meinen Esel aus der Hand nehmen wollte, geriet ich in Wut, und das Tatarisch-Türkische mit dem Konstantinopolitaner Dialekt vertauschend, übergab ich meinen Paß und verlangte heftig, daß man ihn dem Bi (Gouverneur) zeigen oder mich persönlich vorlassen sollte.

Auf meinen Lärm hin sah ich, daß der Toptschubaschi (Befehlshaber der Artillerie) der Festung, ein Perser von Geburt, der sich aus dem Sklavenstande zu diesem Posten aufgeschwungen hatte, dem Derjabegi etwas ins Ohr flüsterte. Darauf zog er mich zu sich hin und erzählte mir, daß er von Täbris, seiner Vaterstadt, aus mehrmals in Stambul gewesen sei und die Leute von Rum sehr gut kenne, ich solle ruhig sein, es würde mir und meiner Habe hier gar nichts geschehen, der Untersuchung müßten sich aber alle Fremden unterwerfen, weil alle freigewordenen heimkehrenden Sklaven hier an der Grenze zwei Dukaten Zoll zahlen müßten und oft, um sich durchzuschmuggeln, verschiedene Verkleidungen annähmen. Bald darauf kam der Diener, der meinen Paß dem Gouverneur gezeigt hatte, und übergab mir diesen mit fünf Tenge, die der Bi mir schenkte.

Da Kerki die Grenzfestung und auf dem Wege von Herat sozusagen der Schlüssel Bocharas ist, so wollen wir es ausführlicher beschreiben. Die Festungswerke bestehen, wie ich sagte, aus zwei getrennten Teilen. Die Zitadelle am rechten Ufer ist sehr klein, hat nur vier Kanonen und wird zur Friedenszeit von einigen Wächtern bewohnt. Die eigentliche Festung am linken Ufer besteht aus dem auf der Höhe erbauten Schloß, das von drei Mauern umgeben ist und, wie ich hörte, zwölf eiserne und sechs Messingkanonen hat. Die Mauern sind aus Erde, aber ziemlich stark, besonders die unterste, die 5 Fuß breit und 12 Fuß hoch ist. Um die Festung herum liegt das Städtchen, das 150 Häuser, drei Moscheen, einen kleinen Bazar und eine Karawanserei hat, auch von einer guten Mauer und einem tiefen Graben eingeschlossen ist. Die Einwohner sind Ösbegen und Turkmanen, die wenig Handel, mehr Ackerbau treiben. In der Nähe der Stadtmauer befindet sich das Grab des berühmten Imam Kerchi, der viele exegetische Werke geschrieben hat. Die Provinz Kerki erstreckt sich von nahe vor Tschardschuy bis zur Fähre Hadschi Salih (fälschlich Hoja Salu genannt) am Ufer des Oxus, so weit wie die Kanäle dieses Flusses laufen. Diese Gegend wird von den Ersariturkmanen bewohnt, welche die einzigen sind, die, um gegen Feindseligkeiten der übrigen Stämme sicher zu sein, dem Emir Tribut zahlen. Früher hatte der Emir von Bochara jenseits des Oxus noch andere Besitzungen, die ihm der siegreiche Dost Mohammed Chan abnahm, so daß ihm jetzt außer Tschardschuy und Kerki nichts geblieben ist (44).

Da ich zu meinem großen Bedauern hörte, daß Mollah Seman, der Chef der aus Bochara nach Herat gehenden Karawane, erst nach acht oder zehn Tagen hier eintreffen werde, so hielt ich es für ratsam, diese Zeit lieber mit Reisen unter den Turkmanen als in Kerki zuzubringen, und begab mich in Begleitung Mollah Ischaks zu den Stämmen Kisil Ayak und Hasanmenekli, unter denen einige Mollahs waren, die mich in Gesellschaft meiner Freunde in Bochara gesehen hatten. Die Ersariturkmanen, die erst vor 200 Jahren aus Mangischlak hierher übersiedelten und seit 40 Jahren die Oberhoheit Bocharas anerkennen, haben sehr wenig vom Nationalcharakter der Turkmanen beibehalten. Sie sind nur Halbnomaden zu nennen; ein großer Teil beschäftigt sich mit Ackerbau, und selbst die ausschließlich Viehzuchttreibenden haben den wilden Charakter, aber auch die ursprünglichen Tugenden ihrer Stammesgenossen verloren. Die Zivilisationsbestrebungen Bocharas haben ihnen das Schwert und den biederen Sinn genommen und Koran und Religionsheuchelei dafür gegeben.

Unvergeßlich sind mir die Szenen, die ich im Hause meines Gastgebers, eines der angesehensten turkmanischen Ischane, erlebte. Chalfa Nijas hatte Heiligkeit, Wissen und Ansehen von seinem Vater geerbt, er hatte ein Tekkie (Kloster), wo bestimmte Genossenschaften wie in Bochara gebildet wurden. Dazu hatte er noch ein Isn (Erlaubnis) zum Vorlesen der heiligen Gedichte (Kaside Scherif) aus Mekka bekommen, und wenn er las, pflegte er vor sich eine Schale mit Wasser zu stellen, in die er am Ende eines jeden Gedichts hineinspuckte. Dieser von der Heiligkeit der Worte durchdrungene Speichel wurde dann als wunderwirkende Medizin den Meistbietenden verkauft. Nur eins haben die Ersari von den Turkmanen unvermindert beibehalten, die Gastfreundschaft, die jedem Fremden gewährt wird, er mag sich einen Tag oder ein Jahr lang aufhalten, denn ausgenommen bei den Tadschiken ist in ganz Turkestan das Sprichwort: »Hôte et poisson, en trois jours poison«*, noch unbekannt. Mit meinem Gastgeber machte ich auch einen Ausflug zu dem von seiner Owa zwei Tage, von Kerki also vier bis fünf Tage und nur fünf Stunden vom alten Belch entfernten Mesari Scherif (das edle Grab). Da man behauptet, daß dies das Grab Alis ist, so gilt es in ganz Turkestan als ein wichtiger Wallfahrtsort (45). Das Wundergrab zu Schahi Merdan (der Heldenkönig, d. i. Ali), wie man Mesar auch zu nennen pflegt, wurde, wie die Geschichte erzählt, in den Zeiten des Sultans Sandschar (1150) entdeckt. Da Belch weit und breit mit Ruinen bedeckt war, die aus den Zeiten der Divs (Teufel) noch Schätze enthalten sollten, so ließ der genannte Sultan nachgraben, und bei einer solchen Gelegenheit fand man eine Tafel aus weißem Stein, auf der geschrieben stand: »Dieses ist das Grab Alis, Sohns des Ebutalib, des großen Helden und Gefährten des Propheten.« Dieser Umstand hat für uns nur so viel Interesse, als wir dadurch nachweisen können, daß die Ruinen des alten Belch (von den Orientalen Üm-ül-Bilad, die Mutter der Städte, genannt) sich fünf Stunden weit ausgedehnt haben. Heute zeigen nur einzelne Erdhaufen, wo das alte Baktra stand, und von den neueren Ruinen ist nur eine halbverfallene Moschee nennenswert, die der Seldschukenfürst Sultan Sandschar erbauen ließ. Belch war nämlich im Anfang des Mittelalters der Hauptsitz der islamischen Zivilisation (46) und führte damals den Beinamen Kubbet-ül-Islam, d. h. die Kuppel des Islam. Auffallend ist es, daß ich hier Ziegel von derselben Größe und Qualität fand wie in den Ruinen zwischen den Jomuten, doch habe ich keine mit Keilschrift entdecken können. Nachgrabungen würden unstreitig von großem Erfolg sein, doch wären diese nur dann möglich, wenn man mit einem Empfehlungsschreiben von 2–3000 europäischen Bajonetten versehen wäre.

Das heutige Belch, das als Hauptsitz der afghanischen

---

* Gast und Fisch, nach drei Tagen Gift.

Provinz Turkestans angesehen wird und den Serdar mit seiner Garnison beherbergt, ist nur im Winter bewohnt, da schon im Frühling selbst der Ärmste nach dem höher gelegenen Mesar zieht, wo die Hitze nicht so drückend und die Luft nicht so schlecht ist wie zwischen den Trümmern des alten Baktra. Während dieses durch die auffallende Menge gefährlicher Skorpione verrufen ist, hat ersteres durch die wunderwirkenden roten Rosen (Güli surch) einen bedeutenden Ruf. Diese Blumen wachsen auf dem angeblichen Grabe Alis* und sind wirklich an Geruch und Farbe die schönsten, die ich je gesehen habe. Ein Aberglaube, der übrigens jeden Versuch der Verpflanzung von vornherein vereitelt hat, erzählt, daß sie auf anderem Boden, auch in Mesar selbst, nicht gedeihen.

Nach langem Warten wurden wir endlich von der Ankunft der Herater Karawane benachrichtigt, ich eilte nach Kerki und glaubte, meine Reise fortsetzen zu können, als die Zollstreitigkeiten, die sich über die heimkehrenden Sklaven erhoben, wiederum die Abreise verzögerten. Mollah Seman hatte nämlich in seiner Karawane annähernd 40 freigewordene Sklaven, teils aus Herat, teils aus Persien, die unter seinem Schutz, den die Armen teuer erkaufen mußten, den Heimweg antraten, da sie allein Gefahr liefen, von dem ersten besten aufgefangen und zum zweiten Mal verkauft zu werden. Obwohl Seman mit allen Grenzbeamten gut bekannt war, so hatte er doch bei jeder neuen Durchreise Zänkereien, nicht so sehr wegen der Taxe, die hier festgesetzt ist, als wegen der Zahl der Sklaven, die er immer verkleinern, die Behörden aber vergrößern wollten. Jeder, der nicht bekannt ist, wird als Sklave angegriffen, und da sich jeder dagegen verteidigen will, hat das Geschrei, Gezänke und Geraufe kein Ende. Schließlich muß doch alles dem Gutdünken des Kervanbaschi überlassen werden, der unter 100 –150 Reisenden, die unter ihm ste-

---

* Das eigentliche Grabmal Alis ist in Nedschef.

hen, nur solche als freigewordene Sklaven angibt, die durch Gesichtszüge, Sprache oder andere Kennzeichen nicht zu verkennen sind. Im allgemeinen werden Vagabunden und Reisende, die keinen besonderen Zweck angeben können, am meisten verdächtigt, und da sich diese größtenteils den Namen Hadschi geben, so ist es Mollah Semans Politik, in Bochara möglichst viele echte Hadschis zusammenzubringen, in deren Reihen er dann seine Sklaven als falsche Hadschis steckt.

Einen ganzen Tag dauerte es, bis die Warenballen, Menschen, Kamele, Pferde und Esel untersucht waren; endlich begab man sich auf den Weg, von einem Zollbeamten begleitet, der genaue Kontrolle hielt, ob nicht andere Reisende auf einem Umwege sich zur Karawane gesellten. Erst als wir über den bewohnten Teil, wo auch die Grenze Bocharas ist, hinaus waren, kehrte er um, und wir setzten unseren Weg in der Wüste fort, durch die wir in zwei Tagen das Chanat Andchuy erreichen sollten.

Während in der stillen Nacht mein schwerbepacktes Eselchen munter unter mir dahintrabte, durchzuckte mich zum ersten Mal der freudige Gedanke, daß ich dem Chanat Bochara nun den Rücken gewandt hatte und mich auf dem Rückweg nach dem teuren Osten befand. Gering sind zwar meine Reiseerfahrungen, dachte ich, doch bringe ich die reichste aller Beute, mein Leben, mit; und mein Herz konnte sich vor Wonne nicht fassen, wenn mir einfiel, daß ich vielleicht, auch auf meinem weiteren Wege vom Glück begleitet, Persien, das Mekka meiner heißesten Wünsche, erreichen würde. Unsere Karawane, die aus 400 Kamelen, einigen Pferden und Eseln bestand, bildete eine lange Kette, und nachdem die ganze Nacht rüstig marschiert war, erreichten wir spät morgens die Station Seïd, die einige Brunnen mit schlechtem Wasser hat und sechs Meilen von Kerki entfernt ist. In der Karawane waren, wie ich gleich auf der ersten Station bemerkte, außer mir noch viele andere Leute, die mit Sehnsucht nach der südlichsten Grenze

Mittelasiens trachteten. Es waren die freigewordenen Sklaven, mit denen wir Hadschis zusammenlagerten und unter denen ich die traurigsten Verhältnisse entdeckte. Neben mir war ein vom Alter gebeugter Vater, der seinen Sohn, einen Mann von 30 Jahren, aus Bochara losgekauft hatte, um seiner daheimgelassenen Schwiegertochter den Mann, seinen Enkeln den Vater zurückzugeben. Der Preis war 50 Dukaten, eine Summe, die den armen Alten an den Bettelstab gebracht hatte, doch sagte er: »Lieber will ich die Armut ertragen, als meinen Sohn in Ketten sehen.« Seine Heimat war Chaf in Persien. Nicht weit von uns lag ein anderer aus derselben Stadt, ein noch rüstiger, aber von Kummer graugewordener Mann, dem die Turkmanen vor einigen Jahren Frau, Schwester und sechs Kinder geraubt hatten. Der Arme mußte ein ganzes Jahr in Chiwa und Bochara herumreisen, um seine in der Sklaverei schmachtenden Familienmitglieder aufzusuchen. Nach langem Herumstreichen fand er, daß Frau, Schwester und die zwei jüngsten Kinder der Härte der Sklaverei erlegen waren, und von den übriggebliebenen vier Kindern konnte er nur zwei loskaufen, da man für die zwei anderen, hübsch herangewachsene Mädchen, einen zu hohen Preis verlangte. Dort saß ein junger Herati, der seine fünfzigjährige Mutter losgekauft hatte. Sie war erst vor zwei Jahren auf dem Wege von Herat nach Gurian in Begleitung ihres Mannes und ältesten Sohnes von einer Alaman überfallen, und nachdem sie die Männer, die sich verteidigten, unter den Lanzen und Schwertern der Turkmanen hatte fallen sehen, nach unendlichen Leiden in Bochara für 10 Dukaten verkauft worden. Nun hatte sie den doppelten Preis geben müssen, da man in dem Käufer den Sohn erkannte und die kindlichen Gefühle wucherisch ausbeutete. Noch einen Unglücklichen aus Tebbes muß ich erwähnen, der vor acht Jahren in Gefangenschaft geriet und vor zwei Jahren vom Vater losgekauft wurde. Vater und Sohn waren auf dem Heimweg nur drei Stunden von ihrer Vaterstadt von den Turkmanen überfallen, nach Bocha-

Gefangenenzug

ra zurückgeführt und verkauft worden. Jetzt waren sie beide aufs neue freigemacht und kehrten in die Heimat zurück.

Doch wozu dem Leser noch länger die Bilder dieser Greueltaten vorführen? Leider sind dies nur einzelne Skizzen der jammervollen Plagen, die jene Gegenden, besonders aber den nordöstlichen Teil Persiens, seit Jahrhunderten verwüsten (47). Man rechnet, daß unter den Tekketurkmanen gegenwärtig mehr als 15000 Reiter Tag und Nacht auf räuberische Exkursionen sinnen, und man kann sich leicht eine Vorstellung davon machen, wie viele Häuser und Dörfer, wie viel Familienglück von diesen habsüchtigen Räubern zerstört wird.

Von Seïd brachen wir gegen Mittag auf. Die ganze Gegend bildet eine dürre, ebene Wüste, die nur hier und da eine Gattung Disteln, das Lieblingsfutter der Kamele, hervorbringt. Es ist auffallend, wie diese Tiere eine Pflanze, welche die rauheste Hand verwunden könnte, mit der Zunge umreißen und verschlingen. Wir gingen immer südwestlich, und man zeigte uns in der Ferne einige Reiter aus dem Stamme der Karaturkmanen, die auf einen Fang lauerten und unsere Karawane angreifen würden, wenn ihnen unsere Anzahl nicht zu groß gewesen wäre. Gegen Abend lagerten wir. Die Abenteurer galoppierten in zwei verschiedenen Richtungen nahe an uns vorüber, als man ihnen aber einige Schüsse nachsandte, versuchten sie es nicht wieder. Eine Stunde nach Sonnenuntergang brachen wir auf, und mit großer Behutsamkeit die ganze Nacht durch marschierend, langten wir am nächsten Morgen zwischen den Ruinen der Stadt Andchuy an.

Die Karawane lagerte am Ende der ehemaligen Stadt, nahe am Tschiharbag des Chans, mit all den Reisenden, die wegen der berüchtigten Raublust der Einwohner sich nicht aus dem Schutze des Kervanbaschi zu entfernen wagten. Wie wir hörten, war hier ein Aufenthalt von einigen Tagen beschlossen, da die Verhandlungen wegen des Zolls, die der Chan oder sein erster Wesir persönlich führten, sich immer in die Länge ziehen. Der Chan fordert gewöhnlich im Anfang für Menschen, d. h. Sklaven, Tiere und Ballen, übertriebene Preise, und da er mit sich handeln läßt, so hängt die Herabsetzung der Gebühren einzig und allein von der Zeit und der Geschicklichkeit des Kervanbaschi ab. Um nicht diesem langweiligen Geschäft beiwohnen zu müssen, ging ich mit den übrigen Hadschis in die Stadt, um hier im kühlen Schatten einer alten Medresse Schutz zu suchen und auf dem Bazar ein Magazin zu eröffnen, wo der Verkauf meiner Waren die tägliche Nahrung und etwas Geld verschaffen sollte. Lange irrte ich in den Ruinen umher, bis ich nahe an der Wohnung des Chans im Hofe einer Moschee mich unterbringen konnte. Der Bazar bestand nur aus einigen Gewölben, wo Brot verkauft, und aus zwei oder drei Läden, wo etwas Leinwand und fertige Kleider feilgeboten wurden. Unsere Gegenwart brachte dem Markte etwas Leben, Weiber und Kinder umstanden unsere Auslage von früh bis abends, doch hatten wir keinen Absatz, da die Leute statt Geld uns Früchte und Brot brachten und wir uns in einem Lande, wo 50 Melonen für einen Tenge verkauft werden, auf einen Tauschhandel in Naturalien nicht einlassen konnten. Die Melonen sind bei weitem nicht so gut wie die am Ufer des Oxus; auffallend ist aber, daß eine Menge von Früchten, Getreide und Reis in dieser wüstenartigen Gegend wächst, die von einem kleinen, salzigen, aus Maymene hierher fließenden Bache nur kärglich bewässert ist. Im Sommer ist das Wasser dieses Bachs, an dessen schlechten Geschmack die Einwohner schon gewöhnt sind, für den Fremden fast untrinkbar, und obwohl es keine Rischte wie in Bochara erzeugt, so soll es doch viele üble Folgen haben. Auch das Klima hat einen schlechten Ruf, und mit Recht sagt ein persischer Vers: »Bitteres Salzwasser, brennenden Sand, giftige Fliegen, auch Skorpione hat Andchuy; rühme es nicht, da es ein Bild der wirklichen Hölle ist.« Trotz aller dieser Nachteile war Andchuy vor 30 Jahren noch sehr blühend und soll 50000

Einwohner gezählt haben, die mit den feinen schwarzen Schaffellen, bei uns Astrachan genannt, nach Persien beträchtlichen Handel trieben und mit Bochara, wo dieser Artikel in erster Qualität zu finden ist, stark konkurrierten. Auch die Kamele Andchuys sind die gesuchtesten in ganz Turkestan, besonders eine Gattung, Ner genannt, die sich durch reiches, von Hals und Brust langherabwallendes Haar, schlanken Bau und besondere Stärke auszeichnet. Heute sind diese Tiere nur spärlich zu finden, da die Einwohner teils ausgewandert, teils umgekommen sind.

Da Mollah Ischak hier einen Landsmann hatte, der einer der angesehensten Imame war und uns mehrmals zu sich einlud, fand ich Gelegenheit, mit den hier wohnenden geistlichen Notabilitäten Bekanntschaft zu machen und war sehr überrascht durch die größte Unordnung, die sowohl in Justiz- als auch in Religionsangelegenheiten herrschte. Der Kasi Kelan (Oberrichter), der in Bochara und Chiwa bedeutendes Ansehen hat, ist hier ein Kinderspott, jeder tut, was ihm gut dünkt, und selbst das schreiendste Verbrechen kann mit einem Geschenk gutgemacht werden. Die Einwohner reden daher von Bochara als von einem Musterbild der Gerechtigkeit, Frömmigkeit und irdischer Größe und würden sich glücklich schätzen, wenn der Emir sie unter sein Zepter nähme. Ein alter Ösbeg bemerkte, daß sogar die Frengi (Engländer), Gott verzeihe ihm seine Sünden!, besser wären als die jetzige muselmanische Regierung.

In unserer Karawane ging es indessen bunt durcheinander. Der Wesir, der während der Abwesenheit des Chans sich durch enorme Zollerhebungen bereichern wollte, hatte sich schon mit dem Kervanbaschi überworfen. Der Wortwechsel artete bald in wilde Schlägereien aus, und da die Einwohner die Partei der Karawane ergriffen, so bewaffnete man sich rüstig und war schon aufs Äußerste gefaßt. Glücklicherweise kam der Chan, ein gutmütiger Mann, von seinem Feldzuge zurück, schlichtete die Differenzen, indem er die übermäßige

Ein Uzbeke

Taxe des Wesirs herabsetzte, und verabschiedete uns mit
der Bemerkung, auf dem Wege vorsichtig zu sein, da die
Turkmanen, die gegenwärtigen politischen Wirren be-
nutzend, in größeren Haufen auf den Straßen herum-
streiften. Davor war uns am allerwenigsten bange, da
unsere Karawane sich in Andchuy um das Doppelte ver-
größert hatte und wir so von den Überfällen der Räuber
nichts zu fürchten hatten.

Wir brachen daher noch denselben Nachmittag auf
und lagerten bei Jeketut, welches eine Stunde von Andchuy entfernt ist und zum Sammelplatz bestimmt war.
Von hier wurde die Reise bei Nacht fortgesetzt, und die
nächste Station war am Ufer des aus Maymene kommenden Bachs, dessen Bett an manchen Stellen besonders tief und dessen Ufer mit Bäumen dicht bewachsen
ist. Man rechnet von Andchuy bis Maymene 12 Meilen,
für Kamele eine Reise von zwei Tagen. Wir hatten bis
hierher 4 Meilen zurückgelegt, und der Rest von 8 Mei-

len wäre leicht zu machen gewesen, wenn wir nicht an Chaïrabad, der zweiten Station, heimlich vorbeiziehen und bis zum nächsten Morgen das Gebiet von Maymene hätten erreichen müssen. Chaïrabad war nämlich zu jener Zeit afghanisch, und der Kervanbaschi fürchtete mit Recht, demselben zu nahe zu kommen, weil die räuberischen Zollerhebungen der Afghanen selbst im Frieden gefürchtet sind. Man kann sich vorstellen, was jetzt die militärische Behörde dieser Stadt mit der Karawane angefangen hätte, wenn diese ihr in die Hände gefallen wäre. Einige Chaïrabader, die in der Karawane waren und nahe bei ihrer Vaterstadt sich von uns trennen wollten, wurden gezwungen, den Weg fortzusetzen, weil man fürchtete, verraten zu werden, da im Falle einer Entdeckung die Afghanen alles konfisziert hätten. Obwohl die armen Kamele sehr belastet waren, wurde dennoch von 12 Uhr mittags bis zum nächsten Morgen um 8 Uhr ununterbrochen marschiert, die zu sehr ermüdeten Tiere wurden zurückgelassen, und die Freude war sehr groß, als wir am nächsten Morgen glücklich im Chanat Maymene anlangten. Diese Station hatte übrigens außer den von Menschen bereiteten Hindernissen noch natürliche Schwierigkeiten, da ungefähr neun Meilen von Andchuy die Gegend immer hügeliger und, je mehr man gegen Maymene vordringt, desto gebirgiger wird. Außerdem hatten wir noch einen kleinen Teil des gefährlichen Batkak, einer morastigen Gegend, zu überschreiten, wo trotz der heißen Jahreszeit an vielen Orten noch tiefer Schlamm war, der den Kamelen und unseren Eseln viel zu leiden gab. Ich hatte ein rüstiges Tierchen, da aber seine kleinen Füße zu häufig einsanken, wurde es endlich des Aufstehens müde, und nur nach langem Schreien, Bitten und Ziehen gelang es mir, das Tier von dem weichen Lager auf die Füße zu bringen.

Wir lagerten am Fuße einer kleinen Zitadelle, Akkale genannt, die vier Stunden von Maymene entfernt war. Der Kervanbaschi gab den Hadschis zwei Schafe zum Geschenk, um Gott für die glückliche Rettung zu danken. Ich wurde als Senior mit der Teilung beauftragt; wir hatten den ganzen Tag Braten statt Brot, und des Abends sangen wir gemeinsam einige Telkine, die ich mit einem Sikr begleiten ließ, das heißt, wir schrien aus voller Kehle 2000mal: »Ja hu! ja hakk.« Von hier aus wurde unsere Ankunft in Maymene angezeigt, und gegen Abend kam ein Zollbeamter, ein höflicher Ösbeg, der alles aufschrieb. In der Nacht brachen wir auf und waren den nächsten Morgen in Maymene.

Achtzehntes Kapitel

DAS CHANAT VON MAYMENE

Bevor wir in Maymene einziehen, wollen wir den Leser mit den politischen Verhältnissen dieser Gegend bekannt machen, da die genannte Stadt in diesen eine wichtige Rolle spielt und einige vorläufige Bemerkungen fast unentbehrlich macht. Der ganze Landstrich diesseits des Oxus bis zum Hindukusch und Herat war von jeher das Feld fortwährender Zänkereien und Kriege, sowohl der darauf befindlichen kleinen Raubstaaten, von denen wir nur Kundus, Chulum, Belch, Aktsche, Serepul, Schiborgan, Andchuy und Maymene anführen wollen, als auch der benachbarten Emire von Bochara und Kabul, die, um ihre Eroberungspläne zu fördern, entweder die Flamme der Zwietracht anfachten, oder sich einmischend die eine oder andere Stadt an sich rissen, in ein Abhängigkeitsverhältnis brachten und zu ihren Zwecken gebrauchten.

1862, als der alte Bareksi-Fürst gegen das ungetreue Herat zum letzten Mal sein Schwert zog, zitterte ganz Mittelasien, doch Maymene widerstand auch diesmal, die Tapferkeit der dortigen Ösbegen wurde sprichwörtlich, und man kann sich denken, wie stolz die Stadt war, als sie beim Tode Dost Mohammed Chans ausrufen konnte, daß unter allen Nachbarstädten nur sie allein den afghanischen Fahnen nicht gehuldigt hätte.

Der Tod Dost Mohammed Chans, eines der wichtigsten Ereignisse in der Geschichte Mittelasiens, wurde gleich als Vorabend großer Veränderungen und politischer Wirren angesehen. Der Emir von Bochara wollte zuerst die Gelegenheit benutzen; trotz seines berüchtigten Geizes schickte er dem kleinen Maymene 10 000 Tilla als Unterstützung, und es wurde verabredet, daß der Emir bald den Oxus überschreiten sollte und man so mit vereinten Kräften die Afghanen, den gemeinsamen

Feind, angreifen wollte. Doch ist der jetzige Herrscher Maymenes ein 22jähriger feuriger junger Mann, der, zu ungeduldig, um seine Alliierten zu erwarten, auf eigene Faust den Kampf begann und, nachdem er den Afghanen einige kleine Orte abgenommen hatte, sein Burgtor mit 300 langbehaarten Schädeln schmückte. Während unseres Aufenthalts in der Stadt wurden gerade Vorbereitungen zu anderen großartigen Kämpfen getroffen.

Da unsere Karawane auch hier außerhalb der Stadt lagerte, so bezog ich das Tekke eines gewissen Ischan Ejub, an den mir Hadschi Salih ein Empfehlungsschreiben mitgegeben hatte. Das Wohlwollen dieses Mannes zu erwerben, gab ich mir alle mögliche Mühe, da ich sehr fürchtete, in Maymene mit einem Individuum zusammenzutreffen, durch das mein Inkognito enthüllt und ich der größten Gefahr ausgesetzt werden konnte. Ich hatte nämlich in Konstantinopel die Bekanntschaft eines gewissen Mollah Chalmurad gemacht, der vorgab, aus Maymene zu sein und mir vier Monate lang im Dschagatai-Türkischen Unterricht gegeben hatte. Dieser Mollah, ein durchtriebener Mensch, hatte schon am Bosporus gesehen, daß ich nicht der Reschid Efendi war, für den man mich hielt. Da er von meinem Unternehmen einer Reise nach Bochara unterrichtet war, bot er mir seine Fremdenführerdienste an und versicherte, daß er auch dem englischen Mollah Jusuf (Dr. Wolf) (48) in derselben Weise gedient habe. Ich verließ ihn in Zweifel über mein Vorhaben, er ging nach Mekka, und da er vorgab, von dort über Bombay und Karatschi nach seiner Heimat zurückkehren zu wollen, so fürchtete ich, schon in Bochara mit ihm zusammenzutreffen, denn ich war fest überzeugt, daß er trotz der Güte, mit der ich ihn überhäufte, für die kleinste Summe mich zu denunzieren imstande war. Da durch den afghanischen Feldzug die Verbindung zwischen Maymene und Bochara unterbrochen war, hatte ich das Glück, in letzterer Stadt nicht von ihm überrascht zu werden. In Maymene glaubte ich ihm kaum ausweichen zu können und mußte, um seinem

Ein Tekke-Turkmene

Angriff zuvorzukommen, mir dadurch einen festen Boden schaffen, daß ich die Achtung und Gunst des allgemein geehrten Ischan Ejub zu erlangen strebte. Nach einem dreitägigen Aufenthalt in der Stadt ergriff ich die Initiative und erkundigte mich nach ihm. »Wie«, sagte der Ischan erstaunt, »du hast Chalmurad gekannt? (Friede über ihn und langes Leben über uns!) Er war so glücklich, in Mekka zu sterben, und da er mein Busenfreund war, habe ich seine Kinder in mein Haus genommen, und dieser Kleine dort (auf einen Knaben zeigend) ist ein Sohn von ihm.« Ich gab dem Knaben eine ganze Schnur Glaskorallen, sagte drei Fatihas für das Heil der Seele des Verstorbenen*, und meine begründete Furcht hatte ein Ende.

Ich fing nun an, mich freier zu bewegen, und eröffnete bald an einer Straßenecke mein Warenlager, das aber zu meinem größten Bedauern, da ich nichts zukaufen konnte, sehr klein zu werden anfing. »Hadschi Reschid«, sagte einer meiner Gefährten zu mir, »die Hälfte deiner Messer, Nadeln und Glaskorallen hast du schon aufgegessen, du wirst bald die andere Hälfte und deinen Esel auch aufessen, was wirst du dann anfangen?« Er hatte recht, doch was sollte ich tun? Meine Zukunft, besonders der heranrückende Winter machte mir Sorge, denn ich war noch weit von der persischen Grenze, und alle Versuche zur Vermehrung meiner Kasse sah ich fehlschlagen. Übrigens tröstete mich bald meine Erfahrung, daß ein Derwisch, Hadschi oder Bettler nie leer vor der Tür eines Ösbegen vorübergeht, ich hatte überall Brot, Früchte, hier und da auch ein altes Kleidungsstück zu hoffen, und

---

* Bei meiner Ankunft in Teheran erzählte mir mein Freund Ismael Efendi, damaliger Chargé d'Affaires der Pforte am persischen Hofe, daß einen Monat vor meiner Ankunft ein Mollah aus Maymene, dessen Personalbeschreibung mcinem in aeternitate geglaubten Mollah ganz entsprach, hier durchgekommen sei und auf der Gesandtschaft von mir, seinem ehemaligen Schüler im Dschagataischen, gesprochen habe. Chalmurad ist also nicht gestorben, und ein sonderbares Schicksal wollte, daß wir nicht zusammentreffen sollten.

das war reichlich genug, um die Reise fortzusetzen. Daß ich leiden, sehr viel leiden mußte, wird der Leser wohl begreifen, aber Gewohnheit und die süße Hoffnung der Rückkehr nach Europa erleichterten mir die Last. Ich schlief ganz süß unter freiem Himmel auf trockener Erde und schätzte mich überaus glücklich, daß die ewige Furcht vor Entdeckung und einem martervollen Tode vorüber war, da mein Hadschi-Charakter nirgends bezweifelt wurde.

Das Chanat von Maymene hat im ganzen, so weit es bewohnt ist, 18 Meilen Breite und 20 Meilen Länge und besteht außer der Hauptstadt aus 10 Dörfern und Ortschaften, von denen Kaisar, Kafirkalé, Alvar und Chodschakendu die bedeutendsten sind. Die Einwohner, die teils Ansässige, teils Nomaden sind, werden auf 100000 Seelen geschätzt und sind der Nationalität nach größtenteils Ösbegen aus den Stämmen Min Atschmayli und Das, die 6–8000 Reiter, gut beritten und gut bewaffnet, ins Feld stellen können und, wie schon erwähnt, sich durch besondere Tapferkeit auszeichnen. Der gegenwärtige Herrscher Maymenes heißt Husein Chan und ist ein Sohn Hukumet Chans, den sein eigener Bruder, der noch lebende Onkel des jetzigen Fürsten, von den Mauern der Zitadelle herabwerfen ließ, um, wie er sagte, den tüchtigen Sohn an die Spitze der Angelegenheiten zu stellen. Da letzterer noch regierungsunfähig ist, so sind die Beweggründe der Schandtat leicht zu entdecken, Mirza Jakub (so heißt der liebenswürdige Onkel) spielt zwar den Wesir, aber jedermann weiß, daß Husein Chan nur sein Aushängeschild ist.

In Maymene war übrigens der junge Herrscher beliebter als sein Onkel. Er würde auch bei uns ein Mann von einem angenehmen Äußeren genannt werden, ist daher in den Augen der Ösbegen ein Adonis. Man rühmt seine Herzensgüte und vergißt das tyrannische Gesetz, nach welchem der Chan statt körperlicher oder Geldstrafen jeden seiner Untertanen nach Bochara auf den Sklavenmarkt schicken kann. Die Chane von Maymene pflegen

Lager der gefürchteten Tekke-Turkmenen

jeden Monat eine Anzahl dieser Unglücklichen nach
Bochara zu verschicken, und man findet das hier gar
nicht auffallend, da es alte Sitte ist.

Die Stadt Maymene ist zwischen Gebirgen gelegen
und wird erst in der Entfernung von einer Viertelstunde
sichtbar. Die aus Erde gebauten Stadtmauern sind zwölf
Fuß hoch und fünf Fuß breit, der Graben weder breit
noch besonders tief, die Zitadelle zwar auf einem einzelnen hervorragenden Hügel ziemlich hoch und steil gelegen, doch sind in der Nähe andere höhere Berge, von
denen aus eine Batterie sie in einigen Stunden in einen
Schutthaufen verwandeln kann. Es ist daher wahrscheinlich, daß die berühmte Stärke Maymenes nicht in den
Mauern und Gräben, sondern vielmehr in der Tapferkeit
seiner Verteidiger besteht. Man erkennt in dem Ösbegen
Maymenes auf den ersten Blick den kühnen und uner-
schrockenen Reiter, und nur der Ösbeg von Schehri Sebs
möchte mit ihm um den Vorrang streiten. Der entschie-
den kriegerische Charakter dieses kleinen Chanats, das
noch dazu den Gebirgspaß beim Murgabfluß besitzt,
wird den Afghanen oder sonstigen Eroberern, die gegen

den Oxus von Süden vordringen, immer zu schaffen machen. Die Befestigungen Kerkis mögen nur einen schwachen Widerstand leisten; wer Bochara nehmen will, muß Maymene zerstören oder seiner Freundschaft sicher sein.

Nach einem achttägigen Aufenthalt ging ich zu der draußen weilenden Karawane, um Nachrichten über die Weiterreise einzuholen. Hier hörte ich zu meinem Staunen, daß man schon den ganzen Tag nach mir suchte, damit ich die auf einen Befehl vom Onkel des Chans arretierten vier Rumi befreien möge, weil dem Richterspruch gemäß sie nur dann von dem Verdacht, entlaufene Sklaven zu sein, befreit werden konnten, wenn ein glaubwürdiger Zeuge die Echtheit ihres osmanischen Ursprunges bestätigte. Bevor ich zum Chan gehe, will ich aber doch dem Leser meine Landsleute vorführen, da ich diese höchst interessanten Personen unserer Karawane bald vergessen hätte. Diese Leute waren nämlich nichts weniger als russische Sträflinge, die aus dem sibirischen Gubernium Tobolsk, wo sie seit acht Jahren bei schwerer Arbeit in Verbannung gelebt hatten, durch die große Kirgisensteppe nach Bochara entwischt waren und von da über Herat, Meschad, Teheran usw. nach Gümrü (Jelisabetpol) zurückkehren wollten. Die Geschichte ihrer Flucht und sonstigen Abenteuer ist sehr lang, wir wollen daher nur einzelne Züge davon geben.

In dem letzten russisch-türkischen Feldzug waren sie auf einer Razzia (Tschapao), die sie offiziell oder, was wahrscheinlicher ist, auf eigene Faust im Kaukasus unternahmen, einer russischen Militärpatrouille in die Hände gefallen und, wie es ihnen gebührte, nach Sibirien transportiert worden. Hier waren sie in den Wäldern von Tobolsk am Tage mit Holzfällen beschäftigt worden, bei Nacht aber in ein Gefängnis eingesperrt, wo sie Brot und Suppe, manchmal auch Fleisch bekamen. Jahre dauerte es, bis sie von den sie im Walde überwachenden Soldaten Russisch lernten. Worte schufen Vertraulichkeit, man reichte sich bald gegenseitig die Wodkiflaschen, und als im vergangenen Frühling eines Tages die wachhabenden beiden Soldaten mehr als gewöhnlich von dem erwärmenden Getränk genossen hatten, versahen sich die Sträflinge und fällten statt der Eichen die Russen, vertauschten die Äxte mit den Waffen der Erschlagenen und erreichten nach langem gefährlichen Hin- und Herirren, während welcher Zeit sie sich von Gras und Wurzeln nährten, einige Kirgisenzelte. Dort waren sie vollkommen sicher, denn die Nomaden halten es für eine gute Tat, solchen Flüchtlingen behilflich zu sein. Von der Kirgisensteppe kamen sie über Taschkent nach Bochara, wo ihnen der Emir etwas Reisegeld gab, auf dem Wege waren sie zwar mehrere Mal als entlaufene Sklaven verdächtigt worden, begegneten aber erst in Maymene einer ernsten Gefahr.

Auf das Drängen meiner Reisegefährten und des Kervanbaschi ging ich in Begleitung des Ischan Ejub noch denselben Tag in die Zitadelle. Statt vom Chan wurden wir von seinem Onkel empfangen, der meine Aussage für kompetent hielt und die vier Flüchtlinge losließ. Die Geretteten dankten mit Tränen in den Augen, und die ganze Karawane war erfreut. Nach zwei Tagen wurde die Weiterreise nach Herat angetreten.

Unser Weg ging nun fortwährend durch eine gebirgige Gegend. Die erste Station, die nach 6 Stunden Marsch in südwestlicher Richtung erreicht wurde, hieß Almar und bestand aus drei zerstreut liegenden Dörfern. Kaum hatte die Karawane sich hier niedergelassen, als der Zöllner von Maymene von einigen Reitern begleitet erschien und einen Zollnachtrag verlangte. Man schrie, zankte sich und unterhandelte einige Stunden, endlich aber mußte man nachgeben, und nachdem der arme Kervanbaschi und die Kaufleute für Waren, Tiere und Sklaven noch einmal gerupft waren, wurde gegen Abend die Reise fortgesetzt. Nach Mitternacht, nachdem wir den beträchtlichen Ort Kaisar passiert hatten, wurde die Station Narin erreicht, wir hatten 5 Meilen zurückgelegt in schmalen fruchtbaren Tälern, die aber verlassen waren, weil diese schöne Gegend durch die Räubereien der Turkmanen, Dschemschidi und Firuskuhi unsicher gemacht wird. In Narin wurde nur einige Stunden Rast gehalten, da wir eine Station von sieben Stunden vor uns hatten. Nachdem wir den ganzen Tag ununterbrochen marschiert waren, langten wir abends in Dorf und Station Tschitschektu an, in dessen Nähe ein zweites Dorf namens Fehmgusar liegt. Da der Kervanbaschi und andere Reisegefährten im Dorfe Chodschakendu, das drei Stunden weit südöstlich in den Bergen liegt, zu tun hatten, wurde hier einen ganzen Tag halt gemacht. Dieser Ort wird als Grenze Maymenes und zugleich ganz Turkestans angesehen. Ein Jüsbaschi namens Devletmurad, der als Grenzwächter hier fungierte, erhob wieder Abgaben, zum dritten mal im Chanat von Maymene, unter dem Namen Kamtschin pulu, d. h. Peitschengeld*. Als ich einem Herater Kaufmann mein Staunen über dieses ungerechte Verfahren ausdrückte, antwortete er mir: »Wir danken Gott, daß man uns nur Taxen auferlegt. Früher konnte man Maymene und Andchuy nur mit Gefahr passieren, da der Chan selbst die Karawanen plündern ließ und wir alles verlieren mußten.« Hier in Tschitschektu sah ich die letzten ösbegischen Nomaden, und ich muß offen gestehen, daß ich tiefgerührt von diesen biederen redlichen Leuten Abschied nahm; die Nomaden dieses Volkes, mit denen ich in den Chanaten Chiwa und Bochara zusammentraf, haben in ganz Mittelasien den besten Eindruck auf mich gemacht.

Die Karawane wurde hier von einer Eskorte Dschemschidi, die ihr Chan aus Bala Murgab entgegensandte, in Schutz genommen, weil die Straße von hier weiter durch ein ziemlich breites Tal geht, das zur Rechten die Sarikturkmanen, zur linken die räuberischen Firuskuhi hat.

---

* Es ist Sitte in Mittelasien, der begleitenden Eskorte, wie man bei uns Trinkgeld gibt, Peitschengeld zu geben, und dieser Jüsbaschi hatte von seinem Chan das Recht erhalten, sich von jedem Vorbeigehenden zahlen zu lassen, ohne daß er als Begleiter oder Wächter gedient hätte; darin bestand eben seine Jahreseinnahme.

Der Boden ist äußerst fruchtbar, aber leider herrenlos und unbebaut. Wie ich hörte, war die Karawane auf dem ganzen Weg von Bochara keiner so drohenden Gefahr ausgesetzt wie hier. Die Bewachung bestand aus 30 wohlbewaffneten und wohlberittenen Dschemschidi, an die sich noch eine doppelt so große Zahl kampffähiger Leute aus der Karawane anschloß, dennoch wurden bei jedem Schritt vorwärts rechts und links auf den Hügeln Vedetten ausgeworfen, und alles war in der größten Spannung. Man kann sich vorstellen, wie in solchen Momenten den armen freigewordenen Sklaven zu Mute war, die mit vieler Mühe und großen Kosten sich bis hierher gerettet hatten und nun von der Gefahr einer neuen Gefangenschaft bedroht waren. Die Größe der Karawane und besonders die Wachsamkeit bewahrten uns glücklicherweise vor einem Überfall. Wir gingen den ganzen Tag durch herrliche Wiesen, die trotz der vorgerückten Jahreszeit mit kniehohem Gras und Blumen bedeckt waren, und erreichten, nachdem wir in der Nacht gerastet hatten, den nächsten Morgen die Ruinen der Festung Kale Veli, die noch vor zwei Jahren bewohnt war, aber von einer großen Alaman der Sarikturkmanen überfallen und ausgeplündert wurde. Die Einwohner wurden teils als Sklaven verkauft, teils erschlagen, und die einsam dastehenden Häuser und Festungsmauern werden bald eine völlige Ruine sein. Die Dschemschidi-Reiter, die uns erst einen Tag begleitet hatten, forderten hier ihr Kamtschinpulu, jeder Fußgänger und Reiter mußte einfach, die Sklaven aber doppelt bezahlen; sie behaupteten, daß sie an der Zollgebühr, die dem Chan in Bala Murgab entrichtet wird, keinen Anteil hätten, daher ihre Forderung gerecht sei.

Am zweiten Tage nach unserem Aufbruch von Tschitschektu gegen Abend endete die schöne Talgegend, und der Weg, der nun zum Flusse Murgab führen sollte, ging durch einen rauhen Gebirgspaß, der an manchen Stellen sehr steil und dabei so eng ist, daß einzelne beladene Kamele sich nur mit Mühe durchwinden können. Es soll, wie ich hörte, der einzige praktikable Weg sein, der über das Gebirge ans Ufer des Flusses führt. Armeen, die den Murgab überschreiten wollen, müssen entweder durch die Wüste gehen und dann der Freundschaft der Salor und Sarik sicher sein, oder durch den genannten Paß, wobei man sich die Dschemschidi zu Freunden machen muß, weil diese in den Schluchten selbst der stärksten Armee schaden könnten. Erst um Mitternacht gelangten wir ans Ufer des Flusses, und durch den beschwerlichen Gebirgsritt ermüdet sanken Menschen und Tiere bald in tiefen Schlaf. Als ich am nächsten Morgen erwachte, sah ich, daß wir uns in einem von hohen Bergen umgebenen langen Tal befanden, dessen Mitte, von den hellgrünen Wellen des Murgab* durchschnitten, einen reizenden Anblick darbot. Wir gingen eine halbe Stunde am Ufer entlang, um eine zum Übergang geeignete Stelle zu finden, da der Strom reißend ist und, obwohl nicht besonders tief, doch wegen der Ufererhöhungen und den im Flußbett liegenden Steinblöcken nicht überall überschritten werden kann.

Der Übergang wurde mit den Pferden begonnen, auf diese folgten die Kamele, und hinterher sollten unsere Esel das Kunststück vollenden. Diese Tiere fürchten bekanntlich Schlamm und Wasser mehr als Tod und Feuer, ich hielt es daher für eine notwendige Vorsichtsmaßregel, meinen Ranzen, der die Manuskripte, die teuerste Beute meiner Reise, enthielt, auf ein Kamel zu legen. Mich selbst auf den leeren Sattel setzend trieb ich dann meinen Esel in den Fluß hinein. An den ersten Schritten, die er auf dem steinigen Boden des reißenden Stromes machte, merkte ich schon, daß etwas Unangenehmes vorgehen würde, ich wollte absteigen, das war aber unnötig, denn noch einige Schritte weiter stürzte

---

* Der Murgab entspringt auf den östlichen hohen Gebirgen, die den Namen Ghur führen, und fließt nordwestlich bei Martschah und Pendschdeh vorbei, bis er sich in den Sandebenen von Merw verliert.

310

mein Renner unter großem Gelächter der am Ufer stehenden Reisegefährten und rannte dann ganz erschrok-
ken, wie ich es gewünscht hatte, hinüber ans jenseitige
Ufer. Das kalte Morgenbad in dem klaren Murgab war
nur dadurch unangenehm, daß ich mich nicht umkleiden
konnte und einige Stunden mit Teppichen und Säcken
bedeckt zubringen mußte, bis mein ganz durchnäßter
Anzug an der Sonne getrocknet war. Die Karawane
lagerte nahe an der Zitadelle, in deren Inneren statt Häuser nur Zelte sind und wo die Chane oder Fürsten der
Dschemschidi residieren.

Wie überall, bereitete auch hier die Zollangelegenheit
der Karawane die erste und letzte Schwierigkeit. Es hieß
auf dem ganzen Weg, daß auf dem linken Ufer des Murgab Afghanistan beginne, wo wenigstens der Sklavenzoll
aufhören würde. Doch hatte man sich sehr getäuscht.
Der Chan der Dschemschidi, der persönlich mit dem
Kervanbaschi über die Taxen unterhandelte, ließ von
Ballen, Tieren und Sklaven sich noch mehr bezahlen als
seine Vorgänger, und als der Tarif bekannt wurde, hatte
die Bestürzung, bei manchen sogar das Weinen keine
Grenzen. Auch die Hadschis zwang er, von den Eseln
zwei Francs Zoll zu zahlen, was jedem, besonders aber
mir sehr schwer fiel.

Die unerhörten Erpressungen, die an dem Kaufmann
auf gesetzlichem Wege hier verübt werden, hindern
jeden Handelsverkehr, und die Einwohner können wegen der schrecklichen Tyrannei ihrer Fürsten die Schätze
der Natur, die manchmal wild in der Umgegend gedeihen und deren Ertrag so manchen Bedürfnissen ihres
häuslichen Lebens abhelfen würde, nicht verwerten.

Vier Tage lang weilten wir am Ufer des Murgab in der
Nähe der genannten Ruinen. Stundenlang wandelte ich
diesen schönen hellgrünen Fluß entlang, um die in einzelnen Gruppen zerstreuten Zelte zu besuchen, die arm-
selig und verfallen aussahen und mit zerrissenen alten
Filzstücken bedeckt waren. Umsonst bot ich meine
Glaskorallen, umsonst meinen Segen und Nefes an, die

Leute wünschten Brot und bedurften derartiger Luxusartikel nicht.

Von Bala Murgab nach Herat rechnet man vier Tagereisen für Pferde, für Kamele in dieser gebirgigen Gegend an sich schon das Doppelte, um so mehr für die unsrigen, die außerordentlich belastet waren. Zwei hohe Bergspitzen, die südlich vom Murgab sichtbar waren, sollten in zwei Tagemärschen erreicht werden. Beide führen den Namen Derbend, d.h. Paß, und sind weit höher, enger und leichter zu verteidigen als der Paß am rechten Ufer des Murgab, der nach Maymene führt. Je weiter man vordringt, desto wilder und romantischer wird die Natur. Die hohen Felsblöcke, die den ersten Derbend bilden, sind von alten Burgruinen gekrönt, von denen die buntesten Fabeln erzählt werden. Weiterhin beim zweiten Derbend liegen nahe am Ufer des Murgab die Ruinen eines alten Lustschlosses. Es war die Sommerwohnung des berühmten Sultan Husein Mirza (49), der hier eine Brücke, Pul Taban, aus Stein bauen ließ, von der noch Spuren zu entdecken sind. Zur Zeit dieses gebildeten Herrschers von Mittelasien war die ganze Umgegend blühend, und mehrere Lustschlösser sollen damals am Murgab gestanden haben.

Nachdem der zweite Paß durchschritten war, verließen wir den Murgab, und der Weg bog nach rechts in westlicher Richtung in eine erhöhte Ebene ein, die dicht an den von den Salor bewohnten Teil der Wüste grenzt.

Am nächsten Morgen erreichten wir die Ruinen der ehemaligen Stadt und Festung Kale No, die jetzt von einigen Hesare-Zelten, die noch ärmlicher aussahen als die der Dschemschidi, umgeben war.

Die Hesare, die hier anzutreffen sind, haben durch Vermischung mit dem iranischen Element den mongolischen Typus nicht mehr so rein bewahrt wie ihre Brüder in der Umgebung Kabuls, auch sind sie größtenteils Sunnis, während letztere sich durchgängig zur Schia-Sekte bekennen. Wenn ich gut unterrichtet bin, so sind die nördlichen Hesare von den südlichen erst zur Zeit

Nadirs getrennt worden; von der Umgebung gezwungen, traten sie teilweise zur sunnitischen Sekte über. Die Hesare sollen aus der Mongolei, ihrem Ursitz, durch Dschengis Chan nach dem südlichen Teil Mittelasiens gebracht und durch den Einfluß Schah Abbas II. zum Schiismus bekehrt worden sein. Auffallend ist, daß sie ihre Muttersprache mit der persischen, die selbst in der von ihnen bewohnten Gegend nicht allgemein verbreitet ist, vertauscht haben, denn nur ein kleiner Teil, der in den Gebirgen nahe bei Herat isoliert geblieben ist und seit Jahrhunderten das Metier der Kohlenbrenner betreibt, spricht einen Jargon der mongolischen Sprache. Sie nennen sich und auch den Ort, den sie bewohnen, Gobi.

Baba Chan, der Chef der Hesare von Kale No, sollte seiner Armut und Schwäche halber doch wenigstens die Oberhoheit des nur zwei Tage entfernten Herat anerkennen. Aber auch er gibt sich das Ansehen eines unabhängigen Fürsten, und kaum hatte unsere Karawane sich neben den Ruinen niedergelassen, als er in Person erschien und Zoll forderte. Neuer Zank, neue Streitigkeiten.

Von Kale No ging es wieder über hohe Berge nach Herat zu. Der Weg ist nur 20 Meilen lang, aber sehr mühsam, und wir brauchten vier Tage, um ihn zurückzulegen.

Die Karawane, als sie sich im Frühjahr nach Bochara begab, hatte Herat noch unter der Belagerung Dost Mohammed Chans verlassen. Sechs Monate waren seit jener Zeit verflossen, die Nachricht von der Einnahme, Plünderung und Verwüstung der Stadt hatte sie schon früher erreicht, und man kann sich die Sehnsucht der Herater, Haus und Hof, Familie und Freunde zu suchen und wiederzusehen, lebhaft vorstellen. Dessenungeachtet mußte alles hier einen Tag warten, bis der Zöllner, der uns schon früh morgens mit seinem arroganten afghanischen Auftreten überraschte, von allem Angekommenen und Mitgebrachten eine genaue Liste angefertigt hatte.

Ich hatte mir Afghanistan als ein halb organisiertes Land vorgestellt, wo durch längere Berührung mit westlichen Elementen doch wenigstens etwas Ordnung, etwas Humanität anzutreffen sei. Ja, ich glaubte das Ende meiner Verkleidung und meiner Leiden nahe. Leider täuschte ich mich. Der afghanische Beamte, der erste, den ich sah, stellte die Grausamkeit und Barbarei der mittelasiatischen Behörden in Schatten, und was man mir auch Schreckliches von der afghanischen Zolluntersuchung erzählt hatte, erschien mir gelinde im Vergleich mit dem, was ich hier sah. Die Warenballen, die man nicht öffnen wollte, wurden unter Bewachung nach der Stadt gebracht, das Gepäck der Reisenden Stück für Stück untersucht und aufgeschrieben, und trotz des kühlen Wetters mußte jeder sich entkleiden, und außer einem Hemd, Unterhosen und Oberkleid wurde jedes Kleidungsstück für zollpflichtig erklärt. Am ärgsten verfuhr dieser brutale Zöllner mit den Hadschis, er schonte selbst den kleinen Vorrat von Modeartikeln nicht und, was unerhört war, taxierte die Esel auf 5 Kran per Kopf, Tiere, die bis hierher schon so viel Zoll gezahlt hatten und im ganzen 20 oder 25 Kran wert waren. Da viele wirklich arm waren und nicht zahlen konnten, so ließ er sie die Tiere verkaufen; auch mich nahm dieses empörende Verfahren hart mit, ich wurde beinahe von allen Mitteln entblößt.

Gegen Abend, als die Plünderung zu Ende war, erschien noch der Gouverneur von Kerruch, der den Rang eines Majors hatte, um sein Kamtschinpulu zu holen. Er war ziemlich streng, doch machte seine echt militärische Haltung und sein über die Brust zugeknöpfter Uniformrock als erster Gegenstand, den ich von europäischem Leben wiedersah, auf mich einen unbeschreiblich freudigen Eindruck. Bator Chan (dies war sein Name) bemerkte mit meinem Staunen zugleich auch meine fremden Züge, er erkundigte sich beim Kervanbaschi, ließ mich in seiner Nähe sitzen und behandelte mich mit Zuvorkommenheit und Auszeichnung.

Im Laufe der Unterhaltung, die er immer auf Bochara lenkte, lachte er mir öfters heimlich zu, als ob er mir zur glücklichen Vollendung meiner Mission (denn in solcher glaubte er mich) gratulieren wollte, und obwohl ich standhaft in meinem Inkognito verharrte, reichte er mir beim Abschied seine Rechte und wollte mir nach englischer Weise die Hand schütteln, ich kam ihm aber zuvor, erhob die Hände und wollte ihm eine Fatiha geben, als er sich lachend entfernte.

Unsere Karawane sollte den nächsten Morgen in Herat einziehen, nachdem sie zur Reise von Bochara bis hierher, die in 20 – 25 Tagen zurückgelegt werden kann, mehr als sechs Wochen gebraucht hatte.

Neunzehntes Kapitel

Der vom Norden Herats kommende Reisende wird
gewiß überrascht sein, wenn er den Berg Chodscha
Abdullah Ansari umgangen hat und die schöne unabsehbare Ebene Herats, Dschölgei Herat genannt, mit den
vielen Kanälen und der Menge zerstreuter Dörfer vor
sich liegen sieht. Obwohl Bäume, die Hauptzierde jeder
Landschaft, hier gänzlich fehlen, merkt man doch, daß
man ans Ende Turkestans, des eigentlichen Mittelasiens,
gelangt ist. Herat kann mit Recht dessen Pforte oder
Schlüssel genannt werden, und wenn wir auch den
Orientalen, die es Dschennetsifat, das Paradiesähnliche,
nennen, nicht beistimmen wollen, so kann dem umlie-
genden Lande doch der Charakter einer lieblichen,
fruchtbaren Gegend nicht abgesprochen werden. Vorzüge der Natur, verbunden mit politischer Wichtigkeit,
haben es leider zum Zankapfel der Nachbarländer
gemacht, und wenn wir die ewigen Kämpfe, die hier
stattfinden, die Belagerungen, welche die Stadt auszuhalten hatte, bedenken, so ergreift uns ein Staunen, wie
schnell hier die tiefsten Wunden vernarben. Noch vor
zwei Monaten hatten wilde afghanische Horden hier
alles verwüstend und zerstörend gehaust, und dennoch
sahen jetzt Äcker und Weingärten blühend aus, und
hohes Gras mit Blumen untermengt bedeckte die Wiesen.

Die Stadt hat, wie jede orientalische Stadt, alte und
neue Ruinen, und wie überall, so sind auch hier die
ersteren schöner und erhabener als die letzteren. Die
Überreste der Baudenkmäler auf dem Mosalla (Gebets-
platz) erinnern an die Ruinen der alten Timurstadt, die
einzelnen zerstreut umherstehenden runden Türme an
die Umgebung Isfahans, aber die Stadt oder Festung
selbst bildete in dem Zustand, in dem ich sie sah, eine

Ruine, wie sie selbst im Orient selten anzutreffen ist. Wir zogen beim Tor Dervase Arak ein. Die Häuser, die dahin führen, die Vorwerke und das Tor selbst waren einem Schutthaufen ähnlich. Nahe an dem Tor im Inneren der Stadt ist der Ark (Zitadelle), seiner Höhe wegen ein Hauptzielpunkt des afghanischen Geschützes, verbrannt und halb demoliert. Die Türen und Fenster sind des Holzes beraubt, da es während der Belagerung sehr an Brennmaterial fehlte, und in den leeren Maueröffnungen hocken einige nackte Afghanen oder Hindus als würdige Wachen eines solchen Platzes. Mit jedem Schritt, den wir vorwärts gingen, wuchs die Verwüstung, ganze Stadtviertel standen öde und verlassen. Nur der Bazar, das heißt der mit der Kuppel überbaute Teil, der schon viele Belagerungen ausgehalten hat, bot, obwohl seine neue Bevölkerung erst seit drei Monaten hier lebte, ein recht interessantes Musterbild eines Lebens dar, dessen Charakter ein Gemisch von Indien, Persien und Mittelasien noch deutlicher repräsentiert als der Bazar von Bochara. Nur von der Karawanserei Hadschi Resul bis zur Karawanserei No war ein eigentliches Gedränge, und obwohl die Strecke klein war, so wurde das Auge durch die Rassenverschiedenheit von Afghanen, Indern, Tataren, Turkmanen, Persern und Juden aufs höchste überrascht.

Der Bazar selbst, der noch aus der Zeit des Sultans Husein Mirza, der Glanzperiode Herats, herstammt und also rund 400 Jahre alt ist, verdient selbst in Trümmern noch schön genannt zu werden; er soll früher eine ganze Straße, vom Dervase Arak bis zum Dervase Kandahar*, gebildet haben. Heute natürlich, besonders nach der letzten Belagerung und Plünderung, fangen die Gewölbe des Bazars nur allmählich an sich zu öffnen, doch können

---

* Unter allen Toren ist dieses das einzige, das unter der Belagerung wenig gelitten hat. Die Herater behaupten, daß es nie zerstört werden kann, weil es die Engländer erbaut haben, die Ziegel auf Ziegel mit Gerechtigkeit legen und nicht, wie die Afghanen, den Mörtel mit Tränen der Unterdrückten mischen.

unter dem räuberischen Zollsystem der Afghanen Handel und Industrie keine große Zukunft haben. Es ist fast unglaublich, welche Verkaufssteuer vom Käufer und Verkäufer für jeden Artikel genommen wird.

Jeder Gegenstand, der ein- oder ausgeführt wird, muß von den Zolleinnehmern, die an verschiedenen Teilen des Bazars und der Stadt ihre Plätze haben, gestempelt werden.

Auf mich machte die bunte Menge, der ich in Herat begegnete, einen freudigen Eindruck. Die afghanischen Soldaten mit der englischen Uniform und dem Tschako, einer Kopfbedeckung, die gegen die Satzungen des Islam verstößt und deren Einführung in der türkischen Armee für unmöglich gehalten wird, konnte mich glauben machen, daß ich in einem Lande sei, wo ich den islamischen Fanatismus nicht mehr zu fürchten hätte und die lästige Verkleidung allmählich ablegen könnte. Ja, weil ich viele Soldaten mit abrasiertem Schnurrbart herumgehen sah, eine Mode, die im Islam als Todsünde und selbst in Konstantinopel als Religionsverleugnung gilt, durchzuckte mich die freudige Hoffnung, daß ich vielleicht einige englische Offiziere hier antreffen werde. Wie glücklich hätte ich mich geschätzt, wenn ich einen Sohn Britanniens, der bei den damaligen politischen Verhältnissen gewiß auch einflußreich gewesen wäre, gefunden hätte! Ich hatte vergessen, daß der Orient nie das ist, was er zu sein scheint, und die Täuschung war leider eine der bittersten.

Da, wie schon bemerkt, meine Kasse fast auf nichts zusammengeschmolzen war, so mußte ich bei meinem Eintritt in Herat sogleich meinen Esel verkaufen. Das arme Tier war von der Reise ganz abgemagert, ich bekam nur 26 Kran dafür, wovon ich noch 5 Kran Verkaufstaxe und andere kleine Schulden bezahlen mußte. Die Lage, in der ich mich befand, war eine kritische. Dem Brotmangel wäre noch abzuhelfen gewesen, aber die Nächte waren schon sehr kühl, und trotz aller Abhärtung hatte ich viel zu leiden, wenn ich in einer offenen

Ruine mit wenig Kleidern auf nackter Erde schlafen mußte. Der Gedanke, daß Persien von hier nur zehn Tage entfernt war, belebte meine Hoffnung, aber dahin zu gelangen war eine schwierige Aufgabe, denn allein zu gehen war rein unmöglich, und die Karawane, die nach Meschhed rüstete, wollte noch eine Vergrößerung und einen günstigen Augenblick abwarten, da die Tekketurkmanen nicht nur die Straßen äußerst unsicher, sondern selbst vor den Toren Herats Gefangene machten, Dörfer und Karawanen plünderten. In den ersten Tagen nach meiner Ankunft hörte ich, daß ein persischer Gesandter, namens Mehemmed Bakir Chan, den der Prinzgouverneur von Chorasan, um dem jungen Serdar zu gratulieren, nach Herat gesandt hatte, bald nach Meschhed zurückkehren wollte. Ich machte ihm sogleich meine Aufwartung und bat ihn mich mitzunehmen. Der Perser war sehr höflich, aber obgleich ich wiederholt meine Mittellosigkeit erwähnte, achtete er darauf nicht, sondern fragte mich, den furchtbar entstellten Hadschi, ob ich schöne Pferde aus Bochara mitgebracht habe. Alle seine Worte schienen darauf gerichtet zu sein, mein Inkognito zu durchschauen; ich merkte, daß von ihm nichts zu erwarten sei und ging weiter. Er verließ Herat bald darauf, begleitet von einem großen Teil der mit mir von Samarkand und Kerki hierher gekommenen Hadschis. Alle verließen mich, nur Mollah Ischak, mein treuer Gefährte aus Kungrat, glaubte meiner Versicherung, daß mich in Teheran ein besseres Schicksal erwartete, und blieb bei mir. Der brave junge Mann erbettelte bei Tag unsere Nahrung und das Brennmaterial und bereitete abends noch unser Nachtmahl, das er erst nach vielem Drängen mit mir aus einer Schüssel verzehren wollte. Mollah Ischak spielt übrigens eine der interessantesten Rollen in meinen Abenteuern, er lebt statt in Mekka heute in Pest, und wir werden ihn in den folgenden Blättern noch erwähnen (50).

Um möglichst alle Hilfsquellen für die Weiterreise nach Meschhed auszubeuten, ging ich auch zum regierenden Prinzen Serdar Mehemmed Jakub Chan, dem sechzehnjährigen Sohn des jetzigen Königs von Afghanistan, der an die Spitze der eroberten Provinz gestellt wurde, da sein Vater gleich nach der Thronbesteigung nach Kabul eilte, um dort die Versuche seiner Brüder, die ihm die Krone streitig machten, zu verhindern. Der junge Prinz bewohnte den Tschahrbag, einen Palast, der auch Major Todd (51) zum Aufenthalt diente, jetzt zwar unter der Belagerung viel gelitten hatte, aber doch eher bewohnbar war als die ganz ruinierte Zitadelle. Der eine Teil des viereckigen Hofs oder Gartens, wie man ihn zu nennen pflegte, obwohl ich nur einige Bäume darin gesehen habe, diente ihm und seiner zahlreichen Dienerschaft zum Nachtlager, in dem gegenüberliegenden Teil wurde in einem großen länglichen Gemache vier bis fünf Stunden Ars (öffentliche Audienz) gehalten. Der Prinz war immer in Uniform mit hohem Stehkragen und saß gewöhnlich beim Fenster auf einem Lehnsessel, und weil die vielen Bittsteller, die er offiziell empfangen mußte, ihn bald langweilten, ließ er eine Kompanie Risale, Kerntruppen der Afghanen, vor seinem Fenster exerzieren und schien sich sehr zu ergötzen an den Schwenkungen der Kolonnen und dem donnernden Kommando des Drillers, der übrigens das »Right shoulder forward!« »Left shoulder forward!« mit echt englischem Akzent aussprach.

Als ich, von Mollah Ischak begleitet, in den beschriebenen Hof trat, war eben das Exerzieren in vollem Gang. Die Soldaten hatten eine recht gute militärische Haltung, ja eine weit bessere als selbst die schon seit 40 Jahren gedrillte ottomanische Armee, und man würde sie für europäische Soldaten halten, wenn nicht ein großer Teil von ihnen über die bloßen Füße die roten Kabuler Spitzschuhe gezogen hätte und die kurzen Hosen mit den langen Strippen nicht in einer Weise gespannt gewesen wären, daß sie jeden Augenblick über dem Knie zu platzen drohten. Nachdem ich eine Weile dem Drill zugesehen hatte, ging ich zur Tür des Empfangssaals, die von

Beim Regenten von Herat: »Ich wette, Sie sind ein Engländer!«

einer Anzahl Diener, Soldaten und Bittsteller besetzt war. Dem großen Turban, den ich und mein Gefährte angelegt hatten, sowie dem Einsiedleraussehen, das mir die mühselige Reise gegeben, hatte ich es zu verdanken, daß alles mir aus dem Weg ging und mich ungestört in den Salon treten ließ. Ich sah den Prinzen, wie schon beschrieben; zu seiner Rechten saß sein Wesir und nach diesem der Reihe nach um die Wand herum andere Offiziere, Mollahs und Heratis, unter ihnen auch ein Perser, Imamverdi Chan, der einer Schurkerei wegen aus Mesched (Dscham) hierher geflüchtet war. Vor dem Prinzen standen sein Möhürdar (Siegelbewahrer) und vier bis fünf andere Diener. Meinem Derwischcharakter getreu erschien ich mit der gewöhnlichen Grußformel, schritt, ohne eben dadurch in der Gesellschaft aufzufallen, gerade auf den Prinzen zu und setzte mich zwischen ihn und den Wesir nieder, nachdem ich diesen, einen korpulenten Afghanen, auf eine handgreifliche Art zum Platzmachen aufgefordert hatte. Dieses erregte Lachen, ich ließ mich aber nicht aus der Fassung bringen und erhob sogleich die Hände, um das übliche Sitzgebet* zu rezitieren. Während ich dies tat, faßte mich der Prinz scharf ins Auge, ich merkte, daß er betroffen war, und als ich das Amen sagte und die Gesellschaft mit mir den Bart gestrichen hatte, erhob sich der Prinz halb von seinem Sessel und rief, mit dem Finger auf mich zeigend, halb lachend, halb verwundert aus: »Wallahi billahi schuma ingilis hestid!« (Bei Gott, ich schwöre, Sie sind ein Engländer!) Ein lautes Gelächter begleitete den sonderbaren Einfall des jungen Königssohns, er ließ sich aber nicht im mindesten stören, sprang vom Sessel herunter, stellte sich mir gegenüber und rief, in die Hände klatschend wie ein Kind, das einen glücklichen Fund gemacht hat: »Hadschi kurbunet« (Ich möge dein Opfer werden), »sage mir,

---

* Dies ist arabisch und besteht aus folgenden Worten: »Gott, unser Herr, laß uns einen gesegneten Platz einnehmen, denn fürwahr, du bist der beste Quartiergeber.«

nicht wahr, du bist ein Ingilis in Tebdil (Inkognito)?« Sein Benehmen war so naiv, daß es mir fast leid tat, dem Knaben seine Freude nicht zu lassen, doch ich hatte Ursache, den wilden Fanatismus der Afghanen zu fürchten, und Miene machend, als wenn der Spaß schon ein wenig grob ausgefallen wäre, sagte ich: »Sahib mekun« (laß ab), »du kennst wohl den Satz: ›Wer einen Rechtgläubigen selbst im Spaße für einen Ungläubigen hält, wird selbst ein Ungläubiger.‹ Gib mir lieber etwas für meine Fatiha, damit ich weiterreisen kann.« Mein ernstes Aussehen und der Hadis, den ich rezitierte, brachte den jungen Mann aus der Fassung, er setzte sich halb beschämt nieder und entschuldigte sich damit, daß er nie einen Hadschi aus Bochara mit solchen Gesichtszügen gesehen habe. Ich antwortete, daß ich nicht aus Bochara, sondern aus Konstantinopel wäre, und als ich ihm zum Beweis meinen Paß zeigte und auch von seinem Cousin Dschilaleddin Chan, dem Sohn Akbar Chans, erzählte, der 1860 in Mekka und Konstantinopel war und vom Sultan mit Auszeichnung behandelt wurde, da schien er bekehrt zu sein. Der Paß wurde in der Gesellschaft herumgereicht, alle gaben ihre Billigung zu erkennen, der Prinz gab mir einige Kran und verabschiedete mich mit dem Befehl, ihn noch mehrmals während meines Aufenthalts zu besuchen, was ich auch tat.

Übrigens war dieser Spaß, so glücklich er auch vorübergegangen war, doch von nicht angenehmen Folgen für meinen weiteren Aufenthalt in Herat. Nach dem Prinzen wollte jeder in mir den verkappten Engländer entdecken, und Perser, Afghanen und Herater kamen ausdrücklich zu mir, um sich von der Wahrheit des Verdachts zu überzeugen. Am zudringlichsten war ein gewisser Hadschi Scheich Mehemmed, ein alter Mann, der im Rufe eines großen Astrologen und Astronomen stand und wirklich, soweit ich ihn kennen lernte, ein im Arabischen und Persischen ziemlich belesener Mann war. Er erzählte mir, daß er mit Khanikoff (52) gereist wäre und diesem in Herat viele Dienste geleistet hätte, dafür habe ihm letzterer ein Schreiben an den russischen Gesandten in Teheran gegeben, welches er durch mich übersenden möchte. Ich gab mir vergebliche Mühe, dem guten Alten zu beweisen, daß ich mit den Russen nichts zu tun habe; er ging weg, aber seine Überzeugung konnte ich nicht erschüttern.

Wie unendlich lang kam mir die Zeit vor, die ich in Herat, um die Karawane abzuwarten, verleben mußte! Die Stadt hatte ein düsteres, betrübendes Aussehen, die Furcht vor den wilden Eroberern malte sich auf den Gesichtern ihrer Einwohner, und der Gegenstand der Unterhaltung war noch immer die letzte Belagerung, die Einnahme und Plünderung.

Der Kampf, den der belagerte Fürst mit seinen treuen, ihn wahrhaft liebenden Untertanen gegen den erbitterten Schwiegervater führte, war einer der heftigsten, die Schilderungen von den Leiden des Kampfes sind schmerzlich anzuhören, aber noch mehr die der Plünderung, die einige Tage nach der Einnahme erfolgte, nachdem viele Herater mit Hab und Gut in die Stadt zurückgekehrt waren; 4000 afghanische Soldaten, die aus verschiedenen Stämmen und Regimentern dazu gewählt wurden, stürzten auf ein gegebenes Zeichen von mehreren Seiten der Stadt über die unverteidigten Häuser her, und sollen nicht nur Geld, Kleider, Waffen, Hausgerät oder sonstiges Gut, was ihnen ins Auge fiel, weggenommen, sondern jeden gezwungen haben, sich fast nackt auszuziehen, so daß die Einwohner halbnackt in den gänzlich entblößten und ausgeleerten Häusern zurückblieben. Selbst Kranken wurde Bettzeug und Kleidung weggenommen, und Säuglinge ihrer Wiege und der wertlosen Windeln beraubt. Ein Mollah, dem man alle seine Bücher weggenommen hatte, erzählte mir, daß er ungefähr 60 der schönsten Manuskripte verloren habe. Am meisten schmerzte ihn, daß er sich von einem Koran, den ihm sein Großvater hinterlassen hatte, trennen mußte. Er bat den plündernden Afghanen inständig, dieses eine Buch ihm doch zu lassen, indem er versprach, daraus für ihn zu beten. »Mache dir keine Mühe«, meinte der Kabuli, »ich habe einen kleinen Sohn zu Hause, der soll daraus für dich beten. Gib nur her.«

Zwei Tage vor meiner Abreise ließ ich mich von einem Afghanen überreden, einen Ausflug nach dem nahe gelegenen Dorf Gasergiah zu machen, um dort das Grab des Chodscha Abdullah Ansari und des Dost Mohammed Chan zu besuchen. Auf dem Wege dahin machte ich den schönen Ruinen von Mosalla meinen Abschiedsbesuch. Die Überreste der Moschee sowie auch des Grabmals, das der große Sultan Husein Mirza zehn Jahre vor seinem Tode (901) für sich erbauen ließ, sind, wie schon bemerkt, eine Nachahmung der Denkmäler Samarkands. Die Zeit hätte diese Kunstwerke noch lange verschont, aber schiitischer Fanatismus hat hier während der letzten beiden persischen Belagerungen schändlich gehaust. Es ist zu bedauern, daß europäische Offiziere, wie General Borowsky und General Bühler (53), ersterer ein Pole, letzterer ein Elsässer, die bei den genannten Feldzügen zugegen waren, nicht hindernd aufgetreten sind. Gasergiah selbst, das eine Stunde von Herat entfernt und durch seine Lage auf einem Hügel schon von der Stadt aus sichtbar ist, hat viele interessante Denkmäler der Skulptur und Architektur aus der Zeit Schahruch Mirzas, eines Sohns Timurs.

Zwanzigstes Kapitel

RÜCKREISE NACH TEHERAN

Am 10. November 1863 verließ ich Herat, die Pforte Mittelasiens oder Indiens, wie es andere zu nennen pflegen, um mit der großen Karawane, die nach Mesched ging, den letzten Teil meiner Reise zu vollenden. Die Karawane bestand aus 2000 Leuten, von denen die Hälfte Hesare aus Kabul waren, die in Armut und Elend mit Weib und Kind eine Pilgerfahrt zu den schiitischen Heiligen unternahmen. Obwohl ein Körper, so teilte sich dennoch alles in gewisse Abteilungen. Ich fiel einem Haufen Afghanen aus Kandahar zu, die mit Indigo oder Pelzen aus Kabul Geschäfte nach Persien trieben, weil diese zufällig denselben Dschilodar gemietet hatten, den ich überredet hatte, mich auf einem leichtbepackten Maultier sitzen zu lassen, wofür ich in Mesched wie für den alleinigen Gebrauch zu bezahlen versprach. Durch die Aussage, in Mesched meiner Armut abhelfen zu können, warf ich selbst auf meinen Hadschi-Charakter den ersten Zweifel, aber die Maske ganz abzulegen, wagte ich doch nicht, da die Afghanen, die fanatischer als Bocharioten sind, auf dem Wege gewiß Rache genommen hätten. Diese unklare Stellung war übrigens nicht ohne Interesse in Berührung mit meiner nächsten Umgebung, denn während einige mich für einen Stocktürken hielten, wollten andere in mir den Engländer entdecken, die Parteien zankten sich untereinander, und es war recht spaßhaft anzusehen, wie letztere über erstere den Sieg errangen, indem ich in dem Maße, als wir Mesched näher kamen, mich aus der gebeugten, demütigen Derwischstellung zum wirklichen Europäer entwickelte. Einige Afghanen, Agenten großer Indigohäuser aus Multan und Schikarpur, schienen sich meiner Verwandlung ganz anzupassen, denn während sie noch auf dem Gebiete von Herat sich ihres Charakters als Gasi (Kämpfer, näm-

326

Eine große Herde von Wildeseln in der Wüste

lich gegen die Engländer) rühmten und großsprecherisch von dem Siege in Kabul sprachen, machten sie mir nahe bei Meschen die Mitteilung, daß sie auch englische Untertanen wären, ich möchte sie nur in Mesched dem Wekil Dowlet (englischen Konsularagenten) vorstellen, da ihnen dessen einflußreicher Schutz in kommerziellen Angelegenheiten von hohem Nutzen war. Dies tat man ohne das mindeste Erröten.

Unser Weg ging über Nukre, Kale Sefer Chan, Rusenek, Schebesch und Kuhsun. Bei dem vorletzten Ort beginnt die Waldung, die sich am Ufer des Heri ausdehnt und lauernden Turkmanen zum Aufenthalte dient. In Kuhsun, wo das Territorium von Herat endet, mußten wir zwei Tage anhalten, um den letzten afghanischen Zoll zu bezahlen. Am zweiten Tage bemerkte man vom Turme der Karawanserei eine große Staubwolke, die sich dem Dorf näherte. Turkmanen! Turkmanen! ertönte es von allen Seiten, die Bestürzung in Karawane und Dorf war unbeschreiblich; endlich kam die Staubwolke nahe, und man sah eine große Schar wilder Esel, die auf einige Hundert Schritt nahe kamen, dann kehrt machten und sich in die Wüste verloren. Von hier bis zur persischen Grenze, die bei Kahris und Taybad beginnt, liegt jener herrenlose Landstrich, durch welchen von Norden her die Tekke, Salor und Sarik ihr Alamane nach dem südlichen Chaf, Kaïn und sogar Bihrdschan senden. Diese bestehen aus Hunderten von Reitern, welche die Dörfer überfallen und Einwohner und Herden mit sich in die Gefangenschaft führen.

Unsere Karawane nahm trotz ihrer Anzahl noch alle waffenfähigen Leute aus Kuhsun als Eskorte mit. Bei Kafirkale begegneten wir einer Karawane, die aus Mesched kam. Ich hörte, daß Colonel Dolmage (54), ein englischer Offizier in persischen Diensten, den ich von früher her kannte, sich in letzterer Stadt aufhielt, und war sehr erfreut darüber. Nach Kafirkale kamen wir zur Karawanserei Dagaru; hier teilt sich der Weg, der eine geht über Kahris und Türbeti Scheich Dscham durch die

Ebene, der andere über Tejbad, Risa, Schehrino, ist sehr gebirgig und soll daher weniger gefährlich sein als ersterer, den der größte Teil der Karawane wählte, während wir den Afghanen zuliebe letzteren einschlagen mußten. Unser Weg ging von Taybad durch eine öde, verlassene Gegend, die den Namen Bachirs führt und von den sunnitischen Hesare, die aus Kale No hierher kamen, bewohnt ist.

Von Schehrinow gingen wir über Himmetabad und Kellemunar (das Wort bedeutet Schädelhügel); die letztere Station liegt auf der Spitze eines Berges und besteht nur aus einem einzelnen Turm, der zum Schutz gegen Angriffe erbaut wurde. Die strenge Kälte gab uns viel zu leiden, aber am nächsten Tage gelangten wir nach Ferimon, dem ersten von Persern bewohnten Dorf auf unserem Wege, wo ein warmer Stall mich meine mehrtägigen Leiden vergessen ließ. Endlich am zwölften Tage nach unserer Abreise von Herat zeigte mir die in der Ferne funkelnde, reichvergoldete Kuppel der Moschee und des Grabmals Imam Risas, daß ich Mesched (55), die Stadt, wo meine Leiden enden sollten und nach der ich so lange schmachtete, erreicht hatte. Mächtig bewegte mich dieser erste Anblick, doch muß ich gestehen, daß ich noch vor einem Monat von diesem wichtigen Moment heftiger ergriffen zu werden glaubte. Ohne die Gefahren meines Unternehmens zu übertreiben, kann ich von hier meine Wiedergeburt datieren. Sonderbar war es, daß die wirkliche Befreiung aus der Gefahr mich auch bald gleichgültig machte, und als wir uns nahe an den Stadttoren befanden, hatte ich Turkmanen, Wüste, Stürme und alles vergessen.

Eine halbe Stunde nach meiner Ankunft ging ich zum Colonel Dolmage, der hier beim Prinzgouverneur mehrere wichtige Ämter bekleidete und überall in Ansehen stand. Er war noch in seinem Amtslokal, seine Diener riefen ihn ab, indem sie ihm die Ankunft eines sonderbaren Hadschis aus Bochara anzeigten. Eilends kam er nach Hause, starrte mich lange an und erkannte mich erst, als ich zu sprechen anfing. Seine herzliche Umarmung und sein tränenvolles Auge sagten mir, daß ich nicht nur einen Europäer, sondern auch einen Freund gefunden hatte. Der brave Engländer bot mir gleich sein Haus an; ich nahm dies Anerbieten an, und nur seiner Gastfreundschaft habe ich es zu verdanken, daß ich mich so bald von den Strapazen erholte und nach einem Monat trotz des Winters meine Reise nach Teheran fortsetzen konnte.

Colonel Dolmage führte mich auch während meines Aufenthalts in Meschen beim Prinzgouverneur Sultan Murad Mirza, dem Onkel des gegenwärtigen Schahs, ein. Dieser Prinz, ein Sohn des englisch gesinnten Abbas Mirza, führt den Beinamen Husam es Saltanat, d.h. das nackte Schwert des Reiches. Das ist er auch in Wirklichkeit, denn nur seiner fortwährenden Wachsamkeit und Energie ist es zu verdanken, daß Chorasan unter seiner Verwaltung von den Turkmanen weniger belästigt wird und die Straßen allmählich anfangen sich zu beleben. Ich machte ihm mehrere Mal meine Aufwartung und wurde immer mit besonderer Güte und Zuvorkommenheit empfangen. Stundenlang wurde über Mittelasien, über das er ziemlich unterrichtet ist, gesprochen, er war ganz entzückt darüber, daß der bigotte und mißtrauische Emir von Bochara, der sich zum Ärger aller Schiiten Emir ül muminin* (Fürst der Rechtgläubigen) nennt, sich von mir hatte segnen lassen. Wir wollen zu dem Lobe, das Sultan Murad Mirza von den Herren Chanikoff und Eastwick mit Recht bekommen hat, nur so viel hinzufügen, daß, was Energie, gutes Urteil und Vaterlandsliebe betrifft, nicht nur in Persien, sondern selbst in der Türkei wenige seinesgleichen zu finden sind. Aber eine Schwalbe macht keinen Sommer, und seine Fähigkeiten werden in Persien nie einen ihrer würdigen Wirkungskreis finden.

Aus Mangel an europäischen Kleidern mußte ich mei-

---

* Ein Titel, unter welchem bei den Schiiten nur Ali verstanden wird.

Heimreise: Auf dem Weg nach Teheran

nen Turban und orientalischen Anzug in Meshed
sowohl als auf der Weiterreise nach Teheran beibehalten,
dem Derwisch-Inkognito aber wurde, wie der Leser
leicht denken kann, völlig Lebewohl gesagt. Der Umgang
mit dem europäischen Offizier hatte meinen Reisegefährten aus Herat schon genügend zu erkennen gegeben,
wer und was ich war; besonders waren es die Afghanen,
welche die buntesten und extravagantesten Vermutun-
gen über meinen Charakter und meine Mission machten.
Da ich leicht schließen konnte, daß sie den jungen Prinzen von Herat davon benachrichtigen würden, hielt ich
es für besser, eine derartige Nachricht selbst in üblicher
Form abzufassen. In meinem Schreiben an den jungen
Königssohn gratulierte ich ihm wegen seines Scharfsinns
und sagte ihm, daß ich zwar nicht Engländer, aber sehr
nahe daran, nämlich ein Europäer, wäre. Er sei ein lie-
benswürdiger Mann, doch möchte ich ihm raten, in
Zukunft einen Fremden, den Lokalverhältnisse zu einem
Inkognito zwängen, nicht so öffentlich demaskieren zu
wollen.

Nachdem ich das Weihnachtsfest mit dem biederen

331

englischen Offizier zugebracht hatte, trat ich am 26. Dezember meine Reise nach Teheran ohne Karawane oder sonstige Begleitung nur in Gesellschaft meines Mollah an. Wir waren beide beritten, und zwar auf guten Pferden, die mein Eigentum waren; auch Küchengeschirr, eine Bettdecke und alle möglichen Bequemlichkeiten wurden mitgenommen, und obgleich ich mitten im Winter 24 Stationen machen mußte, bleibt mir das Vergnügen, daß ich auf dieser Strecke, wo ich mich mit jedem Schritt dem teuren Westen näherte, empfand, unvergeßlich. Auch die vier Stationen von Mesinan nach Schahrud, wo die Perser sich aus Furcht vor Turkmanen mit Kanonen geleiten lassen, habe ich allein gemacht. In letzterer Stadt sah ich in der Karawanserei einen Engländer aus Birmingham, der um Wolle und Baumwolle zu kaufen sich hier aufhielt. Man stelle sich das Staunen des Briten vor, als ich im Hadschikostüm mit einem großen Turban auf dem Kopf ihn in diesem fremden Land mit einem »How do you do« anredete. Äußerst betroffen wechselte er die Farbe, dreimal fing er mit einem »Well I« an, ohne mehr sagen zu können. Weitere Aufklärung half ihm aus der Verwirrung, ich wurde sein Gast, und wir verbrachten einen herrlichen Tag mit ihm und einem gutgebildeten Russen, der sich hier als Agent des Handelshauses Kawkas aufhielt. Von Schahrud brauchte ich 11 Tage, um die persische Hauptstadt zu erreichen. Gegen Abend am 19. Januar war ich zwei Stunden weit von derselben entfernt, und sonderbarerweise verirrte ich mich hier beim Dorfe Schah-Abdul-Asim infolge der Dunkelheit. Als ich endlich nach langem Umhersuchen zum Stadttor gelangte, war dieses schon geschlossen, und ich mußte die Nacht in einer einige Schritt entfernten Karawanserei zubringen. Am nächsten Morgen eilte ich, um nicht von jemand in meinem drolligen Anzuge erkannt zu werden, durch die Straßen Teherans der türkischen Gesandtschaft zu.

Wie mir zu Mute war, als ich dieses Gebäude betrat, das ich vor zehn Monaten mit sozusagen abenteuerli-

chen Plänen verlassen hatte, mag der Leser sich selbst
vorstellen. Die Nachricht, daß Haydar Efendi, mein
Wohltäter, Teheran verlassen hatte, betrübte mich sehr*,
doch muß ich gestehen, daß sein Stellvertreter Ismael
Efendi, der als Chargé d'Affaires am persischen Hof
akkreditiert war, mich mit nicht geringerer Güte und
Herzlichkeit aufnahm. Dieser junge türkische Diplomat,
der durch eine ausnehmend feine Bildung und vorzügli-
chen Charakter bekannt ist, hat durch seine Liebenswür-
digkeit mich zu seinem ewigen Schuldner gemacht.Er
räumte mir sogleich eine Reihe Zimmer im Gesandtschaftshotel ein, der vollkommene Komfort, den ich
zwei Monate lang in Teheran genoß, ließ mich alle Strapazen und Beschwerden meiner mühevollen Reise vergessen, und ich fühlte mich bald so stark, daß ich aufs
neue eine solche Tour hätte unternehmen können. Nicht
geringeres Wohlwollen wurde mir auf der englischen
Gesandtschaft zuteil. Der ausgezeichnete Repräsentant
der Königin, Mr. Alison, sowie die beiden Sekretäre
Herr Thomson und Herr Watson freuten sich sehr über
das glückliche Ende meiner Reise, und nur ihrer Protektion habe ich es zu verdanken, daß ich bei meiner
Ankunft in England zur Herausgabe meiner Reiseme-
moiren unverhoffte, ja unverdiente Unterstützung fand.

Auch dem König, der mich zu sehen wünschte, wurde
ich von Ismael Efendi offiziell vorgestellt. Der jugendli-
che Nasr ed-din Schah empfing mich in seinem Garten.
Vom Minister des Äußeren und dem ersten Adjutanten
vorgeführt, war ich höchst erstaunt, wie der Herrscher
aller Länder Irans in einem einfachen, halb orientalischen, halb europäischen Anzuge mit einer Stielbrille
unsere Annäherung beobachtete. Nach den üblichen
Begrüßungen wurde das Gespräch über die Reise begonnen. Der König erkundigte sich nach allen seinen könig-

---

* Nicht minder schmerzte es mich, meinen ausgezeichneten Freund Dr.
Bimzenstein, den Legationsarzt auf der Gesandtschaft, nicht mehr
getroffen zu haben; er war einer jener zwei, denen das Geheimnis
meines Inkognito anvertraut wurde.

lichen Brüdern im fernen Osten, und als ich auf ihre politische Unbedeutendheit und Schwäche hinwies, konnte er sich einer kleinen Aufschneiderei nicht enthalten und sagte zu einem Wesir: »Mit 15 000 Mann könnte man allem ein Ende machen.« Natürlich war der Ausruf nach der Katastrophe von Merw: »Kawwam! Kawwam! redde mihi meas legiones«,* ganz vergessen. Auch Herat wurde in der Unterhaltung berührt. Nasr ed-din Schah fragte, wie denn die Stadt jetzt aussähe und was die Einwohner machten. Ich antwortete, daß Herat in einen Schutthaufen verwandelt sei und die Einwohner für das Wohl seiner persischen Majestät beteten. Der König merkte bald, auf was ich zielte, und schnell, wie er zu reden pflegt, sagte er gleich dem Fuchs in der Fabel: »Solche zerstörte Städte mag ich nicht.« Am Schluß der Audienz, die eine halbe Stunde dauerte, drückte der Herrscher sein Staunen über meine Reise aus und verlieh mir als Zeichen seiner besonderen Huld die vierte Klasse des Löwen- und Sonnenordens, wonach ich ihm noch eine kurze Zusammenfassung meiner Reise schreiben mußte.

Am 28. März, demselben Tag, an dem ich voriges Jahr meine Reise nach Mittelasien angetreten hatte, verließ ich Teheran, um über Täbris nach Trebisond zu gehen. Bis Täbris hatte ich das schönste Frühlingswetter, und man wird sich meine Gefühle bei der Erinnerung an die Daten des vergangenen Jahres leicht vorstellen können.

---

* Der unglückliche Feldzug gegen Merw, der, wie ich bemerkte, eigentlich gegen Bochara gerichtet war, wurde von einem unfähigen, gemeinen Höfling, der den Titel Kawwam ud Dowlet (Bestand des Reiches) führte, geleitet. Das ganze Unglück sowie die große Niederlage, die die Perser dort von den Tekke erlitten haben, ist nur diesem Offizier zuzuschreiben. Er sah auf die Turkmanen so, wie Varus auf die Cherusker im Teutoburgerwald, doch war er zu feig, ein solches Ende zu nehmen wie der römische Feldherr. Auch sein König war kein Antonius, er schrie wohl: »Redde mihi meas legiones« (»Gib mir meine Legionen wieder!« – Anm. d. Hrsg.), ließ sich aber mit 24 000 Dukaten versöhnen, und der gemeine Feigling bekleidet noch heute einen hohen Posten in Persien.

Damals ging ich mit jedem Schritt wilder Barbarei und unbekannten Gefahren, jetzt der Zivilisation und dem teuren Vaterland entgegen. Tief rührte mich die Teilnahme, die mir von den Europäern auf dem Wege zuteil wurde. In Täbris waren es meine vortrefflichen Freunde, die Schweizer Hanhart und Comp. und Mr. Abboth, der englische Vizekonsul, in Erserum Mr. Majack, in Trebisond mein gelehrter Freund Dr. Blau (56), besonders aber Herr Dragorich, ersterer preußischer, letzterer österreichischer Konsul, die durch Zuvorkommenheit und brüderliche Aufnahme mich zu ihrem ewigen Schuldner machten. Diese Herren kennen die Strapazen einer Reise im Orient, und Anerkennung von ihrer Seite ist der süßeste Lohn, der den Reisenden erwarten kann.

So wie ich von dem Augenblick an, wo ich Kurdistan verlassen hatte, in den Zügen des Osmanli gar nichts Orientalisches mehr entdecken konnte, so konnte ich in Stambul jetzt nur den prächtig gemalten Vorhang eines in Wirklichkeit nicht existierenden orientalischen Lebens finden. Nur drei Stunden war es mir vergönnt, am Ufer des Bosporus zu verweilen, doch war ich so glücklich, trotz der Kürze der Zeit Freiherrn von Prokesch-Osten (57), dem unermüdlichen Gelehrten und Diplomaten, meine Aufwartung machen zu können, und ich habe seinen gütigen Rat in betreff der Ausarbeitung dieser Memoiren nie aus den Augen gelassen. Von hier ging ich über Küstendsche nach Pest, wo ich meinen Derwisch-Gefährten, den Mollah aus Kungrat, der mich von Samarkand an begleitet hatte, zurückließ*; mir aber war die Freude nicht vergönnt, in meinem Vaterland länger zu bleiben, da ich noch vor dem Schluß der Saison vor der Royal Geographical Society meinen Reisebericht

---

* Wie dieser arme Chiwaer, der anstatt nach Mekka in die ungarische Hauptstadt versetzt wurde, alles bewunderte und begaffte, kann der Leser sich leicht denken. Am meisten staunte er über die Gutmütigkeit der Frengi, daß sie ihn noch nicht totgeschlagen hatten, wie er aus dem Verfahren seiner Landsleute schließend am meisten gefürchtet hatte (58).

abstatten wollte, was mir auch durch gütige Fürsprache meiner Freunde gelang. Am 9. Juli 1863 kam ich in London an, und unglaubliche Mühe kostete es, bis ich mich an den Wechsel zweier solcher Gegensätze wie Bochara und London gewöhnen konnte.

Es ist in der Tat wunderbar, wie die Gewohnheit auf den Menschen wirkt. Obwohl ich allmählich von einem Extrem zum anderen übergegangen war, so kam mir dennoch alles so überraschend, neu und sonderbar vor, als wenn ich von Europa nur früher geträumt hätte und selbst ein Asiate wäre. Meine Wanderungen haben zu mächtige Eindrücke in mir zurückgelassen; und ist es denn ein Wunder, daß man gleich einem Kinde betroffen dasteht, wenn man in der Regent-Street und den Salons der englischen Großen an die Wüsten Mittelasiens und die Zelte der Kirgisen und Turkmanen denkt?

Anmerkungen

1 Was Vambery auch ausführte. 1868 erschienen seine »Skizzen aus Mittelasien«. In diese Neuausgabe sind die folgenden Kapitel aus den »Skizzen« übernommen worden: 1, 3, 7, 8, 12, 15.

2 Hierzu Vamberys Schrift: Der Islam im 19. Jahrhundert (1875).

3 Vambery hatte nach seiner Ankunft in Teheran eine mehrmonatige Reise nach Isfahan und Schiraz unternommen, die er in seinem Buch »Wanderungen in Persien« (1867) beschreibt.

4 Gemeint sind hier vor allem Lieutenant-Colonel Charles Stoddart und Captain Arthur Conolly. Stoddart kam 1838 nach Buchara und landete wegen seines diplomatischen Ungeschicks bald im Gefängnis. Conolly, der Buchara im November 1841 erreichte, wurde ebenfalls bald ins Gefängnis geworfen. Beide wurden im Juni 1842 vor der Zitadelle hingerichtet, nachdem man sie vorher in einer Grube mit Ungeziefer hatte schmachten lassen. Eine Gedenkstätte erinnert noch heute an diese unglücklichen Männer.

5 Hier spielt Vambery auf seine Theorie vom türkisch-tatarischen Ursprung der ungarischen Sprache an. Er veröffentlichte hierüber ein Werk unter dem Titel »Vom Ursprung der Magyaren« (1882). Siehe hierzu auch in der Einleitung des Herausgebers.

6 Am bekanntesten wurde das dreibändige Werk von Alexander Burnes, der politischer Agent der britischen Regierung in Kabul war. Seine »Travels into Bokhara« erschienen erstmalig 1834, in deutscher Sprache (2 Bde.) 1834/35.

7 Schah Abbas II. (1642–66) war ein bedeutender Nachfolger Schah Abbas I., genannt der Große. Diesem war es gelungen, das persische Reich bis in den Irak, nach West-Afghanistan und in die Grenzgebiete der Turkmenensteppen auszudehnen. Seiner Regierungszeit vor allem sind die zahlreichen Straßenbauten zu verdanken.

8 Nadir Schah, der seine Karriere als militärischer Abenteurer namens Nadir Chan begann, ließ sich 1736 zum Schah krönen, nachdem er zuvor die Afghanen aus Persien vertrieben hatte. Seine Eroberungs- und Raubzüge durch Afghanistan und vor allem durch das nordwestliche Indien sind immer wieder mit denen Timurs verglichen worden. 1739 ließ er Delhi niederbrennen und den berühmten Pfauenthron der Moghulherrscher nach Persien schaffen.

9 Die russischen Grenzfestungen lagen zur Zeit Vamberys entlang einer Linie, die im wesentlichen nördlich des Aralsees verlief. Die Hauptfeldzüge der Zarenarmeen gegen die zentralasiatischen Chanate wurden zwischen 1860 und 1880 durchgeführt. Buchara kam 1868 unter russisches Protektorat, Chiwa folgte 1873.

10 Alexander der Große drang 329 auf seinem großen Eroberungszug in Richtung Indien nach Zentralasien vor und verleibte Transoxanien (vgl. Glossar) seinem Reich ein. Gegen die immer wieder anstür-

337

menden Nomaden mußte auch er Befestigungswerke errichten.

11 Gemeint ist der Zar Alexander II., der von 1855 bis 1881 regierte.

12 Die Diskussion darüber, ob die Wüsten Naturräume darstellen oder vom Menschen verursacht sind (man made desert), hält bis zum heutigen Tage an. Tatsache ist, daß die Kernräume der Wüsten klimatisch bedingt sind. Die halbwüstenartigen Randzonen wurden zeitweise – bei sorgfältiger Pflege des labilen ökologischen Gleichgewichts – zu »Kornkammern« einer allerdings weitaus geringeren Zahl von Menschen als heute, was vielfach zu wenig beachtet worden ist.

13 Die politischen, wirtschaftlichen und sozialen Verhältnisse handelt Vambery in der 2. Abteilung seines Werkes »Reise in Mittelasien« auf gut 100 Seiten ab. Diese zum Teil statistisch-geographischen Ausführungen sind entsprechend dem Charakter der Reihe »Alte abenteuerliche Reise- und Entdeckungsberichte« nicht in diesem Band aufgenommen worden.

14 Wildformen von Rüben der Gattung Brassica sind im eurasiatischen Raum weit verbreitet. Zentralasien ist auch eines der Zentren der Stammformen unserer heutigen Gartentulpen, die in den dortigen Steppengebieten mit herrlichen Wildarten vertreten sind.

15 Die Salzsümpfe, an der Oberfläche häufig mit einer harten Kruste überzogen, weisen oft gefährlich brüchige Flächen auf, wo ganze Karawanen in einem zähen Salztonbrei versinken können. Sie werden in Persien Kewire genannt, in Nordafrika ist der Name Schott verbreitet. Vgl. hierzu die eindrucksvolle Schilderung der Überquerung des Schott Dscherid (Tunesien) in Karl Mays Roman »Durch die Wüste«.

16 Die größte Wüste der Erde ist mit ca. 8,6 Mio. qkm die Sahara; die größte Sandwüste ist die Rub' al Khali (600 000 qkm) in Südarabien. Die Karakum hat eine Ausdehnung von ca. 350 000 qkm.

17 Vgl. hierzu das Glossar. Allgemein muß man zwischen den älteren griechischen Namen der vorislamischen Zeit und den arabisch-türkisch-persischen Bezeichnungen nach der islamischen Eroberung Zentralasiens unterscheiden.

18 Vgl. hierzu Anm. 12.

19 Fragen der unterschiedlich strengen Auslegung der Gesetze des Koran behandelt Vambery ausführlicher in seiner Schrift »Der Islam im 19. Jahrhundert«. Es gab praktisch zu allen Zeiten und in nahezu allen Gebieten des Islam Formen toleranter Handhabung und strenge bis strengste Befolgung auch der subtilsten Vorschriften.

20 Vgl. hierzu das folgende Kapitel (»Von Chiwa nach Kungrat und zurück«), das den in Anmerkung 1 aufgeführten »Skizzen aus Mittelasien« entnommen ist.

21 Die Engländer, die vergeblich versucht hatten, sich in Afghanistan festzusetzen, unterhielten in Herat und Kabul politische Missionen,

deren Mitglieder z. T. auch als Militärberater der einheimischen Truppen dienten, wie hier der Major Todd. Chiwa, Buchara und andere Chanate Zentralasiens unterhielten oft über längere Zeiträume diplomatische Kontakte zum Hof in St. Petersburg. Auch Handel wurde im gewissen Umfang betrieben.

22 Die Nestorianer waren die Anhänger des Patriarchen Nestorius von Konstantinopel. Im 5. Jahrhundert gründeten sie in Persien die Kirche der chaldäischen Christen. Die Anhänger dieser Kirche traf z. B. Marco Polo bis hin nach Ostturkestan (s. Glossar) an.

23 Mehrmals hatten die Russen versucht von Norden her nach Turkestan einzudringen, jedoch ohne Erfolg. Auch der Feldzug von General Perowski, Gouverneur von Orenburg am Uralfluß, den dieser im Jahre 1840 mit einer starken Streitmacht durchführte, wurde zu einem völligen Fehlschlag.

24 Die Schrecken des nahenden Dursttodes sind von verschiedenen Überlebenden geschildert worden. Eindrucksvoll ist die Schilderung von Vamberys Landsmann Almasy aus der Lybischen Wüste. L. E. Almasy: »Unbekannte Sahara. Mit Flugzeug und Auto in der Lybischen Wüste.« Leipzig 1939.

25 Es handelt sich um »Mündungs«-Arme des Serafschan, der in den Alai-Ketten weit östlich von Samarkand entspringt und sich in den wüstenhaften Gebieten nahe Buchara allmählich verliert.

26 Das Ende dieser beiden Engländer ist heute bekannt. Vgl. Anm. 4.

27 Vgl. hierzu das Glossar.

28 Der Bau wurde 1514 vollendet. Die Moschee Kelan (Kaljan) ist neben der Bibi Chanym Moschee in Samarkand die größte Moschee Mittelasiens.

29 Emir Nasrullah (1827–60), der Herrscher von Buchara, der Conolly und Stoddart hinrichten ließ, war im viktorianischen England als ein besonders grausamer orientalischer Despot berüchtigt.

30 Das ist ein Irrtum, bereits Marco Polo und später Angehörige des Jesuitenordens reisten über die Seidenstraßen in Richtung China und teilweise nach China hinein.

31 Auf die Gegensätze zwischen Schiiten und Sunniten weist Vambery auch in seiner zweibändigen »Geschichte Bocharas« hin. Man beachte auch den erbitterten Grenzkrieg zwischen dem schiitischen Iran des Ayatollah Khomeini und dem sunnitisch geführten Irak des Saddam Hussein im Jahre 1982.

32 Der Genuß von Arak, Bier und anderen nicht im Koran genannten Getränken ist auch heute noch in islamischen Ländern verbreitet, besonders bei im nichtislamischen Ausland lebenden Moslems.

33 Man vergleiche hiermit den gegenwärtig in Afghanistan von den Mudschaheddin erbittert geführten Guerillakrieg gegen die atheistischen Eindringlinge aus der Sowjetunion, die in ihren Augen weit schlimmer sind als die sogenannten Ungläubigen, die immerhin Schriftbesitzer sind und an Gott glauben.

34 Auch dieses ist ein Hinweis auf den zeitweilig erbitterten Haß zwischen den beiden Richtungen des Islam. In diesem Zusammenhang gewinnt auch die Drohung des Ayatollah (Imam) Khomeini, die islamische Revolution in die übrige islamische Welt zu tragen, besondere Bedeutung.

35 Das im Tal des Serafschan inmitten einer ausgedehnten Oasenlandschaft gelegene Buchara wird bereits im 6. Jahrhundert urkundlich erwähnt. Am Anfang des 7. Jahrhunderts kam die Stadt unter arabische Herrschaft. Ihre höchste wirtschaftliche und kulturelle Blüte erreichte die Stadt unter der Herrschaft der Samaniden (s. Glossar). Furchtbare Verwüstungen mußte Buchara nach der Eroberung durch Dschingis Khan (1220) hinnehmen. Im 16. und 17. Jahrhundert erlebte die Stadt unter den Scheibaniden eine neue Blütezeit, wovon noch heute eindrucksvolle architektonische Zeugnisse erhalten sind. Buchara wurde 1868 von dem berühmten russischen General Kaufmann eingenommen und gehört seitdem zum russischen Imperium. Der letzte Emir floh 1920 nach Afghanistan.

36 Die großartige Grabanlage Timurs, Gur Emir, das Grab des Fürsten, genannt, wurde um 1405 vollendet. Zu dem Gebäudekomplex gehören außer dem eigentlichen Mausoleum ein großer quadratischer Vorhof, sowie eine Medresse und eine Chanaka (s. Glossar). Zwei Jahrhunderte lang war dieses Bauwerk in der Architektur Zentralasiens und bis nach Persien und Afghanistan richtungsweisend.

37 Die Beschreibung dieser Nephrit-Steinplatte (der berühmte Koktasch), auf dem der Thron Timurs stand, brachte Vambery in späteren Jahren viel Ärger ein. Vor allem Schuyler (s. Einleitung) wies mit besonderem Nachdruck darauf hin, daß Vambery diesen weißgrauen Stein als von grüner Farbe bezeichnet hatte. Doch man muß bedenken, daß Vambery sämtliche Details der von ihm besuchten Plätze aus dem Gedächtnis niederschreiben mußte, da jede Art von Aufzeichnungen für ihn lebensgefährlich gewesen wären.

38 Diese Frage scheint wohl bis heute noch nicht zufriedenstellend geklärt zu sein.

39 Die heilige Stadt Qom (Kum) ist eine der heiligsten Stätten der Schiiten. Viele fromme Perserinnen wünschten seit jeher nach ihrem Tode in Kum beerdigt zu werden, denn hier ruhen die Gebeine der Fatima, einer Schwester des Imam Riza, eines schiitischen Heiligen. Die Tochter des Propheten Mohammed hieß ebenfalls Fatimah.

40 Die Verehrung von als heilig geltenden Frauen, wie der oben genannten Fatimah (Anm. 39), ist in der islamischen Welt keine Seltenheit. Große Verehrung genießt bei den Muslimen Indiens die Lieblingsfrau des Moghulherrschers Schah Dschahan, die zusammen mit ihrem Gemahl in dem weltberühmten Tadsch Mahal beigesetzt ist.

41 Vamberys Angaben sind auch hier von bemerkenswerter Exaktheit. Die Überreste des Observatoriums wurden erst 1908 von dem russi-

schen Archäologen Wjatkin ausgegraben. Die um 1430 im Auftrag von Ulug Beg (1394–1449) errichtete Sternwarte galt damals als eine der modernsten der Welt.

42 Über Fanatismus und Toleranz im Islam ist viel geschrieben worden. Häufig übersah man dabei, daß auch das Christentum schreckliche Zeiten der Intoleranz durchgemacht hat (Albigenserkriege etc.).

43 Die Bewohner von Schiras galten als lebensfroher Menschenschlag, der es mit den religiösen Vorschriften nicht immer sehr genau nahm.

44 Ein Hinweis darauf, wie häufig die Geschichte Afghanistans mit der seiner zentralasiatischen Nachbargebiete in Wechselwirkung trat. Solche historischen Aspekte sind z. B. bei Diskussionen über den Einmarsch der Sowjets nach Afghanistan nicht immer beachtet.

45 Mesar-i-Scherif liegt im Gebirgsland Nordafghanistans nahe dem Amu-Darja, der heute die Grenze zwischen Afghanistan und der Sowjetunion bildet.

46 S. Glossar: Belch (Balch).

47 Es gibt in der Tat erschütternde historische Belege für die Grausamkeit der hier geführten Kriege. Auch Sklaverei, die ja Vambery eingehend schildert, war dabei durchaus üblich, wie in vielen anderen Teilen der Welt auch.

48 Der in Buchara Mullah Jussuf genannte Missionar Dr. Josef Wolff reiste zweimal dorthin. Er verfaßte ein Buch, von dem in kurzer Zeit vier Auflagen erschienen: »The Narrative of a Mission to Bokhara in the years 1843–45« (1846).

49 Vgl. Glossar.

50 Mullah Ischak, der treue Reisebegleiter Vamberys, entschied sich in Konstantinopel dazu, Vambery nach Ungarn zu begleiten und dafür seine geplante Reise nach Mekka aufzugeben. In Pest erregte der Fremde in seiner Buchara-Tracht erhebliches Aufsehen. Er erlernte sehr bald die ungarische Sprache und nahm auch die Landestracht an. Über seinen Verbleib nach einer Reise in Richtung Konstantinopel herrscht Unklarheit.

51 S. Anmerkung 21.

52 Nikolaus von Khanikoff (1819–78) war ein berühmter russischer Orientalist. Er nahm 1839–40 an der mißglückten Militärexpedition Perowskis gegen das Chanat Chiwa teil und reiste 1841 und 1842 im Auftrag des russischen Gouverneurs von Orenburg zum Herrscher von Buchara. Vgl. hierzu sein Werk »Bokhara, its amiss and its people« (1845).

53 Europäische Militärberater in Diensten orientalischer und anderer asiatischer Herrscher waren in den vergangenen Jahrhunderten keine Seltenheit; häufig genug handelte es sich dabei um abenteuerliche Gestalten.

54 Das Wiedersehen mit Colonel Dolmage schildert Vambery einge-

hend im Schlußkapitel seines Buches »Meine Wanderungen und Erlebnisse in Persien«.

55 Mesched, die Hauptstadt der persischen Provinz Chorrasan, ist auch die Stadt des Märtyrertums. Hier soll nämlich der Imam Riza, den die damals noch im verborgenen lebenden Schiiten überaus verehrten, auf Anordnung des Khalifen in Bagdad vergiftet worden sein, was ihn zum Märtyrer machte.

56 Otto Hermann Blau (1828–1879) war ein bekannter Orientalist, der wichtige Abhandlungen in der »Zeitschrift der Deutschen Morgenländischen Gesellschaft« und in »Petermanns Mitteilungen« veröffentlichte. Er reiste 1857/58 durch Persien.

57 Prokesch von Osten, ein österreichischer Staatsmann, der vor allem Griechenland, die Türkei und Ägypten bereiste. Er war zu seiner Zeit ein beliebter Reiseschriftsteller und schrieb unter anderem das dreibändige Werk »Erinnerungen aus Ägypten und Kleinasien« (1829–31).

58 S. Anmerkung 50.

Glossar

Abdest (türkeitürkisch: aptes), die religiöse Waschung.

Abdul Medschid (Abdülmegid), Sultan in Konstantinopel (1839–61), Vater des Sultan Abdul Hamid (1876–1909).

Aksakal, der älteste in einem Dorf oder Wohnviertel; wörtlich: der Graubärtige.

Aksu (weißes Wasser), wichtige Oasenstadt an der alten Seidenstraße im Tarimbecken (Chinesisch-Turkestan, heute Sinkiang).

Alaman, Raubzug; besonders gefürchtet waren die Raubzüge der Tekke-Turkmanen.

Andchuy (Andkhoy), am oberen Oxus (Amu-Darja) gelegenes kleines Chanat im sogenannten Afghanisch-Turkestan. Vor 1840 eine blühende Oasenlandschaft unter der Oberherrschaft von Buchara.

Ark (Arg), persisch: Befestigungsanlage, Zitadelle.

Ars öffentliche Audienz; persisch: arsan = Versammlung.

Balkan (Baykan), Großer und Kleiner Gebirgszug am Ostrand des Kaspischen Meeres.

Basar (persisch), Markt; arabisch: suq.

Belch (Balch), heute Wasirabad (in Nord-Afghanistan). Alte Stadt (die Mutter der Städte) im Bereich der antiken Stadt Baktra, dem Zentrum der Lehre des Zarathustra (Baktrisches Reich).

Bengi (bangi), persisch: Bangraucher; bang = indischer Hanf (Canabis), ein betäubendes Rauschmittel aus Hanfblättern und Bilsenkraut.

Bi (Bey), Herr; kücük bey = der kleine Herr, d.h. der Sohn des Hauses.

Bloqueville, M. de, französischer Hofphotograph des Schah von Persien. Geriet bei einer Strafexpedition der persischen Armee in die Hände der Turkomanen.

Bucharei, Kleine s. Tatarei, chinesische

Chalata-Wüste (Chalata-Tschölü), große Sandwüste im Gebiet südlich der Wüste Kysyl-Kum.

Chalif (Khalif), Stellvertreter, Nachfolger (des Propheten); das Khalifat wurde in der Türkei am 3. März 1924 abgeschafft.

Chan (Khan), Gebieter, Fürst.

Chanat (Khanat), das von einem Chan beherrschte Gebiet; der Herrschertitel Chan war besonders in Zentralasien verbreitet.

Chanka (Chanaka), eine Art »Kloster« oder Wohnheim für Pilger und Derwische.

Chitai, ein Usbekenstamm

Chodschend (Chodschand), Stadt am linken Ufer des oberen Syr-Darja.

Chokand (Kokand) oder Ferghana, reiche Oasenlandschaft zwischen den Gebirgsketten des Alatau und Alai am oberen Lauf des Syr-Darja.

Choten (Khotan), alte Stadt in Ostturkestan (Sinkiang) und wichtige Station an der südlichen Seidenstraße am Südrand der Wüste Takla-Makan.

Dervase, Stadttor

Derwisch (Darwisch), persisch: Armer (aus religiöser Überzeugung), Wanderer; Derwisch, d.h. ein Angehöriger eines religiösen Ordens; darwischi = Armut; Derwischtum.

Deschti Kuwir (Descht-e-Kewir), die Große Salzwüste auf dem persischen Hochland, südlich der Straße Teheran–Meschhed.

Divanbeg, Großkanzler; divan (türkisch): der hohe Rat.

Dost Mohammed Chan, 1834 in Kabul zum Emir ernannt; erlebte 1839–42 die erste britische Invasion (1. anglo-afghan. Krieg) und regierte danach bis zu seinem Tode im Jahre 1863.

Dschagatai (Tschagatai), Türkisch. Die Sprache der östlichen Goldenen Horde.

Dschihad, der heilige Krieg (gegen Ungläubige oder Ketzer).

Dukaten, persischer, entspricht etwa 10 Mark.

Eidi Kurban, das Opferfest, das am 10. Tag des Wallfahrtsmonats beginnt. Eidi = Fest (arab. id); kurban (türk.) = Opfer, Opfertier.

Elle, sehr unterschiedliches Längenmaß von 0,495 bis 0,779 m.

Emir Befehlshaber, Fürst; Emir.

Etrek (Atrek), Fluß am Südrand des Kopet-dag-Gebirges, der in das südöstliche Kaspische Meer mündet.

Farsach (Fersach), eine Wegstrecke von 6240 m.

Frengi, Franke; Europäer.

Frengistan, Europa.

Gömüschtepe (Gumüsch-Tepe), »Silberhügel«, eine Erhebung

nördlich des Gurganflusses (Görgen) am Ostufer des Kaspischen Meeres.

Görgen (Gurgan), Fluß im Gebiet der Turkmenen, der am Ostufer in das Kaspische Meer mündet.

Gusl (gusül), religiöse Waschung.

Hadschi, Pilger, der die Wallfahrt nach Mekka vollbracht hat.

Hadschi Reschid, siehe Reschid Efendi.

Haolis (Hawlis), bäuerliches Anwesen, Gehöft.

Herat, Alte Stadt im Westen des heutigen Afghanistan. Während der Regierungszeit von Timurs Sohn Schah Ruch (1405–47) Hauptstadt des Timuriden-Reiches. Unter Sultan Hussain Baichara eines der glanzvollsten Kulturzentren der mongolisch-islamischen Welt.

Husein Mirza, der Timuridenfürst Sultan Hussain Baichara von Herat (1470–1506).

Hyrkanische Wüste, die Wüste Kara-Kum in der heutigen Sowjetrepublik Turkmenistan.

Imam, Vorbeter in der Moschee, Geistlicher.

Ischane, Ordensprediger.

Isfahan, unter Schah Abbas I. (1587–1629) die glanzvolle Metropole des persischen Reiches.

Islam, die Hingabe (an Allah); al Islam: das Zeitalter des Islam.

Jarkend (Yarkand), alte Handelsstadt an der Straße von Khotan nach Kaschgar, am Westrand der Wüste Takla-Makan. Hier mündeten die Karawanenwege aus Indien und Westturkestan ein. Man rechnete für eine Karawanenreise von Yarkand nach Buchara mit ca. 60 Tagen.

Jomuten (Jomutturkmenen), Volksstamm der Turkmenen.

Kamele, in Zentralasien werden die zweihöckerigen Kamele oder Trampeltiere (Camelus bactrianus) seit ca. 5000–6000 Jahren als Haustiere gehalten.

Kandahar, Stadt in Südafghanistan an der Karawanenstraße nach Beluchistan.

Karakalpaken, die Schwarzmützen, ein turksprachiges Nomadenvolk im Gebiet des Aralsees.

Karakum, die große Sandwüste in der heutigen Sowjetrepublik Turkmenistan; kara = schwarz, kum = Sand.

Karawanserei, eine Herberge für Karawanen, häufig außerhalb der Stadt gelegen.

Karschi, Stadt südwestlich von Samarkand.

Kasaken (Kaisaken, Chazaken), ein türkischer Volksstamm,

besonders in den Gebirgen östlich von Taschkent.

Kaschgar, Stadt im westlichen Teil von Ostturkestan (Sinkiang) an der alten Karawanenstraße (Seidenstraße) entlang dem Südrand des Tien Schan.

Kedschewe, Kamelsattel aus Holz.

Kerki, Stadt am Amu-Darja nahe der afghanischen Grenze.

Kervanbaschi, Karawanenführer.

Kimis (Kumis), aus Stutenmilch gewonnenes schwach alkoholisches Getränk.

Kiptschaken, ein Usbekenstamm.

Kirgisen, türkische Nomadenstämme vom Balchasch-See (Siebenstromland) bis zum Ural.

Kom (Qum, Kum), heilige Stadt der Schiiten, 100 km südlich von Teheran.

Kran, eine Münze, ca. eine Mark.

Kungrat, Stadt nahe der Mündung des Amu-Darja in den Aralsee.

Kuschbegi, der erste Minister.

Maymene (Maimana), überwiegend von Usbeken bewohntes kleines Chanat in Afghanisch-Turkestan am Murghab-Paß (heute in Afghanistan).

Medresse, Hochschule für islamische Theologen.

Mehrem, Kammerherr.

Mehter, der Minister des Inneren.

Meile, englische 1609 m; Londoner Meile 1523 m.

Merw (Merv), Oasenlandschaft im Mündungsgebiet des abflußlosen Murghabflusses. Merv wurde nach der Eroberung Turkestans durch die Araber (705) Hauptstadt der arabischen Provinz Chorassan.

Mesdschid, Moschee.

Mesele, Streitfrage, Problem; religiöse Fragen.

Mesched (Meschhed), größte Stadt in Ostpersien, nahe der Grenze zur heutigen Sowjetrepublik Turkmenistan.

Mittelasien, auch Zentralasien, zu verschiedenen Zeiten und von unterschiedlichen Autoren wechselnd abgegrenzter Raum. Zur Zeit Vamberys ungefährt West- und Ostturkestan umfassend, d.h. der heutige sowjetische Orient vom Kaspischen Meer bis zum Balchasch-See und die chinesische Provinz Sinkiang mit dem Tarimbecken und der Dsungarei.

Mohammedaner, siehe Moslem.

Mollah (Mullah), der Lehrer an Koranschulen.

Moslem (Muselman, Mohammedaner), ein Anhänger des Islam; die Bezeichnung Mohammedaner ist bei den Anhängern der Lehre des Propheten verpönt, da Mohammed zwar der größte und letzte aller Propheten war, aber wie Jesus (der bedeutendste Prophet nach Mohammed) nach islamischer Auffassung nur ein Mensch war.

Multani, Bewohner der Stadt Multan im Pandschab (Industiefland).

Murghab, Fluß in Turkmenistan, der seine Quelle im nordafghanischen Bergland hat.

Musafeha, Händedruck, vom Koran vorgeschriebenes Hinreichen der offenen Hände.

Muselman, siehe Moslem.

Nakischbendi-Orden, ein Derwischorden Zentralasiens, der seinen Ursprung in Buchara hatte.

Nefes, heiliger Hauch, der Atem heiliger Personen.

Nogai-Tataren, nach Auflösung des Reiches der Goldenen Horde bildeten sich unabhängige Chanate wie Kasan an der Wolga oder das Chanat auf der Krim. Die Nogaische Horde lebte nördlich des Kaspischen Meeres.

Österbegen (Usbeken), bedeutender türkischer Volksstamm, vor allem im Gebiet zwischen Amu-Darja und Syr-Darja, heutige Sowjetrepublik Usbekistan.

Orenburg, alte Festungsstadt der Russen am Uralfluß im Grenzgebiet der Nomaden.

Osmanli, Türke aus Kleinasien.

Oxus, griechischer Name des Amu-Darja; der Syr-Darja wurde im Altertum Jaxartes genannt.

Pappeln, häufige Bäume in den winterkalten Oasen Zentralasiens; Pappeln statt Palmen.

Petek, Passierschein.

Pilow (Pilaw), gedünsteter Reis; je nach Landschaft unterschiedlich zubereitetes Reisgericht.

Pir, Chef eines Derwischordens; geistiger Führer.

Reis, Religionsaufseher (arab. ra'is: Präsident, Vorsitzender).

Reschid Efendi, der türkische Name Hermann Vamberys.

Rigistan (Registan), großer Parade- und Gerichtsplatz in Samarkand, der von Ulug Beg (1394–1449) angelegt wurde.

Rikaat, Rumpfbeugen beim islamischen Gebet (arab. raka'at).

Rischte (türk., Faden), der Medinawurm, ein fadenförmiger, ca. 1 m langer parasitischer Wurm der Lymphbahnen.

Rum, Kleinasien, Türkei.

Samaniden, herrschten von 874–999 im Raum von Aschchabad bis nach Taschkent und ins Ferghana-Becken. Hier wirkten Wissenschaftler von höchstem Rang wie Ibn Sina (Avicenna, 980–1037), die auch die Kultur des Abendlandes mitprägten.

Sarten, Kaufleute überwiegend persischer Herkunft.

Schah Nameh, das Buch der Herrscher; Königsbuch, ein berühmtes Epos des persischen Dichters Firdausi.

Scharab, Wein

Scheibani (Scheibaniden-Dynastie, 1512–1599), Scheibani, ein Enkel Scheibans (einer der Erben Dschingis-Khans), dehnte das Territorium dieses Erben über ganz Transoxanien aus.

Scheriat, die Gesetze des Koran.

Schiiten, die Anhänger von Mohammeds Schwiegersohn Ali, der vierter Khalif (Nachfolger Mohammeds) war. Die Schiiten erkennen nur das Erbkhalifat an und bilden somit die Partei (Schia) Alis.

Schirasi, Bewohner der südpersischen Stadt Schiras.

Schor Göl, Salzsee.

Sikr, Gebet, wiederholte Anrufung Allahs.

Stambul (Istanbul, Konstantinopel), bis zum Zusammenbruch des osmanischen Reiches die Hauptstadt des (West-)Türkenreiches.

Stambuli, Bewohner Istanbuls.

Sunniten, die orthodoxen Muslime, die rund 90% aller Anhänger des Islam umfassen.

Täbris, Stadt in Aserbeidschan (Westpersien).

Tasch, Stein, Kilometerstein; s. Farsach.

Tatarei, chinesische (auch Kleine Bucharei). Das Gebiet von Chinesisch-Turkestan (Sinkiang).

Tataren, mongolischer Volksstamm; in Rußland Sammelbegriff für alle türkisch-mongolischen Eindringlinge (Wolga-Tataren, Krim-Tataren etc.).

Tebbad (persisch), Sandsturm.

Tekkie (Tekke), Derwisch»Kloster«; auch Opiumhöhle.

Tenge, eine Münze.

Terjak (Tarjak), Opium.

Tiger, das Verbreitungsgebiet des Tigers (Panthera tigris) reichte früher bis zum Kaspischen Meer. Im Gebiet des Aralsees lebte eine eigene Unterrasse (Aral-Tiger), die wohl ausgerottet ist.

Tilla, eine Münze, ca. 13 englische Schillinge.

Timur (Timur Leng, Tamerlan), mongolischer Heerführer aus

Transoxanien (14. Jahrhundert), der seine Hauptstadt in Samarkand hatte. Gilt als der wohl zerstörerischste Eroberer der Weltgeschichte. Nach seinem Tode (1405) zerfiel das riesige Reich rasch wieder.

Transoxanien, das Land hinter dem Oxus (von Westen aus gesehen), d. h. das Gebiet zwischen dem Mittellauf von Amu-Darja und Syr-Darja; die wichtigsten Städte dort sind seit islamischer Zeit Buchara und Samarkand.

Tugra, Siegel des Sultans.

Turan (Turkestan, Türkistan), das Tiefland westlich vom Tien Schan bis hin zum Kaspischen Meer.

Turkestan, das Land der Türken (Turkvölker); bestand aus Westturkestan (heute zur Sowjetunion) und Ostturkestan (heute die chinesische Provinz Sinkiang).

Turkomanen Turkmanen (Turkmenen), türkische Volksstämme zwischen Kaspischem Meer und Amu-Darja.

Üstjurt (Usturt), flaches Plateau zwischen Kaspischem Meer und Aralsee.

Ulemas, Schriftgelehrte (des Koran).

Urus, Russe.

Wesir (Vezir), Minister; Wesir.

Wildesel, heute nur noch in kleinen Restbeständen erhalten; es handelt sich hier um die westlichste der drei Unterarten des Halbesels, nämlich den Onager (Equus hemionus onager).

Wodki, Wodka.

Herausgeber und Verlag möchten darauf aufmerksam machen, daß die verschiedenen Schreibweisen von Namen und Begriffen vom Original übernommen wurden.

Daten zur Entdeckungsgeschichte Asiens (Auswahl)

1245–47   Der italienische Franziskanermönch Johann v. Plan Carpini reist im Auftrag des Konzils zu Lyon als Diplomat durch die Khanate der Goldenen Horde und Tschagatais (Turkestan) nach Karakorum zur Residenz des Großkhans.

1271–95   Marco Polo reist über Samarkand durch Ostturkestan (Sinkiang) nach Peking, lebt 17 Jahre in China und kehrt über Sumatra und Ceylon nach Europa zurück.

1326–56   Ibn Battuta bereist Persien, Buchara, Indien, China und Indonesien.

Um 1404   Ruy Gonzales de Clavijo zieht als Gesandter König Heinrichs von Kastilien mit Timur nach Samarkand.

1439–44   Der italienische Kaufmann Niccolo Conti reist über Syrien und den Persischen Golf nach Indien und in die indonesische Inselwelt.

1498   Der portugiesische Seefahrer Vasco da Gama erreicht von Ostafrika aus mit einem arabischen Lotsen Calicut an der Malabarküste Südindiens.

1579/80   Der englische Seefahrer und Pirat Francis Drake erreicht vom Pazifik aus die Molukkeninsel Ternate und die große Insel Celebes im indonesischen Archipel.

1600   Gründung der englischen Ostindischen Kompanie in Kalkutta.

1648   Der Kosake Deschnew umfährt das Ostkap Asiens.

1690–92   Engelbert Kämpfer gelangt von Batavia aus mit einer holländischen Handelsmission nach Japan, wo er sich zwei Jahre aufhält.

1761–67   Carsten Niebuhr erforscht Südarabien, den Jemen und das Gebiet des Roten Meeres.

1768–74   Der deutsch-russische Naturforscher Peter-Simon Pallas bereist im Auftrag der Zarin Katharina II. den Ural und Sibirien bis zum Oberlauf des Amur.

1819–25   W. Moorcraft reist von Indien aus mit dem indischen Punditen Gholam Hai der Khan durch Kaschmir und Afghanistan nach Buchara.

1819   Der russische General Nikolai Murawjew gelangt als Gesandter nach Chiwa und liefert einen wertvollen

Bericht über diesen wenig bekannten Teil Turkestans.

1829   Alexander v. Humboldt bereist den Ural, den Altai, die Dsungarei und die Gebiete am Kaspischen Meer.

1831–51 Der evangelische Missionar Karl Friedrich Gützlaff lebt in China und verfaßt, neben zahlreichen chinesisch geschriebenen Abhandlungen, eine Geschichte des chinesischen Reiches.

1832   Alexander Burnes, als Agent der englischen Regierung in Kabul, reist nach Buchara und verfaßt ein Standardwerk über diese Region.

1835–48 Der Naturforscher Franz Wilhelm Junghuhn führt grundlegende Forschungen auf den Inseln Sumatra und Borneo durch.

1854–57 Die Brüder Hermann und Robert v. Schlagintweit reisen durch Indien und gelangen mit Hilfe indischer Punditen (von den Engländern wissenschaftlich ausgebildete Brahmanen) durch den Himalaya bis Ostturkestan.

1856–75 Der indische Pundit Naing Singh erforscht den Europäern nicht zugängliche Gebiete des Himalaya und Tibets. Die meisten karthographischen Aufnahmen in diesen Gebieten stammen von diesen Punditen.

1861–63 Der Völkerkundler Adolf Bastian, der weite Gebiete der Alten und Neuen Welt durchforschte, bereist Hinterindien.

1863   Hermann Vambery reist als Derwisch verkleidet nach Chiwa, Buchara und Samarkand.

1870   Der Naturforscher Gustav Radde durchreist die turkmenischen Steppen.

1868–72 Ferdinand v. Richthofen führt seine berühmte Reise in fast alle Teile Chinas durch.

1870–72 Der russische Naturforscher Alexei Fedtschenko bereist West- und Ostturkestan.

1870–88 Der Oberst im russischen Generalstab Nikolai M. Przewalsky unternimmt drei bedeutende Reisen durch Turkestan, Tibet und die Wüste Gobi.

Bildnachweis

Moser, Heinrich: Durch Zenralasien. Leipzig 1888: 169, 196, 199, 302.

Proskowetz, Max v.:: Vom Newastrand nach Samarkand. Wien u. Olmütz 1889: 264, 269.

Przewalsky, N. von: Reisen in Tibet: 191, 211.

Schuyler, Eugene: Turkestan. 2., London 1876: 297.

Schwarz, Franz v.:: Turkestan, die Wiege der indogermanischen Völker. Freiburg i. Br. 1900: 305.

Tour du Monde, Französische Zeitschrift für Völkerkunde. Paris 1863, 1865, 1866, 1879: Frontispiz, 49, 55, 59, 73, 87, 89, 99, 109, 113, 134, 174, 182, 183, 185, 217, 225, 252, 271, 273, 277, 281, 293, 321, 327, 331, Vorsatz, Nachsatz.

CARTE DU TURKESTAN
pour servir aux voyages
D'ARMINIUS VAMBERY